Vegan kochen
300 Lieblingsrezepte

Beate Mihály · Stefanie Krause · Maria Mihály

Vegan kochen
300 Lieblingsrezepte

Suppen & Eintöpfe, Gemüse- & Pfannengerichte,
Aufläufe, Pizzen, Soßen & Dips sowie
Desserts mit Herz zubereiten und genießen

HANS-NIETSCH-VERLAG

Redaktion: Martina Klose
Textbearbeitung und Lektorat: Susanne Noll
Korrektorat: Petra Zwerenz
Coverdesign: Kurt Liebig
Illustrationen Cover und Innenteil: Caroline Heinecke
Satz: Kurt Liebig, Sandra Roth
Druck: Dimograf Sp z o.o., Bielsko-Biała/Polen

Hans-Nietsch-Verlag
Am Himmelreich 7
79312 Emmendingen

www.nietsch.de
info@nietsch.de

ISBN 978-3-86264-334-9

Dank

Es ist uns ein großes Bedürfnis, all denen zu danken, die dazu beigetragen haben, dass wir dieses Kochbuch schreiben konnten.

Den vielen ungenannten Helferinnen und Helfern, die bei den Seminaren in der Küche ihren freiwilligen Dienst taten, haben wir zahlreiche wertvolle Anregungen zu verdanken. Vor allem bei der Umstellung von der herkömmlichen vegetarischen Ernährung auf die vegane Kost waren die Erfahrungen von Profis sowie Hobbyköchinnen und -köchen von unschätzbarem Wert. Einige davon hatten über Jahre hinweg Anteil an der Entwicklung der professionellen Kochkünste, die in unserem Seminarhaus nun sehr erfolgreich eingesetzt werden.

Unser besonderer Dank gilt deshalb Erika, Renate, Brigitte, Robert, Horst, Moni, Paul und Dorothea für ihre hilfreiche Unterstützung – ohne sie wäre dieses Buch kaum möglich gewesen.

Inhalt

Zum Geleit

Ich beglückwünsche Sie, liebe Leserinnen und Leser! Mit diesem Kochbuch halten Sie einen wirklichen Schatz in Händen, der Ihnen hilft, veganes Kochen zu lernen und alle dafür erforderlichen Grundlagen zu verstehen. Die Autorinnen haben eine Fülle von Material zusammengetragen, sodass Sie Monate brauchen werden, alle Rezepte und Varianten auszuprobieren.

Viele glauben immer noch, eine rein pflanzliche Ernährung – ohne Fleisch, Fisch, Eier oder Milchprodukte – müsse eintönig und langweilig sein. Deshalb bleiben sie bei ihren alten Essgewohnheiten; sie möchten nicht auf den liebgewonnenen, vertrauten Geschmack verzichten. Genau hier setzt dieses Kochbuch an: Denn hier muss niemand auf etwas verzichten, im Gegenteil: Durch die Umstellung auf das Vegane erfährt das Gewohnte und Altvertraute eine unerwartete geschmackliche Aufwertung.

Vegane Kost ist leichter verdaulich, man kann sich satt essen, bleibt dabei schlank und fördert auf genussvolle Art und Weise die Gesunderhaltung des Körpers. Das allein macht sie so attraktiv und erklärt, warum sich ihr immer mehr Menschen zuwenden.

Durch die Art, wie die Autorinnen kochen, wurden viele Menschen zu Vegetariern bzw. Veganern. Denn sie durften erleben, wie schmackhaft diese Ernährung sein kann. Anfangs probierten die Autorinnen vieles aus und bereiteten für unsere Seminargäste auch aufwendige Speisen aus anderen Kulturkreisen zu. Alle waren begeistert und genossen das sehr, doch die wenigsten wollten in ihrem Alltag die vertrauten Speisen gegen das Ungewohnte, oftmals Exotische, tauschen.

Also gingen die Autorinnen recht bald dazu über, Hausmannskost in die vegane Küche zu übertragen – mit einem Riesenerfolg. Gerade Männer, die nicht gerne auf deftige Mahlzeiten verzichten, sind immer wieder begeistert, dass das mit reiner Pflanzenkost möglich ist. Ob Getreideklopse, Kohlrouladen, Gemüseburger oder würzige Aufläufe – all das nehmen Vegan-Neulinge besonders gut an. Räumt es doch mit den Vorurteilen auf, Veganer ernährten sich nur von Blättern und

Kräutern. Natürlich erhöht sich bei „fortgeschrittenen“ Veganern der Rohkostanteil immer mehr, doch vor allem in der Umstellungszeit ist die „deftige Phase“ besonders wichtig. Sie hilft, das Neue zu stabilisieren und beizubehalten.

Wer das Grundprinzip des veganen Kochens verstanden hat, kann mit äußerster Kreativität die feinsten Mahlzeiten zaubern – und das in Hülle und Fülle. Und genau darauf legen die Autorinnen bei ihren Rezepten auch großen Wert: Ob bei Soßen, Aufläufen, Salaten, Gemüsegerichten, Suppen oder Süßspeisen – die meisten Rezepte lassen sich vielfältig abwandeln, leicht nachkochen und laden dazu ein, der eigenen Kreativität freien Lauf zu lassen.

Langjährige Forschungs- und Teamarbeit, die geballte Erfahrung praktischer Anwendung und unzählige Feedbacks von Menschen, die diese Speisen probiert haben, sind in diesem Buch enthalten und begründen seinen Wert. Hier finden Sie wichtige Informationen und Anleitungen, wie Sie Ihre Ernährung umstellen oder welche veganen Produkte die herkömmlichen ersetzen können, sowie jede Menge Insider-Tipps, die das Kochen und die Zubereitung von leckerer, lebendiger und abwechslungsreicher Nahrung zu einem wahren Vergnügen machen.

Und genau so soll es sein: Kochen Sie mit Freude und Liebe, dann wird Ihr Körper dankbar darauf reagieren – mit Wohlbefinden, Vitalität und Leichtigkeit. Machen Sie sich dieses Geschenk, sooft es geht, und erfreuen Sie sich Ihres Lebens!

Horst Lischke
Seminarzentrum „Neue Erde“
Lonau, im August 2014

Vorwort

Es ist nicht zu leugnen, dass wir Menschen uns in ein höheres Bewusstsein hineinentwickeln, in eine neue Energie, die große Veränderungen mit sich bringt – und wir wissen auch, dass sich diesen Veränderungen niemand entziehen kann. So viel ist gewiss.

In vielen Lebensbereichen hält das Neue Einzug und viele Menschen übernehmen Verantwortung für sich selbst, für ihre Gesundheit, die Umwelt, Mutter Erde und alle anderen Lebewesen, die diesen wunderbaren Planeten bewohnen. Ein sehr positiver Trend ist die **vegane Lebensweise**, zu der sich Menschen aus allen Schichten – und besonders junge Menschen – hingezogen fühlen und die sie auch praktizieren. Diese Anziehung ist erfreulicherweise sehr stark geprägt vom Mitgefühl für Tiere und dem Wissen, dass die Umwelt ohne Massentierhaltung stark entlastet und geschont werden kann.

Diese einfachen, herzorientierten Beweggründe machen es möglich, alte schädliche Gewohnheiten aufzugeben. Denn aus dem Herzen lassen sich alle Veränderungen viel leichter bewältigen als aus dem Verstand heraus. Und deshalb wollen wir Sie an dieser Stelle einladen, Ihrem Herzen zu folgen. Das Herz weiß, was dem Leben am besten dient. Es weiß, dass der Körper seine Arbeit mit natürlichen, biologischen Nahrungsmitteln viel unbeschwerter tun kann, ohne durch chemische Zusätze, Hormone, Konservierungsmittel, Farbstoffe, Geschmacksverstärker sowie konzentrierte tierische Eiweiße und Fette in seiner Funktion behindert zu werden.

Die **vegane Ernährung** fördert die Erhaltung von Gesundheit, Vitalität und Lebensenergie. Klug eingesetzt, kann sie bei Krankheiten entscheidend zur Heilung, Linderung und Regeneration beitragen. Auch nach langen, erschöpfenden Leidensphasen ist sie eine ideale Möglichkeit, die Genesung zu unterstützen.

Der menschliche Körper besitzt in sich höchste Weisheit, und wer dieser Weisheit zu folgen gelernt hat, steht in höchster Kommunikation und Kommunion mit seiner eigenen Physis.

Zahlreiche Langzeitstudien an Universitäten und Instituten, Untersuchungen von Ernährungswissenschaftlern, Biologen und anderen

Forschern auf der ganzen Welt belegen, dass Anhänger veganer Kost in besonders guter gesundheitlicher Verfassung sind, dass sie sehr oft schlank, vital und voller Lebensfreude sind und dass sie sich oft auch in anderen Lebensbereichen um ein verantwortungsbewusstes und absichtsvolles Dasein bemühen.

Die meisten von ihnen möchten durch ihre bewusste Lebensweise zu einer Welt des Friedens aller Geschöpfe untereinander sowie zum Schutz und zur Erhaltung von Umwelt und Natur beitragen. Nicht wenige kommen über das Mitgefühl zu dieser Ernährungsform und erfreuen sich erst später an ihren positiven „Nebenwirkungen", die Gesundheit, Energie und eine hohe Lebensqualität mit sich bringen.

Wer sich tief greifender mit diesem Thema befassen will, findet in Buchhandlungen, Fachzeitschriften und im Internet eine Fülle an Informationen, die Herz, Geist und Seele garantiert zufriedenstellen werden. Hier nur ein paar Gründe dafür, warum diese Ernährung so viel Segen mit sich bringt:

- sie vermeidet bzw. schränkt sogenannte Zivilisationskrankheiten ein, wie z. B. Herz- und Kreislauferkrankungen, Rheuma oder Gicht;
- aktiver Tierschutz wird praktiziert durch den Verzicht auf Fleisch. Ohne den Konsum von Fleisch lösten sich viele Probleme auf dieser Erde wie von selbst – besonders im Umweltschutz. Denn die schädliche Folgen der Erzeugung von Fleisch- und Milchprodukten sind unter anderen die Grundwasserverseuchung (Nitrate, Gülle), das Waldsterben (Ammoniakdämpfe, saurer Regen), die Versteppung, der Treibhauseffekt, die Klimaveränderung, der gegenüber der veganen Ernährung vielfache Bedarf an landwirtschaftlicher Nutzfläche zur Futtermittelproduktion (90 Prozent der Ernteerträge werden dadurch verschwendet) oder die Überdüngung der Meere;
- mehr Verantwortung, Friedfertigkeit und Mitgefühl für alles Leben auf der Erde.

Wir wünschen Ihnen viel Erfolg beim Ausprobieren, Variieren, Umstellen auf und Genießen der veganen Lebensart, die so viel Gutes für Mensch, Tier und Mutter Erde bewirken kann.

Haben Sie den Mut, das Neue aus Ihrem Herzen heraus anzugehen, entfalten Sie dabei ihre ganze Kreativität und machen Sie das Essen zu einem Fest der Sinne – im Einklang mit den höchsten Gesetzen des Lebens selbst. In diesem Sinne: viel Spaß und guten Appetit!

Beate Mihály, Stefanie Krause & Maria Mihály
Lonau, im Spätsommer 2014

Allgemeines vorab

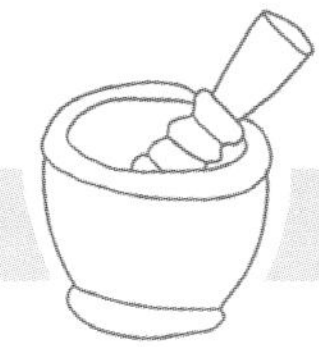

Wir empfehlen

Gehen Sie niemals einkaufen, wenn Sie hungrig sind.

Biologisch-ökologische Produkte oder Bio-Produkte aus fairem Handel kaufen:

- sie sind intensiver in Geschmack und Inhaltsstoffen,
- fördern Vitalität und Gesundheit und
- werden umweltschonend hergestellt.

Stets alle Etiketten gründlich lesen, bevor die Ware in Ihrem Einkaufskorb landet.

Einheimisches Obst und Gemüse der Saison verwenden, dabei auf Frische und einen unverarbeiteten Zustand achten.

Obst und Gemüse immer gründlich waschen und putzen und nur wenn nötig die Schalen entfernen.

Beim Kauf von Speiseöl auf die Bezeichnung „extra nativ“ achten und eine dunkle Ölflasche wählen. Speiseöl immer kühl und dunkel lagern.

Offenes Leinöl hält sich länger, wenn es im Kühlschrank oder Tiefkühlfach gelagert wird. Das hat keine Auswirkung auf die Qualität.

Vollkornmehle oder Mehle mit einer mindestens 1050er-Ausmahlung verarbeiten. Im Vollkornmehl sind noch alle Inhaltsstoffe enthalten, die beim Weißmehl durch die Entfernung der Schale fehlen. Mehl vom Type 1050 ist zwar ein Weißmehl, enthält aber noch viele Inhaltsstoffe. Je kleiner die Typenzahl des Mehls ist, desto weniger Inhaltsstoffe enthält es.

- Wenn Sie verschiedene Mehle verarbeiten, variiert die Flüssigkeitszugabe.
- Ausnahme: Verarbeiten Sie bei der Seitanherstellung Weißmehl. Hier ist das billigste (feinste Ausmahlung) das Beste!

Reis über Nacht einweichen, das erspart etwas Garzeit.

Polenta vor dem Braten etwas ruhen lassen, dann ist sie zum Braten ausgequollen.

Das Einweichwasser von Bohnen und Erbsen zum Kochen mit verwenden, da es viele Inhaltsstoffe der Hülsenfrüchte enthält, die sonst verloren gingen.

Statt das Gekochte lange warm zu halten, es lieber abkühlen lassen und noch einmal kurz erwärmen. Gemüse verliert beim Warmhalten viele Vitalstoffe.

Speisen mit Pilzen, grünen Bohnen und Spinat nicht noch einmal aufwärmen.

Garzeiten sind auch abhängig von der Wasserqualität. Deshalb am Ende der Kochzeit öfters probieren, ob das Gericht gar ist.

Da Geschmäcker bekanntlich verschieden sind, alle Speisen in diesem Kochbuch nach eigenem Ermessen würzen (vor allem mit Salz, Pfeffer, scharfem Paprikapulver oder Knoblauch).

Beim Kochen alle Zutaten frei und fantasievoll verwenden. Lassen Sie sich von Ihrem Gefühl leiten!

Abkürzungen

EL	Esslöffel	l	Liter
TL	Teelöffel	mm	Millimeter
Msp.	Messerspitze	cm	Zentimeter
Pck.	Päckchen/Packung	geh.	gehäuft
TK	Tiefkühlprodukt	gestr.	gestrichen
ml	Milliliter		

Alle Rezepte sind, wenn nicht anders angegeben, für 4 Personen vorgesehen.

Arbeitsgeräte und Utensilien

Auflaufformen und tiefe Backbleche passend zum Backofen und den herzustellenden Mengen
Backpapier, Dauerbackfolie
Backunterlage, nicht anhaftend
Elektroherd (ggf. auch Gasherd) **mit verschieden großen Platten und Backofen**, weil sich die Temperatur elektrisch genauer regulieren lässt
Esslöffel
Dampfgarer erleichtert das Garen von Kartoffeln oder Gemüse
Frischhaltefolie zum Zudecken und Frischhalten
Gabel(n)
Gemüse-/Obstbürste
Holzspatel
Knoblauchpresse
Küchenwaage/Briefwaage
Messbecher

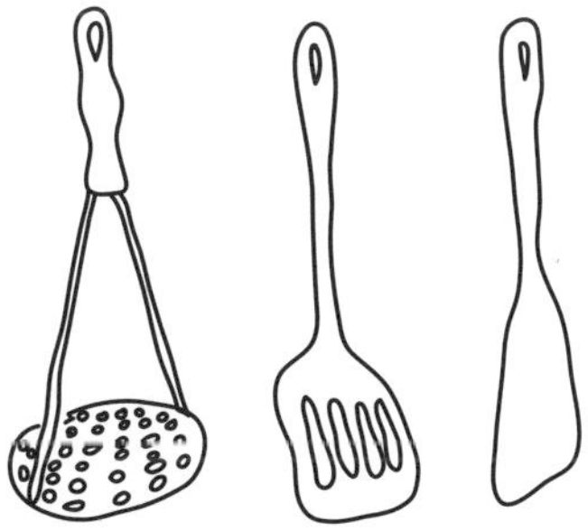

Messer, scharf, bzw. Sägemesser zum Schneiden/Aufschneiden
Nudelholz (Teigrolle)
Pfannenwender
Pinsel (hitzebeständig und weich)/**Bürste** (weich)
Reibeisen/Raspel/Reibe/Gemüsehobel in verschiedenen Größen
Roste passend zum Backofen
Rührgerät/Mixer (bevorzugt mit höherer Leistung bzw. Drehzahl) erleichtert die Arbeit sehr, mit Pürierstab, Rührstäben, Knethaken, Gefäßen (Rührschüsseln)
Rührlöffel, stabil und am besten in verschiedenen Arten
Sieb(e) für verschiedene Zwecke in verschiedenen Größen und mit verschiedenen Maschengrößen
Schaber in verschiedenen Härtegraden sparen Material und erleichtern das Aufstreichen und Reinigen
Schnee-/Rührbesen
Schneidebrettchen
Schüsseln aus Edelstahl, Keramik oder Plastik, zum Waschen/Zubereiten/Rühren
Stielpfannen = Pfannen in verschiedenen Größen, auch mit Deckel
Suppenkelle/große Schaumlöffel/große Gemüselöffel/Soßenkelle
Tasse
Teelöffel
Töpfe in verschiedenen Größen mit Deckeln
Topflappen und eine schöne Schürze
Tortenspritze zum eventuellen Garnieren
Untersetzer

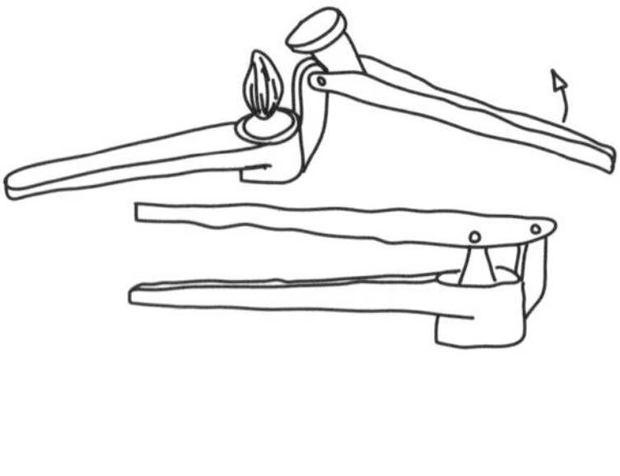
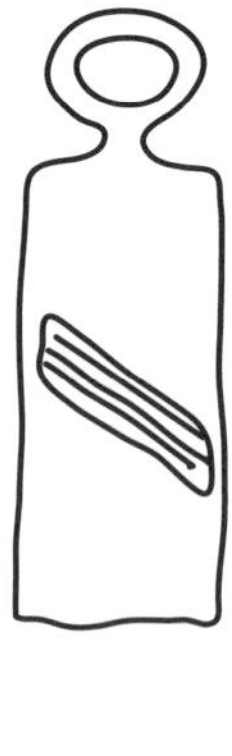
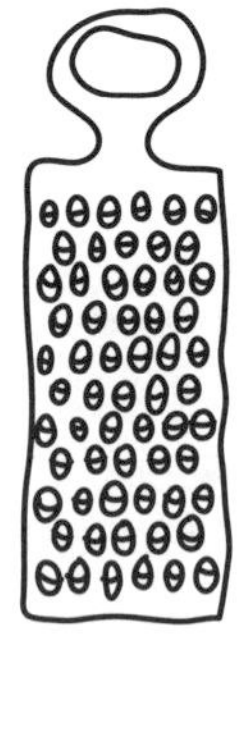
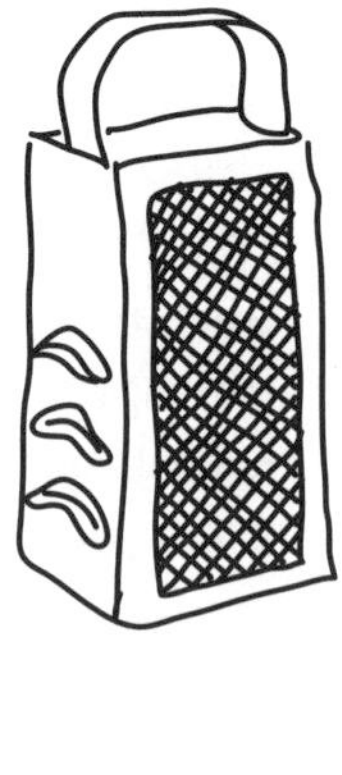

Kräuter und Gewürze

Alle Kräuter immer möglichst frisch verwenden. Um sie zu lagern Kräuter am besten in Küchenpapier einschlagen und dann in einer geschlossenen Folientüte im Gemüsefach des Kühlschranks aufbewahren. Alternativ die Stängelenden abschneiden und in einem Glas mit wenig Wasser kühl stellen, eventuell lose eine Folientüte darüberstülpen.

Bärlauch eignet sich für veganen Kräuterquark, Pesto, Aufstriche, Mayonnaise und veganen Frischkäse. Er ist sehr beliebt, weil er das erste frische Frühlingsgrün ist, und wirkt reinigend und entschlackend.

Basilikum ist ein typisches Tomatengewürz, das sehr gut zu Pesto, Dressings, 1001 Salaten, Soßen, veganer Mozzarella (in Verbindung mit Olivenöl), veganer Kräuter-/Tomatenbutter oder Aufstrichen passt. Die Blätter niemals mitkochen, sondern immer frisch verwenden. Basilikum wirkt antibakteriell, appetitanregend und aphrodisierend, lindert Arthritis und hilft bei Nieren- und Harnwegserkrankungen.

Beifuß liefert eine interessante Würze für Soßen und Suppen oder deftige Tofugerichte. Es wirkt nervenberuhigend, verdauungsfördernd und appetitanregend und wirkt positiv auf die Blutzirkulation.

Bohnenkraut unterstreicht den Geschmack von gelben, grünen und getrockneten Bohnen, verfeinert viele Eintöpfe oder Gemüsegerichte und liefert einen feinen, herrlichen Geschmack. Es beugt Blähungen vor, unterstützt die Verdauung und hat eine heilende, antibakterielle Wirkung.

Borretsch (Gurkenkraut) ist eine Blattpflanze und schmeckt in Gurken-, Blatt- oder Kräutersalaten, Senf- und Sahnesoßen sowie in Kartoffelsalat; außerdem in veganer Kräuterbutter und „Quarkspeisen". Es wirkt heilend bei Herzschwäche, nervösen Herzstörungen, Nervenschwäche, rheumatischen Beschwerden und fieberhaften Zuständen.

Currypulver, eine Gewürzmischung für Reis, Salate, Dips, Tofugerichte, Getreideklöpse, Hülsenfrüchte und Marinaden; bringt meist etwas Schärfe.

Dill passt zu grünem Salat, Gurken-, Tomaten- und Kartoffelsalat sowie zu Kräuter- und Salatdressings, Dips, Soßen, Kräuterbutter, Kartoffeln und Einlegegurken. Es wirkt gegen Appetit- und Schlaflosigkeit, Menstruations- und Magenbeschwerden.

Estragon eignet sich für Soßen, Rohkost-Dips und mayonnaiseähnliche Dressings (fenchelartiges Aroma). Es wirkt krampflösend und harntreibend und beruhigt die Magenschleimhaut.

Fenchel passt prima zu Salaten, Dressings und Gemüsegerichten. Er wirkt heilend bei Husten, Luftröhrenkatarrh und Verdauungsstörungen.

Garam Masala gibt es in Naturkostläden und Reformhäusern. Die indische Gewürzmischung gibt bestimmten Gemüse- und Linsengerichten Würze und wird erst zum Ende der Garzeit dazugegeben.

Gartenkresse kommt in Salate und Dressings. Sie ist reich an Vitamin A, C, D und enthält viele Mineralien, viel Kalium, Jod und Eisen. Sie dient bestens zur Entschlackung und Entgiftung.

Ingwer schmeckt in Suppen, Soßen und Getränken, außerdem in Möhren- oder Kürbisgemüse bzw. -suppen.

Kapuzinerkresse hat eine interessante Würze und Schärfe und ist universell einsetzbar. Sie eignet sich zum Würzen von Salaten, veganem Quark, Suppen und Soßen.

Kerbel am besten frisch in Salaten und veganen Kräuterquarks verwenden. Er fördert die Gesundheit und entgiftet Nieren, Leber und Galle. Außerdem wirkt er verdauungsfördernd, appetitanregend, stoffwechselfördernd, blutreinigend und entwässernd.

Knoblauch gibt Salaten, Dips, Dressings, Gulasch, Suppen, Soßen, Aufstrichen, Tofu und anderen deftigen Gerichten eine ganz besondere Note. Das sehr beliebte mediterrane Gewürz schmeckt zudem hervorragend in Paprika-, Tomaten- und Auberginengerichten. Es wirkt keimtötend, fäulniswidrig und deshalb günstig bei Verdauungsbeschwerden und einer kranken Darmflora. Knoblauch regt den Appetit an und wirkt heilend auf Kreislauf, Atemorgane und bei Stoffwechselstörungen.

Koriander passt zu Bohnen-, Linsensuppen/-gerichten sowie zu Kartoffelgerichten und eignet sich als Brotgewürz und für Marinaden. Das Gewürz leitet Giftstoffe aus und hat aufräumende Wirkung auf den Magen-Darm-Trakt.

Kümmel ist ideal für Rohkost-, Weißkraut- oder Sauerkrautsalate, Bratensoßen, Getreidehackmasse, Kartoffeln, Rosenkohl, Rote Bete, Wirsing oder vegane Quark- und Käsegerichte. Außerdem wird es als Brotgewürz und in herzhaftem Gebäck verwendet. Es beruhigt den Magen.

Kurkuma, auch Gelbwurz genannt, färbt Speisen intensiv gelb. Dieses Gewürz ist ganz oder gemahlen erhältlich und sollte nur sparsam verwendet werden. Es wirkt stoffwechselanregend, reinigend und antioxidativ.

Lavendel fördert die Verdauung, regt den Kreislauf an und bringt Gelassenheit. Mit seinem speziellen Geschmack verfeinert er Tofugerichte und veganen Frischkäse.

Liebstöckel eignet sich für Kartoffel- und andere Suppen, dunkle Soßen und Kräutersoßen. Als Maggi-Kraut bekannt, sollte es nur sparsam eingesetzt werden. Liebstöckel hat eine entwässernde Wirkung und hilft bei Blähungen und Verstopfungen.

Lorbeer würzt Tomatensoßen, -suppen und verschiedene andere Suppen sowie Eintöpfe, italienisches Gemüse, süßsaure Marinaden, Sauerkraut und Kartoffelgemüse. Lorbeerblätter müssen mitgekocht werden, damit sie ihr Aroma entfalten können, sollten aber vor dem Servieren entfernt werden.

Majoran passt zu Sauerkraut, Bratkartoffeln, Tomaten-, Hülsenfrüchten- und Kartoffelsuppen/-gerichten, veganem Gehacktem, Suppen allgemein, zu Bohnen, Erbsen und Linsen sowie zu veganen Aufstrichen. Er wirkt positiv bei Magen-Darm- und Gallenbeschwerden sowie bei Durchfall und hat harntreibende Wirkung.

Meerrettich wird vorwiegend roh verwendet und schmeckt in Salaten, Dips, Dressings, Brotaufstrichen und Soßen. Außerdem dient er als Gewürz für Rote Bete und Gurken. Er enthält viel Vitamin C und hat heilende Wirkung bei Verdauungsbeschwerden, Stoffwechselstörungen, Katarrhen und bei Wasseransammlungen.

Minze verfeinert Dressings, Hülsenfrüchte, Kartoffeln und Soßen.

Muskatnuss gibt Kartoffelbrei oder -püree, Rosenkohl, Blumenkohl und Spinat eine feine Note.

Nelken würzen Apfel-, Birnen- und Pflaumensoßen, außerdem Rotkraut (Rotkohl), Glühpunsch, Obstsuppen und Marinaden.

Oregano ist wilder Majoran und passt frisch oder getrocknet besonders gut zu Pizza, Pasta und Tomatengerichten. Er ist Bestandteil der mediterranen Küche, verleiht Speisen ein mediterranes Aroma, wirkt blutverdünnend (Infarktprophylaxe) und ist stark fungizid.

Paprikapulver edelsüß und scharf passt zu allen Salat- und Bratensoßen, zu Gulasch, Kartoffeln, Tomaten und fast allen Gemüsesuppen, -soßen und -dressings, außerdem zu veganem Quark, Mayonnaise und Teigwaren.

Petersilie eignet sich wunderbar für herzhafte Salate, Dressings, Kartoffeln, Gemüse, Suppen, Füllungen, Kräuterbutter, veganen Quark, Mayonnaise, Reis und zum Garnieren von Gerichten – dann erst vor dem Servieren hinzufügen. Als Suppengrün sowie zu gekochtem Gemüse, Möhren, Erbsen und Bohnen zu empfehlen. Petersilie enthält viel Calcium, Eisen und Phosphor, wirkt heilsam auf die Nierentätigkeit und Blase und ist harntreibend.

Pfeffer bekommt man als grüne, schwarze, rote und weiße Körner. Die grünen Pfefferkörner sind meist in Salzlake oder Essig eingelegt, die schwarzen Körner sind die unreifen, getrockneten Beeren, die weißen Körner dagegen die reifen, geschälten Früchte. Pfeffer wegen seiner Schärfe immer sparsam verwenden und frisch mahlen. Pfeffer eignet sich für herzhafte Suppen, Soßen, Aufstriche, Rohkost- und Gemüsesalate, auch für Getreidehackmasse, Braten, Hülsenfrüchte, Kohlarten, Tomaten oder Paprikaschoten.

Pfefferminze peppt Dips und Rohkostsalate auf. Sie ist ein Heilmittel für den Magen-Darm-Trakt und wirkt anregend bei Appetitlosigkeit und einem geschwächten Kreislauf.

Piment eignet sich für Soßen, Getreidehackmasse und Tofumarinaden.

Pimpinelle passt zu Rohkost- oder Kartoffelsalaten, zartem Gemüse, jungen Möhren, Erbsen und Blumenkohl. Sie wirkt blutreinigend und positiv bei Gicht und Rheuma.

Portulak schmeckt in Rohkostsalaten und Dressings.

Rosmarin verfeinert gebratene und gebackene Kartoffeln jeder Art, mediterranes Gemüse, Tomatensuppen/-soßen und herzhaftes Gebäck. Es regt den Kreislauf an, wirkt positiv bei Herz- und Verdauungsschwäche und beruhigt die Nerven.

Salbei kommt in viele Marinaden, Dips, Kräuter- und helle Soßen, zu Tomaten, Zwiebeln und in Kräuterbutter, auch in eingelegte Gurken und eingelegten Kürbis. Nur sparsam verwenden. Salbei wirkt antibakteriell, entzündungshemmend und heilend, vor allem bei Erkrankungen der Atmungsorgane.

Schnittlauch passt zu allen Salat-, Kräuter- oder Tomaten-Dressings und hellen Soßen, zu Salaten, Suppen, Pilzen, Tomaten, Bratkartoffeln, veganen Quarkspeisen und einfach auf dem Margarinebrot oder als Schnittlauchbutter. Schnittlauch eignet sich bestens zum Garnieren. Schnittlauch enthält viel Eisen und Vitamin C, reguliert Blutdruck und Cholesterin und senkt die Harnsäurebildung.

Senfkörner passen zu eingelegten Senf-Gurken, Mixed Pickles, Rote-Bete-Salat und Getreidehackmasse.

Thymian schmeckt in Tomaten-, Rohkost-, Kartoffel-, Bohnen- und Selleriesalat, in Kräuter-, Salat-, Tomaten- und Bratensoßen, Marinaden, Kartoffelbrei und Tomaten- oder Hülsenfrüchtesuppen. Er verfeinert Ratatouille, Zucchini-, Auberginen-, Tomaten- oder Paprikagerichte und wird zum Einlegen von Gurken verwendet. Thymian wirkt antibakteriell, fördert die Verdauung, heilt grippale Infekte sowie hartnäckigen Husten und enthält viel Eisen.

Vanille eignet sich für vegane Sahne-, Milch-, Schokoladensuppen/-soßen sowie für Eis, Desserts und Süßspeisen.

Wacholderbeeren an alle Krautsorten, Rote-Bete-Gemüse, Aufstriche und braune Soßen geben.

Zimt rundet Obstsalate, Apfel-, Pflaumen- oder Birnengerichte, süße Suppen und veganen Milchreis, vegane Quarkspeisen und Grießbrei ab, auch als Zimtzucker zum Bestreuen.

Zitronenmelisse verfeinert frische Salate, Dressings, Kräutersuppen und Mayonnaise. Sie wirkt beruhigend auf den nervösen Magen und wirkt heilsam bei Herpes, Herzstörungen und Blutarmut.

Grundzutaten für veganes Kochen

Beilagen

Amaranth
Hirse
Kartoffeln
Quinoa
Reis

Fette

Kokosfett, -öl
Kürbiskernöl
Margarine
Olivenöl
Rapsöl
Sonnenblumenöl

Mehle und verwendete Körner

Buchweizen
Dinkel
Dinkel(vollkorn)mehl (Kamut, Hafer, Buchweizen, Gerste ...); ersatzweise können auch andere Getreidemehle des gleichen Ausmahlungsgrads verwendet werden, z. B. Dinkel statt Weizen und umgekehrt. Generell unterscheiden sich die Mehle im Geschmack, in den Kleberanteilen und deshalb auch in der Anwendung.
Haferflocken (auch frisch geflockt)
Kartoffelmehl
Maismehl
Reismehl
Stärkemehl
Weizenmehl (Type 1050)

Salze

Meersalz, ohne Zusätze
Steinsalz, ohne Zusätze

Süßungsmittel

Agavendicksaft

Rohrohrzucker/Rohrzucker
Sirupe (z. B. Ahorn-, Rüben-, Palm-, Mais- und Reissirup)
Kokosblütenzucker/-nektar
Vollrohrzucker
Xylit (Birkenzucker)

Tipps und wichtige Hinweise

Gemüse lagern

Am besten frisches Obst und Gemüse sofort aufbrauchen. Da dies jedoch selten gelingt, hier ein paar Hinweise zur bewährten Lagerung:

Avocado und Tomaten zum Nachreifen bei Zimmertemperatur und bei vollständiger Reife (um den Reifeprozess zu verzögern) in einem kühlen Raum oder im Kühlschrank lagern.
Bohnen und Chicorée in einem kühlen (5 bis 7 °C), dunklen Raum in einer lichtundurchlässigen Kiste mit Papier oder einem feuchten Tuch zugedeckt (berührt nicht das Gemüse!) lagerbar.
Chinakohl in einem kühlen, dunklen Raum bei 5 bis 7 °C einzeln mit Papier umwickelt, hochkant in eine Kiste stellen.
Feldsalat und Rucola in einer Papiertüte oder in einer Plastikdose mit leicht geöffnetem Deckel Kühlschrank 4 Tage haltbar.
Fenchel, Frühlingszwiebeln, Maiskolben, Brokkoli, Radieschen ohne Grün im Gemüsefach des Kühlschranks aufbewahren.
Salatgurke, Paprikaschoten, kleine, zarte Zucchini, Auberginen, Kohlrabi, Spitzkohl, Blumenkohl und Rosenkohl in einem kühlen, dunklen Raum bei 5 bis 7 °C in separaten Kisten oder im Gemüsefach des Kühlschranks lagern.
Kartoffeln in einem kühlen, dunklen Raum bei 5 bis 7 °C in dunklen (zugedeckten) Kisten mehrere Monate lagerbar.
Knoblauch und Zwiebeln luftig, trocken, dunkel und kühl (am besten in einer Papiertüte) lagern.

Kräuter am besten immer frisch verwenden. Zur Lagerung in Küchenpapier einschlagen und dann in einer geschlossenen Folientüte im Gemüsefach des Kühlschranks lagern. Alternativ die Stängelenden abschneiden und in einem Glas mit wenig Wasser kühl stellen, eventuell lose eine Folientüte darüberstülpen.

Kürbis und große, feste Zucchini bei 10 bis 15 °C lagern.

Möhren, Pastinaken, Petersilienwurzel, schwarzer Rettich so kühl wie möglich, in eine Kiste mit Sand eingegraben (frostfrei) oder in einer Papiertüte mit Plastiktüte drum herum im Gemüsefach des Kühlschranks lagern.

Pilze in einem luftdurchlässigen oder leicht geöffneten Behälter im Kühlschrank oder in einem kühlen Raum (5 bis 7 °C) lagern.

Porree (Lauch) von der Wurzel her (heller Teil) mit einem leicht feuchten Tuch umhüllen und mit einer Plastiktüte einschlagen, kühl oder ggf. im Kühlschrank lagern.

Salatköpfe in eine Plastiktüte legen, in die Tüte ausatmen (CO_2- und stickstoffhaltig) und zubinden (auf diese Weise halten Salatköpfe 1 Woche). **Spargel und Schwarzwurzeln** in ein sauberes, leicht feuchtes
Geschirrtuch einschlagen und mit einer Plastiktüte umhüllen, dunkel lagern.

Spinat und Mangold in einer Kiste in einem kühlen, dunklen Raum (5 bis 7 °C) oder in einer offenen Plastiktüte im Kühlschrank 5 bis 6 Tage haltbar.

Topinambur in einer Papiertüte mit einer Plastiktüte umhüllt im Gemüsefach des Kühlschranks lagern.

Weißkohl, Rotkohl, Rote Bete, weißer Rettich, Süßkartoffeln und Knollensellerie in einem kühlen, dunklen Raum bei 5 bis 7 °C in separaten Kisten mehrere Wochen lagern.

Obst und Gemüse vorbereiten

Selbst wenn Sie nur Bioprodukte verwenden, ist es durch die Umweltbelastung und die vielen Stationen bis zum Endverbraucher notwendig, Obst und Gemüse gründlich zu waschen.

Im Allgemeinen erfolgt das **Waschen im Wasserbad** (lauwarmes Wasser und klares, kühles Wasser zum Nachspülen).

Salate, Kräuter, Blattgemüse und empfindliche Gemüsearten, wie Pilze oder zartes Beerenobst (z. B. Johannisbeeren, Erdbeeren etc.), gründlich im Wasserbad hin und her bewegen. Danach das Wasser wechseln. Schmutzige Stellen vorsichtig mit den Fingern im Wasser abreiben und mit klarem Wasser nachspülen.

Glatte und krause Petersilie unterscheidet sich zwar im Geschmack ein wenig, doch ist es reine Geschmackssache, welche Sie verwenden.

Obst und Gemüse mit glatten Schalen, z. B. Äpfel, Birnen, Tomaten oder Zucchini, im Wasserbad mit den Händen vorsichtig abreiben und noch einmal mit klarem Wasser nachspülen.

Obst und Gemüse mit rauer Oberfläche (aber auch durch Lagerung etwas runzlig gewordenes Obst oder Kartoffeln und Möhren) mit einer weichen Obst- oder Gemüsebürste im Wasserbad gründlich abbürsten und im klaren Wasser nachspülen.

Blumenkohl und Brokkoli sind manchmal von Raupen u. Ä. bewohnt. Bei Anzeichen dafür die geputzten Röschen kurz in Salz- oder Essigwasser liegen lassen (betrifft auch Kohl- oder Krautarten). Braune Stellen großzügig mit einem spitzen Küchenmesser entfernen.

Von **Bohnen** das Stielchen abschneiden und dabei den Faden abziehen.

Erbsen palen (aus der Schote herausholen) bzw. von

Bei **Zuckerschoten** das Stielchen abschneiden und den Faden abziehen.

Kartoffeln gründlich waschen oder abbürsten und vorzugsweise mit der Schale garen – am besten im Dampfgarer dämpfen (das ist auch ökonomischer). So kann bei frischer Ernte die Schale mitgegessen werden. Kartoffeln sind gute Basenlieferanten. **Grüne Stellen sowie Keime** an Kartoffeln sind sehr giftig, deshalb entfernen Sie diese stets gründlich.

Knoblauch wird am besten zerkleinert, indem man die Zehe in kleine Würfelchen schneidet und mit 2 Prisen Salz bestreut. Den zerkleinerten Knoblauch anschließend mit der Messerklinge zerdrücken, zusammenschieben und weiter zerdrücken, sodass ein Brei entsteht. (Das spart die Knoblauchpresse!)

Porree (Lauch) längs halbieren und unter leicht fließendem Wasser gründlich waschen, da sich zwischen den Blättern und über den Blattansätzen der meiste Schmutz ansammelt.

Schälen – ja oder nein? Obst und Gemüse mit zarter und gesunder Schale sollte nicht geschält werden, da sich in und unter den Schalen die meisten Vitalstoffe befinden.

Schwarzwurzeln waschen, mit einem scharfen Messer die schwarze Schalenschicht abschaben und das untere und obere Ende etwas nachschneiden. Eventuell kleine Verästelungen abbrechen und einzeln putzen. Da der Schwarzwurzelsaft sehr schnell braun wird, die geschälten Wurzeln am besten mit klarem Wasser waschen und sofort in Kochwasser mit etwas Zitronensaft legen.

Spargel ist ein edles, empfindliches und sehr zartes Gemüse. Deshalb immer gut darauf achten, dass das Köpfchen nicht abbricht. Unter der zarten Schale befindet sich eine stabile Faserschicht, die vom Kopf her nach unten zunimmt. Es bedarf einiger Übung, Spargel sorgfältig, aber knapp zu schälen. Dafür das Messer unterhalb des Köpfchens ansetzen und es unterhalb der Faserschicht mit viel Gefühl nach unten ziehen. Spargel auf diese Weise ringsherum schälen.

Zitrusfrüchte sind in der Küche unverzichtbar, meist mit Fruchtfleisch und Schale. Diese unbedingt mit einer Gemüsebürste gründlich in lauwarmem Wasser abbürsten und kalt nachspülen.

Zwiebeln lassen sich leichter schälen, wenn sie kurz in warmes Wasser gelegt bzw. damit benetzt wurden.

Speisen garen

Naturreis über Nacht quellen lassen, dann wird er am nächsten Tag schneller gar.

Für die meisten **Gemüsegerichte** oder andere Speisen empfehlen wir, die Gerichte zu Kochbeginn kurz aufzukochen (bis das Gemüse die Temperatur aufgenommen hat) und sie dann bei geringer Hitze gar köcheln zu lassen.

Alle Speisen erst kurz vor dem Verzehr zubereiten, damit sie so frisch wie möglich sind. Zu langes Kochen und Warmhalten zerstören wertvolle Inhaltstoffe und Aromen. Gemüse und Kartoffeln sollten noch bissfest sein. Das GENAUE TIMING kommt sehr schnell mit der Übung.

Beim Garen von **Hülsenfrüchten** 1 Teelöffel Natron auf 1 Liter Kochwasser dazugeben.

Grüne Bohnen bleiben auch nach dem Garen grün, wenn sie mit 1 Messerspitze Natron in Salzwasser gegart werden.

Bringen Sie Wasser zum Kochen, immer erst nach dem Aufkochen **Salz** hineingeben, da Wasser ohne Salz schneller kocht.

Alle Gerichte in diesem Kochbuch nach eigenem Ermessen **würzen** (vor allem mit Salz, Pfeffer, scharfem Paprikapulver), da die Geschmäcker ja verschieden sind. Übertreiben Sie es nicht mit **Knoblauch und Zwiebeln**. Sie regen die Gier an.

Zum Braten Kokosfett benutzen, da es hitzebeständiger ist als Öl. Für kross Gebratenes am besten Kokosfett nehmen, für kurzes Anbraten ist auch Olivenöl möglich.

Zum Andünsten ist Margarine (*Alsan Bio*) geeignet. Sie hat einen eher lieblich-„buttrigen" Geschmack. Doch nicht zu stark erhitzen – am besten erst nach dem Garen ein paar Flöckchen hinzugeben.

Speisen binden

1. Gemüsewasser mit Stärkemehl abbinden

Das gare Gemüse mit Stärkemehl (Weizen-, Dinkel-, Stärke-, Kartoffel-, Mais-, Reismehl) abbinden, indem Sie 1 bis 2 Esslöffel Mehl pro 500 Milliliter Gemüse-Kochwasser in etwa 1 Tasse Wasser klümpchenfrei einrühren (gut verquirlen), es am Ende der Garzeit unter vorsichtigem Rühren zum Gemüse geben und nochmals kurz aufkochen lassen. Es empfiehlt sich, vorher das Gemüsewasser abzugießen und das Gemüse in einem separaten Topf anzudicken. Geeignet zum Andicken aller Obst- und Gemüsesäfte bzw. -wasser.

2. Mehlschwitze zubereiten

In einer Pfanne nach Rezept Margarine, Olivenöl oder Kokosfett zerlassen, die angegebene Menge Mehl einstreuen und unter Rühren aufschäumen lassen, bis das Mehl lichtgelb ist. Dann mit dem Gemüsewasser ablöschen, indem Sie unter Rühren nach und nach etwas

Gemüsewasser/Wasser zugießen und alles immer wieder glatt rühren, bis das Mehl ausgequollen ist (bei Tomatengerichten können Sie gleich mit Tomatenpassata ablöschen). Prima zum Abbinden von Gulaschgerichten, Tomatensoßen/-suppen, einer selbst gemachten Sauce hollandaise (Seite 244), von Veganem Sahnestreichkäse (Seite 340) oder einer Käsesoße.

Der Goldene Schnitt des Würzens

Richtiges Würzen will gelernt sein. Dazu braucht es sowohl ein wenig Wissen als auch Übung, denn Gewürze sollen den Eigengeschmacks eines Gerichtes unterstreichen. Wesentlich ist, frische Kräuter in der Regel erst zum fertigen Gericht dazuzugeben, getrocknete hingegen eine Zeitlang mitzukochen. Pfefferkörner, Pimentkörner, Lorbeerblätter oder Wacholderbeeren beispielsweise sollten von Beginn an mitkochen, um ihr Aroma zu entfalten.

Experimentieren Sie doch ein wenig, lassen Sie Altes hinter sich und probieren Sie Neues!

Die Fünf-Komponenten-Harmonie ist eine gute Anregung, um Harmonie in einem Gericht zu erreichen. Dazu zählen die Geschmacksrichtungen **salzig, scharf, sauer, bitter, süß**. Sind diese Nuancen ausgeglichen, ist ein Rezept rund und vollkommen im Geschmack – der Goldene Schnitt ist erreicht. Folgende natürlichen Zutaten sind diesen fünf Geschmacksrichtungen zugeordnet:

Salzig: Salz, Sole, Sojasoße, Miso, Sellerie, Koriander, Dill, Petersilie, Meeresgemüse (z. B. Rotalgen, Seetang, Nori, Arame)

Scharf: Pfeffer, Paprikapulver scharf, Peperoni, Cayennepfeffer, Knoblauch, Schnittlauch, Currypulver, Radieschensprossen, Gewürznelken, Steckzwiebeln, Rettich, Meerrettich, Wasabi, Meeresalgen, Kräuter (frisch oder getrocknet, wie z. B. Basilikum, Dill, Koriander, Rosmarin), Zimt, Muskatnuss, Pfefferminze

Sauer: Zitronen, Kombucha, Senf, Preiselbeeren, Rhabarber, Zitronengras, Sauerampfer, Tomaten, Sauerkraut, Sojajoghurt, Apfelessig, Kräuteressig, Balsamico

Bitter: Petersilie, Rucola, Sellerie, Zwiebeln, Löwenzahn, Lorbeerblätter, Salbei, Cayennepfeffer

Süß: Agavendicksaft, Xylit, Rohrohrzucker, Vollrohrzucker, reife Bananen, Mangos, Pfirsiche, Birnen, reife Feigen, Apfelsaft, Orangensaft oder Trockenfrüchte wie Feigen, Datteln, Pflaumen oder Rosinen

Kleines Küchen-ABC

Ablöschen – Durch das Anbraten entstehen Röstaromen, die für den typischen Geschmack der Speisen sorgen. Wird nun über das Bratgut Flüssigkeit (z. B. Wasser oder Gemüsebrühe) gegossen, entsteht ein Fond, in dem das Bratgut und alle weiteren Zutaten gegart werden. Nach dem Ende der Garzeit lassen sich aus dem Fond mit Sojasahne, Margarine oder Mehlschwitze leckere Soßen und Suppen zaubern.

Abschrecken – Der Garprozess wird durch kaltes, schnelles Abkühlen mit Wasser unterbrochen – so kommen Nudeln, Gemüse etc. knackig und mit intensiver Farbe auf den Tisch. Da durch das Abschrecken wertvolle Bestandteile des Suds verloren gehen, die Garzeit so einkalkulieren, dass nur wenig kalte Flüssigkeit dazugegeben werden muss, damit die wertvollen Inhaltsstoffe nicht weggespült werden und nach dem Garungsprozess die Bissfestigkeit dennoch erhalten bleibt (Timing!).

Anschwitzen – Beim klassischen Anschwitzen zunächst Margarine in einem Topf oder in einer Pfanne zerlassen. Danach das Mehl auf einmal dazugeben und bei schwacher bis mittlerer Hitze unter Rühren lichtgelb anrösten. Ablöschen, indem man nach und nach etwas Flüssigkeit (Sojamilch, Brühe oder Wasser) zugießt und alles immer wieder glatt rührt, bis das Mehl ausgequollen ist. So entsteht die Basis für cremige Soßen oder Suppen. Zum Binden von Gerichten (wie Tofugulasch), zum Dünsten von Zwiebeln oder Schalotten (Mehl über die angebratenen/angedünsteten Zutaten stäuben, unter Rühren anschwitzen, mit Flüssigkeit ablöschen) und zum Einrühren und Andünsten von Tomatenmark (Geschmacksintensivierung).

Aufschlagen oder Montieren – Durch das Aufschlagen werden bereits abgeschmeckte Soßen und Suppen gebunden, erhalten Cremigkeit sowie einen schönen Glanz. Hierfür kühlschrankkalte

Margarineflöckchen mit einem Schneebesen in der Soße oder Suppe aufschlagen, um alle Zutaten optimal miteinander zu verbinden (Speisen nicht mehr kochen, da sich Margarine sonst absetzt).

Backen – Gebackenes Gemüse ist fettarm, und beim Backen bleiben die Säfte im Gargut enthalten. Daher ist diese Garmethode geschmacksintensiv. Allerdings schaden die hohen Temperaturen den Inhaltsstoffen.

Binden – ist das Eindicken von dünnflüssigen Soßen, Suppen oder anderen Flüssigkeiten durch das Einrühren von Stärkemehl, Mehl oder gekochtem Gemüse. Beim Andicken mit Speisestärke oder Mehl wird dieses mit wenig kaltem Wasser glatt angerührt und unter Rühren zur heißen Flüssigkeit gegeben. Dann etwa 1 Minute (bei Stärke) bzw. etwa 5 Minuten (bei Mehl) köcheln lassen, bis die Flüssigkeit cremig ist. Beim Binden mit Gemüse oder Kartoffeln (z. B. bei Suppen) wird ein Teil des garen Gemüses/der Kartoffeln püriert und wieder zugegeben.

Blanchieren – Geputztes Gemüse 1 bis 5 Minuten in kochendem Salzwasser garen. (Möchte man das Gemüse einfrieren oder einmachen, anschließend noch abschrecken.) Je härter das Gemüse ist, umso länger dauert das Blanchieren.

Braten – Anbraten verleiht Gemüse und Tofu einen kräftigen Geschmack, der durch die Gewürze noch intensiviert wird. Die Pfanne und das Fett müssen dafür richtig heiß sein. Mit Zwiebeln, Salz und Pfeffer brauchen beispielsweise Paprikaschoten nur 3 Minuten. Gebraten schmecken Paprika, Artischocken, Fenchel, Auberginen, Zucchini und Pilze. Gemüse eher kurze Zeit braten. Werden härtere Gemüsesorten gewählt, muss man sie vorgaren oder schmoren.

Dämpfen – ist fettfrei und schonend, da wichtige Vitamine und Spurenelemente im Gemüse fast vollständig erhalten bleiben (mit Dampfgarer, Dampfkochtopf/Dampfeinsatz). Das Gemüse hat dabei keinen Kontakt zum kochenden Wasser. Während des Dämpfens den Deckel geschlossen halten, damit maximaler Dampf entsteht. Kartoffeln lassen sich besonders gut dämpfen.

Dünsten – Lebensmittel werden besonders sanft in Flüssigkeit gegart – sehr fettarm und schonend. Hierzu wird meistens Brühe, Fond oder

Wasser verwendet. Das Gemüse wird in der Flüssigkeit inklusive der gewünschten Gewürze bei meist geschlossenem Deckel gegart, auf dem Herd oder im Backofen. Am besten in großzügigen Töpfen oder Pfannen dünsten, um so viel Boden wie möglich zu bedecken und wenig Wasser zu verwenden. Man kann mit wenig und ohne Fett dünsten. Je nachdem, wie viel Eigenflüssigkeit ein Gemüse hat, fügt man auch Flüssigkeit zu.

Gemüsefond/Gemüsewasser – ist die Flüssigkeit, die beim Garen von Gemüse entsteht. Sie enthält noch einen Teil der Vitamine und Nährstoffe und das Aroma der Zutaten. Das Gemüsewasser nach dem Garen abgießen und auffangen, als Basis für Suppen und Soßen mit natürlichem und aromatischem Geschmack (kann gebunden werden).

Garen im Schnellkochtopf (neuestes System) – Hier hat das Gemüse keinen Kontakt mit dem Kochwasser, sondern nur mit dem Dampf. Wasserdampf füllt den Topf, Sauerstoff verschwindet, dadurch verkürzt sich die Garzeit und es bleiben Inhaltsstoffe und mehr Vitamine erhalten. Die Zellen des Gemüses dehnen sich aus, werden aber nicht zerstört. (*Wichtig*: Die Garzeiten ganz genau einhalten!).

Glattrühren – Das Einrühren von Mehlen und Stärkemehlen in eine kalte Flüssigkeit, bis alle Klümpchen aufgelöst sind (z. B. Binden von Soßen, Pudding oder Tortenguss). Durch das Glattrühren verteilt sich die Stärke später gleichmäßig in der heißen Speise/Flüssigkeit und kann ihre volle Wirkung entfalten. Am besten mit einem Quirl oder Schneebesen arbeiten.

Kochen – Zwar leidet Gemüse am meisten beim Kochen, doch bietet sich diese Garmethode für Blumenkohl oder anderes unzerkleinertes Gemüse an. Dann darauf achten, wenig Kochwasser zu nehmen und es mitsamt seinen Vitaminen nicht wegzuschütten, sondern weiterzuverarbeiten.

Panieren – Zum klassischen Panieren gehören drei wichtige Arbeitsschritte: das Wenden in Mehl, das Durchziehen durch Öl und das Wälzen in Paniermehl oder Semmelbröseln.

Pürieren – Das Verwandeln von festen Speisen zu homogenen

Pürees, Musen oder Breien mithilfe eines Pürierstabs, Mixers, Kartoffelstampfers oder Siebs. Kartoffelpüree mit einem Kartoffelstampfer oder den Rührstäben eines Mixers zubereiten, cremige Suppen, Eintöpfe, Soßen und Fruchtsoßen mit einem Pürierstab oder Mixer, Apfelmus aus gekochten Äpfeln mit einem Passiersieb oder der Flotten Lotte.

Sämig Kochen – ist das Garen bei starker Hitze im offenen Topf. Durch das Verdampfen des Wassers dickt die Speise an und wird cremiger. Der Geschmack wird intensiver, da die übrigen Inhaltsstoffe konzentrierter enthalten sind.

Schmoren – eine Kombination aus krossem Anbraten und anschließendem Dünsten im eigenen Saft bei geringer Hitze. Schmoren kann mehrere Stunden dauern (Kohlrouladen). Der Schmorfond ist die Basis für herrliche Soßen. In einem Topf oder einer höheren Pfanne etwas Öl oder Margarine erhitzen, Zwiebelwürfel und das Gemüse kurz darin anbraten und mit wenig Wasser oder Gemüsebrühe zum Kochen bringen, damit das Gemüse im eigenen Saft schmoren kann (die Garzeit hängt vom jeweiligen Gemüse ab: Bei festen Möhren dauert es etwa 10 Minuten, bei Kohl etwas länger). Das Gemüse ist fertig, wenn es bissfest ist.

Schwenken – gibt gegartem Gemüse den letzten Schliff. Das Gemüse nach dem Garen einfach mit etwas Margarine in einen Topf geben und diese zerlassen. Den Topf leicht bewegen. So verteilt sich die flüssige Margarine über dem Gemüse. Dabei auf den Einsatz von Kochlöffeln oder Ähnlichem verzichten. Schwenken verleiht Möhren, Bohnen, Rosenkohl oder Brokkoli einen schönen Glanz und ein feines Aroma. Sehr lecker auch bei Nudeln und Kartoffeln.

Achtung!

Bei jeder Garmethode gehen wichtige Vitalstoffe verloren. Welches Gemüse wie lange braucht, hängt davon ab, wie weich oder hart es ist. Es gibt keinen „besten Weg“, ein Gemüse zuzubereiten. Man muss für jedes Gemüse den eigenen Weg finden. Es gibt Gemüse, das sich zum Schmoren eignet (z. B. Möhren), doch das kann man mit Brokkoli nicht machen, weil der sofort verkocht. Genauso kann man Zucchini nicht schmoren, weil sie zu Brei zerfallen.

Generell aber gilt: Kurze Garzeiten sind schonender als lange und das Garen mit wenig Flüssigkeit erhält mehr Vitamine und Nährstoffe als das Garen mit viel Wasser. Deshalb ist das Kochen die ungesündeste Zubereitungsart von Gemüse. Denn hier wird reichlich Wasser benutzt, das dem Gemüse sämtliche Nährstoffe entzieht. Kochwasser daher nie wegschütten, sondern stattdessen weiterverwerten, zum Beispiel als Basis für Suppen und Soßen.

Tierische und herkömmliche Produkte ersetzen

Herkömmliches Produkt	***Veganes Produkt***
Getränke	
Milch	Soja-, Hafer-, Kokos-, Reismilch, Soja-Reisdrink Mandelmilch
Kaffee	Getreide-, Malz-, Dinkelkaffee
Limonade	Bio-Brause, Fruchtsäfte
Wasser	stilles Wasser, Quellwasser, trinkbares Leitungswasser
Zum Kochen, Backen oder Braten	
Bindemittel	Johannisbrotkernmehl, Guarkernmehl, Pfeilwurzelstärke, Kuzu, Kartoffeln, Kartoffelmehl, Sojamehl, Speisestärke
Brühe	pflanzliche Gemüsebrühe, Hefeflocken, Miso
Butter	Margarine mit ungehärteten Fetten (*Alsan Bio*), Sojamargarine
Eier	Sojamehl, Maismehl, Stärkemehl, Johannisbrotkernmehl, Tofu naturell, Avocado, Seitan (Rühreiersatz)
Ei-Ersatz	1. 1 Ei = 2 EL Wasser 2. = 1 EL Maismehl + 2 EL Wasser 3. = 1 TL Sojamehl + 2 EL Wasser 4. = 1 TL Essig + 1 EL Wasser 5. = 2 EL Wasser + 1 EL Öl + ½ TL Backpulver
Essig	Zitronensaft, Kombucha, Kräuter-/Apfelessig
Fette	• zum Braten: Kokosfett, Kokosöl, Erdnussöl • für Salate/Aufstriche: kalt gepresste Öle (Oliven-, Sonnenblumen-, Raps-, Kürbiskernöl etc.)
Fisch	Tofu/Seitan mit Meeresgemüse = Algen (Wakame, Seetang, Nori, Arame, Yaki-Nori, Kombu, Mekabu)

Fleisch/Wurst	Getreide wie Weizen, Dinkel, Grünkern, Hafer, Amaranth, Quinoa als Bratlinge, Braten, Steaks, Aufstriche, panierte Gemüseschnitzel Aus Soja/Tofu: Tofugulasch, Tofuburger, Tofuschnitzel, Soja-Geschnetzeltes, Tofuwürstchen, Tofuterrine, Räuchertofu, diverse Aufschnitte und Aufstriche ... Aus Weizeneiweiß/Seitan: Schnitzel, Steaks, Bratfilets, Würstchen, Aufschnitte, Geschnetzeltes
Gelee, Gelatine	Agar Agar, Apfelpektin, Konfigel, Konfitura, Gelierzucker
Getreide/Mehl	Vollkornmehl und Type 1050 – aus Weizen, Kamut (Urweizen), Dinkel, Einkorn, Roggen (nach Möglichkeit frisch gemahlen), Reismehl, Maismehl, Teffmehl (glutenfrei) auch als Ersatz oder Beilagen: Hirse, Polenta, Quinoa, Vollkornreis, Wildreis, Amaranth, Buchweizen, Bulgur, für die Seitanherstellung – weißes Weizenmehl
Kakao	schwach oder stark entölter Kakao, kann auch durch Carob (natürlich süß) teilweise oder vollständig ersetzt werden
Maggi	Sojasoße (Shoyu, Tamari), Miso, Hefeextrakt
Nudeln	Vollkornnudeln, Dinkel-, Grünkern-, Hartweizengrieß-, Dinkel-, Amaranth-, Soja-, Vollkorn-, Kamut-, Buchweizennudeln
Paniermehl	Paniermehl, Semmelbrösel, Grieß

Milchprodukte

Eis	Fruchteis/Sorbet, Sojamilcheis, Reismilcheis
Joghurt	Sojajoghurt: Yofu
Käse/Frischkäse	Soja-Frischkäse (verschiedener Sorten), Soja-Schnittkäse (verschiedene Sorten)
Quark	Tofu naturell mit Sojajoghurt, fein püriert, oder Sojajoghurt, im Sieb abgehangen
Sahne	Sojasahne, Reissahne, Hafersahne, Mandelsahne
saure Sahne	Sojasahne + 1 TL Zitronensaft oder Sojasahne + 2 EL Sojajoghurt

Süße Sachen

Schokolade/ Nougat	Zartbitterschokolade ohne Milchanteil (von süß mit 55 Prozent bis herb mit 98 Prozent Kakaoanteil) – auch ohne Zucker, Reismilchschokolade, Mandel- und Haselnussnougat ohne Milchanteil oder selbst gemacht aus Schokolade und Nussmus
Süße Aufstriche	Zuckerrübensirup, Birnenapfelkraut, Erdnussbutter, Nussmuse, Schokoaufstriche (ohne Milchanteil oder mit Carob) – auch ohne Rohrohrzucker erhältlich Marmeladen: gesüßt mit Rohrohrzucker/Agavendicksaft oder reiner Fruchtsüße
Süßes/Kekse/ Gebäck	Fruchtschnitten, Sesam-, Mandel-, Erdnussriegel, Trockenfrüchte (Datteln, Feigen, Aprikosen, Rosinen etc.), pflanzliche Fruchtgummibärchen, vegane Kekse, Cookies, Waffeln und Waffelröllchen
Weißzucker	Vollrohrzucker (unraffiniert), Rohrohrzucker, Xylit (Birkenzucker), Kokosblütenzucker, Agaven-, Birnen- oder Apfeldicksaft, Ahorn-, Reis- oder Maissirup, Stevia, Melasse, Trockenfrüchte (Rosinen, Datteln, Feigen)

Kerne und Keime

Keime zum Selbstziehen	Mungbohnen, Alfalfa, Sonnenblumenkerne, Radieschen, Bockshornklee, Linsen, Weizen-, Kamut-, Dinkel-, Haferkörner
Samen und Kerne	Sonnenblumenkerne, Kürbiskerne, Cashewkerne, Leinsamen, Sesamsamen

Alle veganen Bioprodukte sind erhältlich in Naturkost- und in Bioläden sowie in Reformhäusern. Vieles finden Sie auch in Eine-Welt-Läden in der Bio-Abteilung Ihres Supermarktes. Außerdem können Sie im Internet unter dem Suchbegriff „Veganversand" einige Online-Shops finden, deren Sortimente eine große Auswahl bieten.

Ersatzprodukte verwenden

Agar Agar ist ein pflanzliches Geliermittel/Verdickungsmittel aus Meeresalgen.

Agavendicksaft besteht fast ausschließlich aus Fruchtzucker und kann daher für beinahe alles als hervorragendes Süßungsmittel verwendet werden.

Ahornsirup, der eingedickte Saft des kanadischen Felsahorns und gutes Süßungsmittel, ist im Handel in verschiedenen Qualitäten erhältlich, die sich durch Färbung und Geschmack unterscheiden.

Algen Das mit Vitaminen, Mineralien und Spurenelementen angereicherte Meeresgemüse gibt es in vielen Sorten: etwa Wakame, Seetang, Nori, Yaki-Nori, Kombu oder Mekabu. Algen sind unterschiedlich im Geschmack und in ihrer Verwendungsmöglichkeit, z. B. in Gemüsegerichten, Aufläufen, Bratlingen oder Pfannkuchen.

Amaranth Diese Körnerfrucht gehört zu den ältesten Kulturpflanzen der Menschheit. Ihre Samen haben hochwertige und reichhaltige Inhaltsstoffe. Sie werden mit Wasser im Verhältnis 1:3 gekocht und als Beilage serviert oder weiterverarbeitet.

Apfelpektin Das aus Äpfeln hergestellte pflanzliche Geliermittel eignet sich zum Andicken von Fruchtaufstrichen und Desserts.

Backpulver Möglichst zu Weinstein-Backpulver greifen, da hier keine synthetischen Verbindungen, sondern Weinstein als Säureträger benutzt wird.

Buchweizen ist kein Getreide, sondern ein Knöterichgewächs (glutenfrei), kann jedoch wie Getreide verwendet werden. Es ist reich an unentbehrlichen Aminosäuren, B-Vitaminen, Vitamin E, Kalium, Eisen, Phosphor, Magnesium und Kieselsäure und eignet sich zum Backen von Fladen und Pfannkuchen.

Carob Das Mehl aus den Schoten des Johannisbrotbaumes dient als Ersatzstoff für Kakao und Schokolade, da es keine stimulierenden Wirkstoffe enthält.

Dinkel, die Urform des Weizens, ist reich an Magnesium, Eisen, Zink und Mangan, ausgezeichnet verträglich und hat einen herzhaft nussigen Geschmack. Er wird für Bratlinge, Klöße, Getreidesalate, Aufläufe oder Suppe verwendet, aber auch für Brot, Backwaren und Nudeln.

Gerste enthält viele Ballaststoffe und Kieselsäure, Eisen und Zink und eignet sich für Müslimischungen und Breie. Gerstengraupen schmecken super in Suppen.

Getreidekaffee Eine Mischung aus geröstetem Getreide, Samen, Früchten und Zichorienwurzel als Bitterstoff. Reiner Malzkaffee schmeckt leicht süßlich. Getreidekaffee ist koffeinfrei und eignet sich gleichermaßen für Kinder und Erwachsene. Auch für die gesunde und bekömmliche Küche eine aromatische Zutat.

Grünkern ist unreif geernteter Dinkel, der im Buchholzfeuer einige Stunden gedarrt wird. Daher stammt sein würzig rauchiger Geschmack. Für Bratlinge und Grünkernsuppe geeignet.

Guarkernmehl wird aus dem Samen der Guarpflanze gewonnen und, in Wasser aufgelöst, als Verdickungsmittel verwendet.

Hafer ist heute unser wertvollstes Getreide und eine wahre Kraftnahrung. Er ist reich an wertvollen Fettsäuren, B-Vitaminen, Magnesium, Kupfer, Zink und Calcium, wirkt wegen seines hohen Gehalts an Dopaminen anregend und tut dem Magen wohl.

Harissa Die scharfe Chilipaste mit Knoblauch und Gewürzen gibt es im Naturkostladen.

Hefeflocken Eine Hefewürze mit intensiv würzigem Geschmack. Die Flocken sind reich an Eiweiß und Kohlenhydraten und enthalten einige wichtige Vitamine. Sie eignen sich zum Würzen von Suppen, Soßen und überbackenen Speisen und werden erst nach dem Kochen in die Speisen gegeben.

Hirse Ein an Ballaststoffen und Mineralstoffen reiches Grundnahrungsmittel (glutenfrei), das mit Wasser im Verhältnis 1:2½ gegart wird. Hirse enthält viel Kieselsäure und Eisen. Durch die einfache und leichte Zubereitung eignet sie sich hervorragend als Beilage zu Gemüsegerichten und Soßen und ist auch ideal zur Weiterverarbeitung für Bratlinge, Suppen, Aufläufe und Desserts.

Johannisbrotkernmehl, ein pflanzliches Binde- und Verdickungsmittel, ist ideal zum Andicken und Binden von Soßen, Aufläufen oder Süßspeisen und als Eiersatz, z. B. für Backwaren. Es wird auf natürliche Weise aus den Kernen der Johannisbrotbaumschoten gewonnen.

Kakao Schwach entölter Kakao ist intensiver im Geschmack und dadurch sparsamer im Verbrauch.

Kamut Das aus dem Nahen Osten stammende Getreide ist durch seine ursprünglichen Eigenschaften (ungekreuzt) leicht verdaulich und gut verträglich (oft auch von Weizen-Allergikern). Es besitzt höhere Nährwerte als unsere üblichen Getreidesorten und eignet sich bestens zum Kochen und Backen.

Kokosöl/-fett Dieses feste, hitzebeständige Pflanzenöl mit leichter Kokosnote schmilzt ab 25 °C. In Bioqualität bekommt man natives Kokosöl (kalt gepresst und unverarbeitet) oder Kokosfett, desodoriert und ungehärtet. Es wird zum Braten, Backen und Frittieren eingesetzt und kann in nativer Qualität statt Margarine aufs Brot gestrichen werden.

Kombucha – ein kaltes Gärgetränk, das durch Fermentierung von gesüßtem Tee mit dem sogenannten Kombucha- oder Teepilz hergestellt wird. Es handelt sich hier um eine Flechte (Symbiose aus Alge und Pilz), die zur Entschlackung und Entgiftung des Körpers sowie zur Stärkung des Immunsystems beiträgt (enthält 0,25 bis 1 Prozent Alkohol). Kombucha-Essig dient als Essigersatz für Dressings, Marinaden oder süßsaure Gerichte.

Miso ist eine vergorene, fermentierte, natürlich gereifte japanische Paste, die hauptsächlich aus Sojabohnen und je nach Sorte aus Reis, Gerste oder anderem Getreide besteht. Miso kommt als Suppengrundlage, zum Verfeinern von Dips, Dressings, Pürees, Gemüse- und Reisgerichten zum Einsatz, aber auch beim Überbacken oder pur als Brotaufstrich.

Pito Der in einer Kaffee- oder Getreidemühle fein gemahlene, geröstete Quinoasamen ist etwas aufwendig in der Zubereitung, jedoch monatelang lagerfähig.

Quinoa ist eine alte Kulturpflanze der Andenländer und ein hochwertiges, ausgewogenes und glutenfreies Nahrungsmittel. Quinoasamen werden mit Wasser im Verhältnis 1:3 gekocht und als

Beilage gereicht oder für Salate, Suppen, Bratlinge und Süßspeisen verwendet.

Räuchertofu Die geräucherte Variante des ***Tofu naturell*** hat eine etwas festere Konsistenz und außen eine bräunliche Färbung. Sein Geschmack ist rauchig-mild bis intensiv würzig. Er eignet sich ausgezeichnet für pikante und kräftige Gerichte.

Reis Zu empfehlen ist immer Vollkorn- oder Naturreis, da er noch alle wertvollen Mineralstoffe und Vitamine enthält. Er wird mit Wasser im Verhältnis 1:2 gekocht und meist als Beilage oder in Salaten, Suppen oder Bratlingen serviert.

Roggen enthält viele Mineralstoffe, Folsäure und Ballaststoffe und kann auch als Beilage gekocht werden. Er ist eine wichtige Brotzutat, die mit Sauerteig verbacken werden muss, Hefe allein reicht nicht aus.

Salz sollte als Würze sparsam eingesetzt werden. Empfehlenswert sind Stein- oder Meersalze ohne jegliche Zusätze bzw. Sole, in Wasser angesetzte Kristallsalzbrocken (in Reformhäusern und Bioläden erhältlich).

Sojajoghurt Ein auf Sojabasis fermentiertes Produkt, das sich besonders zur Herstellung von Süßspeisen und Dressings sowie zur Verfeinerung von Salaten, Soßen und Aufläufen eignet.

Sojasoße Dieses durch Fermentation entstandene eiweißreiche Produkt enthält wertvolles Vitamin B_{12} und verleiht jedem Essen eine würzige Note. Im Biobereich sind Shoyu und Tamari empfehlenswert. Diese unterscheiden sich in ihrer Herstellung und Geschmacksintensität.

Tofu naturell wird aus Sojabohnen hergestellt und ähnelt in seiner Farbe und Konsistenz stark dem Quark. Tofu enthält reichlich pflanzliches Eiweiß, ist geschmacksneutral und eignet sich hervorragend als Zutat in Salaten, Suppen und Hauptgerichten.

Topinambur Diese winterharte Wurzelknolle wird auch Erdbirne genannt. Gut gewaschen und höchstens leicht abgeschabt, eignet sie sich zum Kochen, Braten, Backen und zum rohen Verzehr.

Trockenfrüchte nur ungezuckert und ungeschwefelt verwenden. Sie dienen unter anderem als sehr empfehlenswertes Süßungsmittel.

Trockenhefe ist schonend getrocknete Hefe aus einzelligen Hefepilzkulturen und kann ohne Anrühren verarbeitet werden.

Vollrohrzucker Das getrocknete, gemahlene Zuckerrohr ist zurzeit unter den Namen „Ursüße" und „Vollwertsüße" im Handel erhältlich.

Wakame siehe Algen

Weizen Weichweizen wird zum Brotbacken verwendet, eiweißreicher Hartweizen für Nudeln. Er kann auch als Beilage serviert werden. Weizensprossen enthalten viel Vitalstoffe. Bulgur und Couscous sind weiterverarbeitete Formen des Weizens.

Zitronenschale Diese nur von ungespritzten und biologisch angebauten Früchten verwenden. Sie erfrischt Salate, Desserts und viele andere Speisen.

Wenn Sie nicht abwiegen wollen …

Als Ersatz für eine Waage dienen außer einem Messbecher, auch Löffel und Tasse. Unten finden Sie eine Tabelle zum Umrechnen von Gramm in Tee- oder Esslöffel und Tasse für verschiedene Zutaten:

Zutaten	***1 Teelöffel*** (1 TL)	***1 Teelöffel gehäuft*** (1 geh. TL)	***1 Esslöffel gehäuft*** (1 geh. EL)	***1 Tasse gestrichen*** (1 gestr. Tasse) = 150 ml
Agar Agar	3 g	5 g	–	–
Agavendicksaft	–	–	20 g (gestr.)	–
Natron	6 g	9 g	–	–
Grieß	5 g	7 g	18 g	120 g
Haferflocken	4 g	6 g	16 g	75 g
Weizenmehl (Type 1050)	4 g	7 g	25 g	85 g
Reis	6 g	7 g	24 g	140 g
Rohrohrzucker	6 g	8 g	25 g	150 g
Salz	6 g	10 g	18 g	–
Semmelmehl	5 g	15 g	22 g	–
Puderzucker	5 g	8 g	22 g	–
Kakao	3 g	5 g	18 g	–
Öl	5 ml	–	13 ml	–
Wasser	5 ml	–	13 ml	160 ml
Margarine	–	–	20 g	–

2-Wochen-Plan für den Einstieg

Die Mengenangaben in den Rezepten sind meist, wenn nicht anders angegeben, für 4 Personen gedacht.

1. Tag: **Grüner Salat** (Seite 58)
Zutaten: Salatkopf, Kräuter, Zitrone, Öl, Agavendicksaft, Gewürze
Gebackener Kürbis (Seite 179), dazu: **Kartoffelbrei** (Seite 264)
Zutaten: Kürbis/und Zucchini, Öl, Gewürze, Kartoffeln
2. Tag: **Radieschensalat** (Seite 62)
Zutaten: Radieschen, Schnittlauch/Petersilie, Sojasahne, Sojajoghurt, Olivenöl, Zitronensaft, Agavendicksaft, Salz, Pfeffer
Bauernfrühstück (Seite 285 oder 286)
Zutaten: Kartoffeln, Sauerkraut, Räuchertofu, Sojasahne, Gewürze, Kokosfett
3. Tag: **Gurkensalat mit Joghurtdressing** (Seite 60)
Zutaten: Salatgurke, Paprikaschote, Tomate, Sojajogurt, Sojasahne, Dill, Olivenöl, Zitronensaft, Agavendicksaft, Knoblauch, Gewürze
Kartoffelpuffer mit Apfelmus (Seite 128)
Zutaten: Kartoffeln, Zwiebel, Mehl, Gewürze, Bratfett, Apfelmus (Glas)
4. Tag: **Feldsalat** (Seite 59)
Zutaten: Feldsalat, Agavendicksaft, Öl, Zitrone, Gewürze
Brokkolicremesuppe (Seite 92) + **Knoblauch-Kräuter-Baguette** (Seite 138)
Zutaten: Brokkoli, Kartoffeln, Sojasahne, Öl, Margarine, Baguette, Knoblauch, Kräuter, Gewürze
5. Tag: **Brotmahlzeit mit Veganer Schnittlauchbutter, Avocado-Knoblauch-Creme, Haselnusscreme** (Seiten 338, 55 und 356)
Zutaten: Brot, Margarine, Kräuter, Avocado, Knoblauch, Öl, Gewürze, Nussmus, Agavendicksaft, Kakao
6. Tag: **Chicoréesalat** (Seite 63)
Zutaten: Chicorée, Orange, Zitrone, Öl, Agavendicksaft, Gewürze
Ungarisches Zucchinigemüse (Seite 164)
Zutaten: Zucchini, Paprikaschote, Tomaten, Zwiebel, Knoblauch, Sojasahne, Hafermilch, Mehl, Dill, Agavendicksaft, Kräuter, Gewürze

7. Tag: **Spitzkohl-Salat** (Seite 61)
Zutaten: Spitzkohl, Orange, Mangosaft, Olivenöl, Zitronensaft, Agavendicksaft, Ingwer, Gewürze
Dal und Reis (Seite 201)
Zutaten: Reis, rote Linsen, Paprikaschote, Zwiebel, Garam Masala, Gewürze
8. Tag: **Rote-Bete-Salat** (Seite 73)
Zutaten: Rote Bete, Zwiebel, Apfel, Zitrone, Meerrettich, Öl, Gewürz
Kartoffelpüree mit „Gekruscheltem" + gebräunte Zwiebel (Seite 264 und 235)
Zutaten: Kartoffeln, Sojamilch, Getreidekörner, Haferflocken, Zwiebel, Senf, Gewürze, Knoblauch, Kokosfett
9. Tag: **Weißkrautsalat** (Seite 61)
Zutaten: Weißkraut, Zwiebel, Apfel, Zitrone, Öl, Gewürze
Brokkoli-Blumenkohl-Gemüse (Seite 154)
Zutaten: Blumenkohl, Margarine, Kartoffeln/Mehl, Wasser, Zitronensaft, Gewürze
10. Tag: **Veganer „Döner"** (Seite 146)
Zutaten: Fladenbrot/-brötchen, Weißkrautsalat, Rotkrautsalat, Räuchertofu, Tomaten, Salatgurke, Salat, Zwiebel, Öl, Ketchup, Mayonnaise (Seite 51), Kokosfett
11. Tag: **Chinakohlsalat** (Seite 63)
Zutaten: Chinakohl, Orange, Mangosaft, Salz, Zitrone, Olivenöl, Ingwer, Agavendicksaft
Gebackener Gemüsereis (Seite 279)
Zutaten: Reis, Zucchini, Möhre, Champignon, Zwiebel, Margarine, Gewürze, Kräuter
12. Tag: **Backkartoffeln + veganer Tomaten-„Mozzarella"** (Seite 65)
Zutaten: Kartoffeln, Tomaten, Tofu naturell, Zwiebel, Basilikum, Öl, Gewürze
13. Tag: **Kartoffelsalat + Getreideklöpschen** (Seite 74 und 235)
Zutaten: Kartoffeln, Gewürzgurken, Zwiebel, Mayonnaise, Getreidekörner, Haferflocken, Knoblauch, Senf, Gewürze, Kokosfett
14. Tag: **Salat nach eigener Wahl + Spinatpizza** (Seite 308)
Zutaten: Kartoffelpizzateig (Seite 301), Spinat, Zwiebel, Sojasahne, Gewürze, Veganer Sahnestreichkäse (Seite 340)

Rezepte

Salate, Dressings & Dips

- Einheimisches Obst und Gemüse der entsprechenden Saison verwenden, dabei auf Frische und unverarbeiteten Zustand achten!
- Immer nur zu unbehandelten Bioprodukten greifen. Sie haben die ursprünglichen Aromen und durch ihre Inhaltsstoffe sättigen sie viel mehr.
- Obst und Gemüse immer gründlich waschen und nur wenn nötig die Schalen entfernen, da unter der Schale die wichtigsten Inhaltsstoffe sitzen.
- Die Dressings und Zutaten der Salate sind je nach Angebot des Gartens austauschbar, der Fantasie und dem Reichtum der Natur sind keine Grenzen gesetzt.
- Frische Petersilie (oder andere frische Kräuter), fein geschnitten und über Salate und andere Speisen gestreut, sind eine echte Bereicherung – sowohl optisch als auch geschmacklich. Außerdem sind sie reich an vielen Vitalstoffen und bringen Frische in jedes Gericht.
- Eine hübsche Garnierung stimmt auf die Mahlzeit ein, denn das Auge isst mit.
- Kräuter können Sie je nach Jahreszeit oder Verfügbarkeit variieren oder ersetzen.
- Frische, fein geschnittene Kräuter entfalten ihr Aroma und ihren Geschmack schneller und besser, wenn sie vorher mit etwas Salz bestreut und vermischt durchziehen können.
- Kräuter lassen sich gut für den Winter haltbar machen, durch Einfrieren, Trocknen und Einsalzen (Seite 369).
- Für einen runden, harmonischen Geschmack – gerade bei Salaten wie z. B. von Roter Bete, Rettich, Weißkohl oder Sauerkraut – ist ein Apfel ein guter Ausgleich und eine große Bereicherung.

- Wenn vorhanden immer frische Zitronen bevorzugen (auch etwas abgeriebene Schale) – das gilt auch für Orangen. Sie sind gesund und lecker.
- Rohkost passiert schneller den Magen als gekochte Nahrung. Deshalb empfiehlt es sich, Rohkost immer zuerst zu essen.
- Eine leichte Mahlzeit an warmen Sommertagen ist ein köstlicher, frischer Salat, dazu ein leckeres Kräuter-/oder Knoblauch-Baguette (Seite 138) oder einfach nur eine getoastete Scheibe Brot oder Pellkartoffeln.
- Von Rote Bete verfärbte Hände (auch bei Schwarzwurzel und roten Beeren) am besten mit etwas Zitronensaft oder Backpulver reinigen.

Dressings, Dips & Grillsoßen

Saure-Sahne-Dressing, vegan

(für 4 Personen)

Zutaten

1 kleine Zwiebel
6 EL Olivenöl
6 EL Sojajoghurt
3 EL Zitronensaft
1 EL Sojasahne
1 TL Agavendicksaft
3 Msp. Pfeffer

Zubereitung

Zwiebel abziehen und in kleine Würfel schneiden. Olivenöl, Sojajoghurt, Zitronensaft, Sojasahne, Agavendicksaft und Pfeffer in eine Schüssel geben und gut vermengen. Klein geschnittene Zwiebel dazugeben und alles nochmals abschmecken.

Tipp: Statt der Zwiebel passen auch 1½ Bund klein geschnittener Schnittlauch, 4 bis 6 Stängel klein geschnittener Dill oder ½ Knoblauchzehe, fein geschnitten.

Senf-Dressing

(für 4 Personen)

Zutaten

½ Bund Kräuter (z. B. Petersilie, Schnittlauch oder nach Wahl)
200 g Sojajoghurt
1 EL Senf
1½ EL Zitronensaft
3 EL Olivenöl
1 EL Agavendicksaft
etwas Salz
etwas Pfeffer

Zubereitung

Kräuter vorsichtig waschen und fein schneiden. Kräuter mit den restlichen Zutaten gut pürieren und abschmecken.

Tipp: Für ein **Currydressing** verwenden Sie statt Senf 1 bis 2 Esslöffel Currypulver, ½ bis 1 Knoblauchzehe, fein geschnitten und mit dem Messer zerdrückt, und 40 Milliliter Wasser.

Paprika-Dressing

(für 4 Personen)

Zutaten

150 g Sojajoghurt
50 ml Sojasahne
3 EL Wasser
2 EL Olivenöl
3 TL Paprikapulver edelsüß
1 Prise Paprikapulver scharf
etwas Salz

Zubereitung

Alle Zutaten in eine Schüssel geben, gut pürieren und abschmecken.

Tipp: Das Dressing zusätzlich mit 1 Esslöffel Tomatenmark verfeinern.

Mango-Dressing

(für 4 Personen)

Zutaten

2–3 EL Orangensaft, frisch gepresst
70 ml Mangosaft
3 EL Zitronensaft
3 EL Olivenöl
1 TL Ingwer, gemahlen
etwas Salz, nach Bedarf
etwas Agavendicksaft, nach Belieben

Zubereitung

Orangensaft mit den restlichen Zutaten in eine Schüssel geben, gut aufschlagen und abschmecken.

Würziges Tomaten-Dressing (für 4 Personen)

Zutaten

4–6 mittelgroße Tomaten/350 ml Tomatenpassata
½–1 Knoblauchzehe
125 ml Sojasahne
1½ EL Ketchup
½ Tasse Wasser
3 EL Oliven-/Leinöl
1 EL Senf
1 TL italienische Gewürzmischung, nach Belieben mehr
1½ EL Zitronensaft
etwas Zitronenschale, nach Belieben
etwas Salz
etwas Pfeffer

Zubereitung

Tomaten waschen, halbieren und die Stängelansätze herausschneiden. Tomatenhälften in feine Würfel schneiden. Knoblauch abziehen, und grob schneiden. Tomatenwürfel mit Knoblauch und den restlichen Zutaten im Mixer schaumig pürieren und nach Bedarf noch einmal nachwürzen.

Tipps: Als Kräuter passen zu diesem Dressing Zwiebelschlotten, Dill oder Petersilie. Das Dressing schmeckt hervorragend zu Salaten aus gekochten Zutaten, dann das Gemüsewasser statt des Wassers fürs Dressing verwenden.

Leichtes weißes Dressing (für 4 Personen)

Zutaten

400 g Sojajoghurt
125 ml Sojasahne
½ Tasse Wasser
3 EL Oliven-/Leinöl
2 EL Zitronensaft
½ Knoblauchzehe
1 Tasse Gewürzgurkenwasser
1 gestr. TL Currypulver, nach Bedarf mehr
2 Msp. Paprikapulver scharf, nach Belieben mehr
etwas Salz
etwas Pfeffer

Zubereitung

Knoblauch anziehen und grob schneiden. Alle Zutaten im Mixer pürieren und nach Bedarf noch einmal nachwürzen.

Tipps: Als Kräuter passen zu diesem Dressing Zwiebelschlotten, Dill oder Petersilie. Das Dressing schmeckt hervorragend zu Salaten aus gekochten Zutaten, dann das Gemüsewasser statt des Wassers fürs Dressing verwenden.

Mayonnaise, selbst gemacht (für 4 Personen)

Zutaten

400 g Sojajoghurt
125 ml Sojasahne
ca. ½ Tasse Gurkenwasser, nach Bedarf mehr
1 EL Senf, mittelscharf
6–8 EL Rapsöl
etwas Salz
etwas Pfeffer

Zubereitung

Alle Zutaten für die Mayonnaise in ein Gefäß geben und schaumig pürieren. Die Masse in eine Sauciere geben.

Salsa

(für 4 Personen)

Zutaten

4 mittelgroße Tomaten/350 ml Tomatenpassata
1 (rote) Zwiebel
3 Knoblauchzehen
½ Tasse Olivenöl
2–4 EL Sojasoße
1½–2 EL Senf
1 EL Zitronensaft
½ TL Cumin (Kreuzkümmel), gemahlen
½ TL Currypulver
3 Msp. Paprikapulver scharf

Zubereitung

Tomaten waschen, halbieren und die Stängelansätze herausschneiden. Tomatenhälften klein schneiden. Zwiebel und Knoblauch abziehen. Zwiebel in kleine Würfel schneiden, Knoblauch durch eine Knoblauchpresse drücken. Alle Zutaten in eine Schüssel geben, gut pürieren und abschmecken.

4 Grilldips auf einen Schlag (für 4 Personen)

Zutaten

Für die Grundmasse
400 g Sojajoghurt
5 EL Mayonnaise, selbst gemacht (Seite 51)

Für den Kräuter-Dip
1 Bund Kräuter (Dill, Schnittlauch, Borretsch, Petersilie), fein geschnitten und leicht gesalzen ziehen lassen
½–1 Knoblauchzehe, fein geschnitten und mit dem Messer zerdrückt
etwas Salz
etwas weißer Pfeffer
etwas Zitronensaft

Für den Senf-Dip
4 TL Senf
4 TL Bitterorangen-Marmelade
etwas Salz
etwas weißer Pfeffer
etwas Zitronensaft

Für den Curry-Dip
1 TL Curry
1 TL Cumin (Kreuzkümmel), gemahlen
½–1 Knoblauchzehe, fein geschnitten und mit dem Messer zerdrückt
½ TL Asiagewürz
etwas Salz
etwas weißer Pfeffer
etwas Zitronensaft

Für den Paprika-Dip
1 kleine, rote Spitzpaprika, grob zerkleinert
4 Cherrytomaten, grob zerkleinert
2 EL Ketchup
etwas Salz
etwas Chilipulver
etwas Zitronensaft
etwas Agavendicksaft

Zubereitung

Für die Grundmasse Sojajoghurt und Mayonnaise im Mixer schaumig schlagen und in vier gleich große Portionen teilen.

Für die Dips jeweils ein Viertel der Grundmasse mit allen jeweils angegeben Zutaten in Schüsseln geben und nochmals alles schaumig mixen.

Meerrettich-Sahne-Dip

(für 4 Personen)

Zutaten

1 mittelgroßer Apfel (lieblich)
etwas Meerrettich
8 EL Sojajoghurt
4 EL Sojasahne
1 EL Olivenöl
1 Prise Salz
etwas Pfeffer
etwas Zitronensaft

Zubereitung

Apfel waschen und fein reiben. Meerrettich schälen und fein reiben. Apfelraspel mit 1 Esslöffel Meerrettich und den restlichen Zutaten in einen Mixer geben, schaumig schlagen und lieblich abschmecken.

Sommer-Dip

(für 4 Personen)

Zutaten

4 reife Tomaten
1 Paprikaschote
¼ Salatgurke
½ kleine Zucchini
1 Zwiebel
1 Knoblauchzehe
½ Bund Petersilie
½ Bund Basilikum
3 EL Olivenöl
2 EL Ketchup
1 TL Salz
etwas Chilipulver
etwas Zitronensaft

Zubereitung

Tomaten waschen, halbieren und die Stängelansätze herausschneiden. Paprikaschote waschen, halbieren, entstielen und entkernen. Gurke und Zucchini waschen und jeweils das Ende abschneiden. Das Gemüse in feine Würfel schneiden.

Zwiebel und Knoblauch abziehen und ebenfalls in feine Würfel schneiden. Kräuter vorsichtig waschen und fein wiegen, die Stängel dabei mit verwenden.

Gemüse-, Zwiebel- und Knoblauchwürfel mit den gehackten Kräutern und den restlichen Zutaten in eine Schüssel geben, vorsichtig mischen und kühl servieren.

Avocado-Knoblauch-Creme

(für 4 Personen)

Zutaten

1 Knoblauchzehe
3 Avocados, reif
2 EL Olivenöl
etwas Salz
etwas Pfeffer
1½ EL Zitronensaft

Zubereitung

Knoblauch fein schneiden und mit dem Messer zerdrücken. Avocados halbieren und den Stein entfernen. Avocados schälen und das Fruchtfleisch mit Knoblauch und Öl in einem Mixbecher pürieren. Mit Salz und Pfeffer würzen, mit Zitronensaft abrunden und den Dip nochmals mischen.

Scharfer Tomaten-Dip

(für 4 Personen)

Zutaten

¼ rote Paprikaschote
1 kleine Zwiebel
2–3 Tomaten
etwas Basilikum
etwas Margarine/ Olivenöl
etwas Salz, nach Bedarf
etwas Pfeffer, nach Bedarf
100 ml Tomatenpassata
3 EL Ketchup
2 EL Sojasoße
2 Msp. Paprikapulver scharf

Zubereitung

Paprikaviertel waschen, evtl. entstielen, entkernen und klein schneiden. Zwiebel abziehen und würfeln. Tomaten waschen, halbieren und die Stängelansätze herausschneiden. Tomatenhälften in kleine Stücke schneiden. Basilikum vorsichtig waschen und klein schneiden.

Etwas Margarine in einer Pfanne zerlassen. Paprika-, Zwiebel- und Tomatenstücke darin anbraten und mit Salz und Pfeffer würzen. Gemüsestücke in einen hohen Rührbecher geben und mit Tomatenpassata, Ketchup, Sojasoße und klein geschnittenem Basilikum pürieren.

Den Dip mit Paprikapulver würzen, nochmals pürieren und kalt stellen.

Zaziki

(für 2 bis 3 Personen)

Zutaten

½ Salatgurke
etwas Salz
etwas Pfeffer
1 kleine Zwiebel
½ Bund Dill
½ Bund Schnittlauch
½ Bund Petersilie
½–1 Knoblauchzehe
500 g Sojajoghurt
125 ml Sojasahne
2–3 EL Olivenöl
1 TL Senf
1½ EL Zitronensaft
½–1 TL Zitronenschale, abgerieben
etwas Paprikapulver scharf
wenige Tropfen Agavendicksaft, nach Belieben

Zubereitung

Gurke waschen und das Ende abschneiden. Gurke grob raspeln, mit Salz und Pfeffer bestreuen und ziehen lassen.

Zitrone abwaschen, die Schale abreiben und den Saft auspressen. Zwiebel abziehen und fein würfeln. Kräuter vorsichtig waschen und fein hacken. Knoblauch abziehen, fein schneiden und mit dem Messer zerdrücken.

Sojajoghurt, Sojasahne, Olivenöl und Senf im Mixer schaumig schlagen und in eine Schüssel geben. Die Zwiebelwürfel mit Zitronensaft und -schale, Paprikapulver, den gehackten Kräutern und Knoblauch hinzufügen und gut vermischen.

Gurkenraspel unterheben und das Zaziki harmonisch-lieblich, aber kräftig und nicht zu würzig mit den Gewürzen und dem Agavendicksaft abschmecken.

Tipp: Zaziki schmeckt sehr lecker zu Pellkartoffeln.

Mojo rosso (für 4 Personen)

Zutaten

350 g rote Paprikaschoten
1–2 Knoblauchknollen, nach Belieben
1 Chilischote, getrocknet
8 EL Olivenöl
5–7 EL Kräuter-Essig
1½ TL Cumin (Kreuzkümmel), ganz
1½ TL Salz
½ TL schwarzer Pfeffer

Zubereitung

Paprikaschoten waschen, halbieren, entstielen, entkernen und klein schneiden. Knoblauch abziehen und grob schneiden.

Alle Zutaten in einen Mixer geben und zu einem fruchtig-feurigen Dip pürieren. Den Dip kalt stellen.

Tipps: Der Dip passt hervorragend zu Salaten und als kalte Soße über Kartoffeln, Quinoa, Reis oder Hirse. Statt Kräuter-Essig Zitronensaft, Apfel- oder Kombucha-Essig verwenden. **Mojo verde** wird mit Basilikum oder Petersilie statt mit roten Paprikaschoten zubereitet.

Dressing für gekochte Salate – Grundrezept (für 4 Personen)

Zutaten

1 Zwiebel
etwas Petersilie
3 EL Zitronensaft
1 EL Rohrohrzucker
½ TL Salz
¾–1 l Gemüsewasser, heiß

Zubereitung

Zwiebel abziehen und fein hacken. Petersilie vorsichtig waschen und klein schneiden. Zwiebeln mit 1 Esslöffel klein geschnittener Petersilie, Zitronensaft, Zucker und Salz in das heiße Gemüsewasser geben, lieblich (süß, sauer, salzig, scharf) abschmecken und erkalten lassen. Anschließend über das zubereitete Gemüse geben.

Frischkostsalate

Grüner Salat/Kopfsalat (für 4 Personen)

Zutaten

2 grüne Salatköpfe

Für das Dressing

2–3 Stängel Dill
2–3 Blätter Borretsch
etwas Schnittlauch
etwas Petersilie
etwas Salz
4 EL Zitronensaft
½ TL Agavendicksaft
3–4 EL Oliven-/Rapsöl

Zubereitung

Salat putzen und die äußeren, welken Blätter entfernen. Salatblätter vom Strunk zupfen und gründlich waschen, aber nicht drücken. Salatblätter in einem Sieb gut abtropfen lassen oder trocken schleudern. Große Blätter grob zerpflücken.

Für das Dressing die Kräuter vorsichtig waschen und fein schneiden. Kräuter in einer Schüssel mischen, leicht salzen und etwas ziehen lassen. Zitronensaft dazugeben und mit Agavendicksaft harmonisch-lieblich abschmecken. Öl unterschlagen.

Das Dressing über den Salat geben und sofort servieren, da er sonst zusammenfällt.

Tipps: Vermischen Sie dieses Dressing mit 3 Esslöffeln Sojajoghurt und 2 Esslöffeln Sojasahne, entsteht ein leckeres, **Weißes Dressing**. Außerdem sehr lecker dazu: Croûtons (Seite 85).

Feldsalat

(für 4 Personen)

Zutaten

300 g Feldsalat (Rapünzchen)

Für das Dressing

2 EL Olivenöl
1½ EL Zitronensaft
½ TL Agavendicksaft
2–3 Prisen Salz

Zubereitung

Feldsalat verlesen und die Wurzelansätze abschneiden. Feldsalat gründlich waschen, abtropfen lassen oder trocken schleudern und in eine Schüssel geben.

Die Zutaten *für das Dressing* miteinander verrühren oder pürieren, abschmecken und kurz vor dem Servieren über die Rapünzchen geben.

Tipp: Ist ein sehr leichtes Frühlings- und Herbstgericht, einfach zu Pellkartoffeln.

Gurkensalat mit Sojajoghurtsoße (für 4 Personen)

Zutaten

2 Salatgurken
½ Paprikaschote
1 Tomate
½ TL Salz

Für das Dressing
4–6 Stängel Dill
½ Bund Kräuter, nach Belieben, klein geschnitten
½ Knoblauchzehe
3 EL Zitronensaft
3 Msp. Pfeffer
1 TL Agavendicksaft
6 EL Olivenöl oder anderes Öl
6 EL Sojajoghurt
1 EL Sojasahne
½ TL Salz

Zubereitung

Gurken waschen, die Enden abschneiden und Gurken in dünne Scheiben hobeln. Gurkenscheiben in eine Schüssel geben, mit ½ Teelöffel Salz vermischen und etwas ziehen lassen. Paprikaschote waschen, entkernen und in dünne Streifen schneiden bzw. hobeln. Tomate waschen, halbieren und die Stängelansätze herausschneiden. Tomatenhälften in kleine Würfel schneiden.

Für das Dressing Dill vorsichtig waschen. Die Spitzen von den Stängeln zupfen und fein schneiden. Knoblauch abziehen, fein schneiden und mit dem Messer zerdrücken. Dill mit ½ Teelöffel Salz und Knoblauch vermischen und etwa 20 Minuten ziehen lassen.

Die restlichen Dressingzutaten mit den Paprika- und Tomatenwürfeln und dem durchgezogenen Dill in ein Gefäß geben und gut mischen. Das Dressing über die Gurken geben, eventuell noch nachwürzen und mit Kräutern garnieren.

Spitzkohl-/Weißkraut-/Rotkrautsalat (für 4 Personen)

Zutaten

250 g Spitzkohl/Weißkraut/Rotkraut
2 Äpfel
1 kleine Zwiebel
½ Bund Petersilie/ Schnittlauch
etwas Salz
3 EL Olivenöl
1–2 EL Zitronensaft
2 Msp. Kümmel, gemahlen
etwas Pfeffer

Zubereitung

Kohl putzen, waschen und in schmale Streifen schneiden. Äpfel waschen und fein reiben. Zwiebel abziehen und in feine Würfel schneiden. Petersilie vorsichtig waschen und klein schneiden.

Kohlstreifen in eine flache Schüssel geben, salzen und mit dem Handballen mürbe kneten. Kohlstreifen mit geriebenen Äpfeln und den restlichen Zutaten vermengen.

Tipps: Anstelle des Olivenöls können Sie auch die selbst gemachte Mayonnaise (Seite 51) unter das Dressing geben. Auf dieselbe Art und Weise lässt sich mit 250 Gramm Weißkraut (Weißkohl) ein Weißkrautsalat zubereiten.

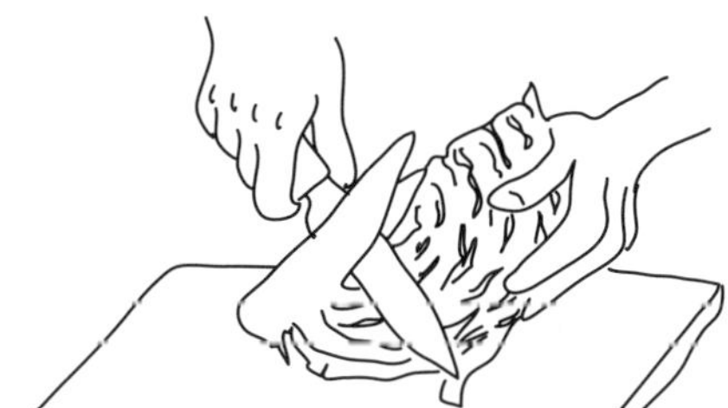

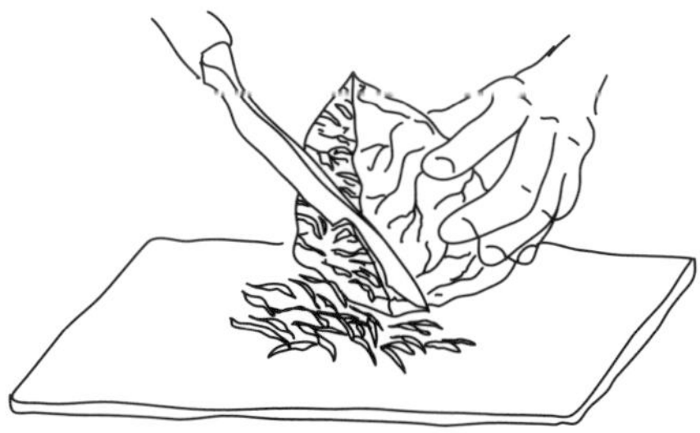

Radieschensalat

(für 4 Personen)

Zutaten

600 g größere Radieschen
½ Bund Schnittlauch und/oder etwas Petersilie, nach Bedarf

Für das Dressing
8 EL Sojasahne
6 EL Sojajoghurt
3 EL Olivenöl
1 EL Zitronensaft
2 TL Agavendicksaft
1 TL Salz
etwas Pfeffer

Zubereitung

Radieschen putzen, waschen, grob raspeln und in eine Schüssel geben. Kräuter vorsichtig waschen und fein schneiden.

Für das Dressing Sojasahne mit den restlichen Zutaten schaumig rühren und fein geschnittene Kräuter dazugeben. Das Dressing unter die Radieschenraspel heben und nach Bedarf abschmecken.

Tipp: Dieses Dressing passt auch hervorragend zu Rettich.

Chinakohlsalat

(für 4 Personen)

Zutaten

300 g Chinakohl
1 Orange

Für das Dressing

2–3 EL Orangensaft, frisch gepresst
70 ml Mangosaft
3 EL Zitronensaft
3 EL Olivenöl
1 TL Ingwer, gemahlen
etwas Salz, nach Bedarf
etwas Agavendicksaft, nach Belieben

Zubereitung

Chinakohl putzen, vierteln und den Strunk herausschneiden. Chinakohl waschen und in kleine Stücke schneiden. Orange schälen und das Fleisch ebenfalls in kleine Stücke schneiden. Chinakohl- und Orangenstücke in eine Schüssel geben.

Für das Dressing Orangensaft mit den restlichen Zutaten mischen und über den Salat gießen. Alles gut miteinander vermischen.

Chicoréesalat

(für 4 Personen)

Zutaten

6 Chicorée
2 Orangen
1½–3 EL Zitronensaft
3 EL Olivenöl, nach Bedarf mehr
etwas Petersilie

Zubereitung

Chicorée längs halbieren, abwaschen und das Ende nachschneiden. Chicoréehälften in halbe Ringe schneiden. Orangen schälen und ebenfalls in feine Stücke schneiden. Chicorée- und Orangenstückchen in einer Schüssel mit Zitronensaft und Olivenöl beträufeln. Petersilie vorsichtig waschen und klein schneiden. Petersilie zu den Salatzutaten geben und gut untermischen.

Festtagssalat – feiner Salat mit Tofustreifen (für 6 Personen)

Zutaten

1–2 Salatköpfe (z. B. Pflücksalat/Eisbergsalat)
300–400 g Tofu naturell
etwas Salz
etwas Pfeffer
80 g Margarine
reichlich Currypulver
etwas Ketchup
3 EL Olivenöl
250 ml Wasser, heiß
2–3 Knoblauchzehen
1 kleine Zwiebel
½ Bund Petersilie, nach Belieben mehr
350 g Mais (aus dem Glas)
320 g Sellerie (aus dem Glas)
280 g Pilze (aus dem Glas)
350 g Erbsen (aus dem Glas)
125 ml Sojasahne
1–2 EL Zitronensaft
etwas Paprikapulver scharf
etwas Asiagewürz

Zubereitung

Salat putzen und die äußeren, welken Blätter entfernen. Salatblätter abzupfen und gründlich waschen, aber nicht drücken. Salatblätter in einem Sieb gut abtropfen lassen oder trocken schleudern, in etwa 2 Zentimeter große Quadrate schneiden und in eine Schüssel geben.

Tofu in flache, etwa 2 Zentimeter lange und 1 Zentimeter breite Streifen schneiden und mit Salz und Pfeffer würzen. Margarine in einer Pfanne zerlassen und den Tofu darin leicht goldbraun anbraten. Currypulver, Ketchup und Olivenöl dazugeben, untermischen und mit dem heißen Wasser auffüllen. Das Ganze aufkochen und abkühlen lassen.

In der Zwischenzeit Knoblauch abziehen und durch eine Knoblauchpresse drücken. Zwiebel abziehen und fein hacken. Petersilie vorsichtig waschen und klein schneiden. Knoblauch mit der gehackten Zwiebel, mit Mais, Sellerie, Pilzen und Erbsen zum Tofu geben und mit der Sahne und den Gewürzen abschmecken.

Die Tofu-Gemüse-Masse mit der Petersilie zum Salat geben, vorsichtig unterheben und servieren.

Veganer Tomaten-„Mozzarella" (für 3 Personen)

Zutaten

6 Tomaten
300 g Seidentofu/Tofu naturell
1 Zwiebel
einige Basilikumblättchen
etwas Salz
etwas Pfeffer
etwas Olivenöl
etwas Schnittlauch/Petersilie, nach Belieben

Zubereitung

Tomaten waschen, halbieren und die Stängelansätze herausschneiden. Tomatenhälften in Scheiben schneiden. Tofu ebenfalls in Scheiben schneiden. Zwiebel abziehen und in feine Ringe schneiden. Basilikumblättchen vorsichtig waschen.

Die Tofuscheiben von beiden Seiten leicht mit Salz und Pfeffer bestreuen, in einer Schüssel mit etwas Olivenöl beträufeln und ziehen lassen.

Abwechselnd jeweils 1 Tofuscheibe, 1 Tomatenscheibe, 1 Zwiebelring, 1 Basilikumblättchen usw. auf einen größeren Teller legen. Olivenöl darüberträufeln und das Ganze mit Salz und Pfeffer bestreuen. Nach Belieben Schnittlauch vorsichtig waschen, klein schneiden und über das Angerichtete streuen.

Tipp: Wer Balsamico mag, kann den veganen Tomaten-„Mozzarella" ein wenig damit beträufeln. Das schmeckt ausgezeichnet.

Überraschungssalat

(für 4 Personen)

Zutaten

2–3 Zucchini
etwas Salz, nach Bedarf
4 Tomaten
2 große Zwiebeln
4 Gewürzgurken
½ Bund Petersilie
200 g Tofu naturell/ Seidentofu
125 g Mayonnaise, selbst gemacht (Seite 51)
1 Prise Rohrohrzucker
etwas Pfeffer

Zubereitung

Zucchini waschen und die Enden abschneiden. Zucchini in Würfel schneiden, in eine Schüssel geben, leicht salzen und etwa 30 Minuten ziehen lassen.

In der Zwischenzeit Tomaten waschen, halbieren und die Stängelansätze herausschneiden. Tomatenhälften in Würfel schneiden. Zwiebeln abziehen und in Scheiben schneiden. Gewürzgurken in feine Scheiben hobeln. Petersilie vorsichtig waschen und klein schneiden.

Durchgezogene Zucchini mit den restlichen Zutaten in eine Schüssel geben und harmonisch abschmecken.

Salat nach griechischer Art (für 6 Personen)

Zutaten

200 g Tofu naturell
2 Knoblauchzehen
1 TL Oregano, gerebelt
1 TL Basilikum, gerebelt
1 Prise Chilipulver
etwas Salz
etwas Pfeffer
6 EL Olivenöl
3 Tomaten
½ Salatgurke
1 Salatkopf
1 Zwiebel
10 Oliven, entsteint
4 grüne Peperoni (aus dem Glas)
2 EL Zitronensaft

Zubereitung

Tofu in kleine Würfel schneiden. Knoblauch abziehen und durch eine Knoblauchpresse drücken. Tofu mit dem gepressten Knoblauch, Oregano, Basilikum, Chili, Salz, Pfeffer und Olivenöl in einer Schüssel vermischen und ziehen lassen.

Tomaten waschen, halbieren und die Stängelansätze herausschneiden. Gurke waschen und das Ende abschneiden. Tomaten und Gurke in kleine Stücke schneiden.

Salat putzen und die äußeren, welken Blätter entfernen. Salatblätter vom Strunk zupfen und gründlich waschen, aber nicht drücken. Salatblätter in einem Sieb gut abtropfen lassen oder trocken schleudern und in breite Streifen schneiden.

Zwiebel abziehen und in feine Ringe schneiden. Oliven halbieren und Peperoni in Ringe schneiden.

Alle Salatzutaten mit Zitronensaft und dem mariniertem Tofu in eine Schüssel geben und gut vermischen. Nach Geschmack nachwürzen.

Schichtsalat (für 4 Personen)

Zutaten

3 Äpfel
2 Stangen Porree (Lauch)
680 g Ananas (aus dem Glas)
320 g Sellerie (aus dem Glas)
350 g Mais (aus dem Glas)
150 g Mandarinen (aus dem Glas)
250 g Tofu naturell
150 g Tofuwürstchen
½ Bund Petersilie

Für das Dressing
500 g Sojajoghurt
250 ml Sojasahne
3 EL Senf
etwas Salz
etwas Pfeffer

Zubereitung

Äpfel waschen, vierteln, entkernen und klein schneiden. Porree putzen, die Stange längs halbieren und gründlich waschen. Porree in halbe Ringe schneiden. Ananas, Sellerie und Mais in einem Sieb abtropfen lassen und klein schneiden. Tofu und Tofuwürstchen ebenfalls klein schneiden. Apfel- und Porreestücke mit Tofu, Tofuwürstchen, Ananas, Sellerie und Mais der Reihe nach in eine große (gut schließbare) Schüssel schichten.

Für das Dressing alle Zutaten gut miteinander mischen, kräftig würzen und den Schichtsalat damit bedecken. Den Salat gut verschließen und gekühlt ein paar Stunden bzw. über Nacht ziehen lassen.

Petersilie vorsichtig waschen und klein schneiden. Den Salat erst vor dem Servieren mit der Petersilie bestreuen. Alles gut mischen und noch einmal abschmecken.

Italienischer Tofusalat (für 4 Personen)

Zutaten

750–800 g Tofu naturell
¼ TL Paprikapulver edelsüß
etwas Salz
etwas Pfeffer
etwas Paprikapulver scharf
etwas italienische Gewürzmischung
3 EL Olivenöl
3–4 Frühlingszwiebeln
1 Zwiebel
¼ Bund Dill
¼ Bund Petersilie
4 Stängel Basilikum
5 mittelgroße Tomaten
1 rote Paprikaschote

Für das Dressing
250 ml Tomatenpassata
1 EL Senf, mittelscharf
1½ EL Ketchup
125 ml Sojasahne
1 EL Lein-/Olivenöl
½–1 Tasse Wasser

Zubereitung

Tofu in dünne Scheiben (etwa 3 x 2 x 2 Zentimeter) schneiden und mit den Gewürzen und Olivenöl in einer Schüssel marinieren.

In der Zwischenzeit Frühlingszwiebeln putzen, waschen und in feine Scheiben schneiden. Zwiebel abziehen und klein schneiden. Kräuter vorsichtig waschen und ebenfalls klein schneiden. Frühlingszwiebeln, Zwiebeln und Kräuter in einem Schälchen mit etwas Salz vermischen und ebenfalls etwa 10 Minuten ziehen lassen.

Tomaten waschen, halbieren und die Stängelansätze herausschneiden. Paprikaschote waschen, halbieren, entstielen, entkernen. Die Tomaten- und die Paprikahälften in flache, dünne Stücke schneiden.

Für das Dressing alle Zutaten sahnig pürieren.

Die vorbereiteten Salatzutaten in einer Schüssel vermischen, das Dressing darübergeben und den italienischen Tofusalat nach Belieben noch einmal nachwürzen.

Tipps: Dieser Salat passt sehr gut zu warmen Backkartoffeln, Kartoffelecken, Quinoa oder Reis. Auch mit Kräuter- oder Knoblauchbaguette er ein echter Genuss.

Gekochte Salate

Grüne-Bohnen-/Wachsbohnensalat (für 4 Personen)

Zutaten

500 g grüne Bohnen
etwas Bohnenkraut (frisch/getrocknet)
2 Zwiebeln
1 TL Senf
etwas Salz
etwas Pfeffer
2 EL Zitronensaft
etwas Agavendicksaft
etwas Petersilie
3 EL Olivenöl

Tipp: Zartes frisches Bohnenkraut kann, fein geschnitten, im Sud bleiben. Etwas trockenere Stängel nach dem Kochen entfernen.

Zubereitung

Bohnen waschen, die Fäden abziehen und Bohnen schräg in etwa 4 Zentimeter große Stücke schneiden. Bohnenstücke mit fein geschnittenem Bohnenkraut in wenig Wasser garen und abgießen, dabei das Bohnenwasser auffangen. Bohnen kühl stellen.

Zwiebeln abziehen, fein schneiden und mit Senf, Salz, Pfeffer und Zitronensaft ins Bohnenwasser geben, lieblich mit Agavendicksaft abschmecken und kurz aufkochen lassen. Den Sud abkühlen lassen.

In der Zwischenzeit Petersilie vorsichtig waschen und klein schneiden. Den abgekühlten Sud über die Bohnen gießen, Petersilie und Olivenöl darüber geben und den Bohnensalat servieren.

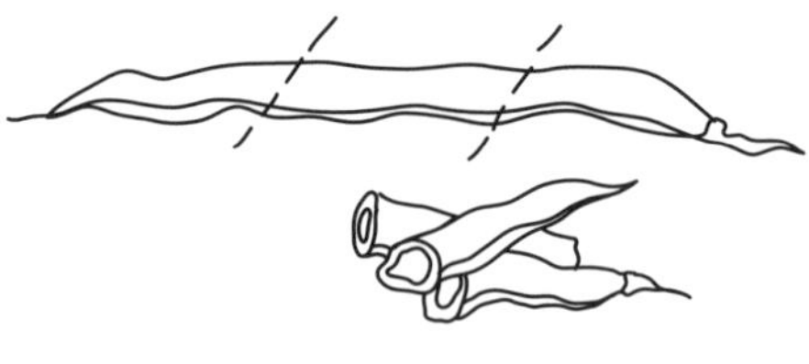

Blumenkohlsalat, gekocht

(für 4 Personen)

Zutaten

etwa ½ l Wasser
1–1½ TL Salz
750 g Blumenkohl
1 TL Agavendicksaft
1½ EL Zitronensaft
3 Msp. Pfeffer
½ Bund Petersilie, klein geschnitten
2–3 EL Olivenöl

Zubereitung

Das Wasser mit dem Salz in einem Topf zum Kochen bringen. Vom Blumenkohl die Blätter entfernen und den Strunk abschneiden. Blumenkohl in kleine Röschen teilen, die Stiele in Scheiben schneiden und abspülen. Blumenkohl ins kochende Salzwasser geben, zugedeckt aufkochen und bei schwacher Hitze gar ziehen lassen, bis er bissfest ist.

Blumenkohl abgießen, dabei das Kochwasser auffangen und abkühlen lassen. Das Gemüsewasser mit Agavendicksaft, Zitronensaft und Pfeffer abschmecken, nach Belieben nachwürzen. Die Petersilie und das Olivenöl dazugeben, alles über den Blumenkohl geben und das Ganze vorsichtig mischen. Den Blumenkohlsalat mit etwas Petersilie dekorieren.

Spargelsalat

(für 4 Personen)

Zutaten

1 kg Spargel
ca. 1 l Wasser
etwas Salz
1 Prise Rohrohrzucker
5 EL Olivenöl
etwas Zitronensaft
etwas Petersilie

Zubereitung

Spargel abwaschen und dünn, aber nicht zu dünn schälen (die leicht holzige Faserschicht unter der Schale mit entfernen) und schräg in 4 bis 5 Zentimeter lange Stücke schneiden.

Das Wasser mit Salz, Rohrohrzucker und 1 Teelöffel Olivenöl (schützt vor dem Überkochen) in einem Topf zum Kochen bringen. Spargelstücke darin je nach Dicke 15 bis 20 Minuten bissfest garen. Spargel abgießen, dabei das Kochwasser auffangen.

Spargelwasser in eine Schüssel geben und mit Zitronensaft, Salz und Süße sehr vorsichtig und lieblich nachwürzen. Das Dressing abkühlen lassen.

Spargel in einer Schale anrichten und mit dem Dressing und dem restlichen Olivenöl übergießen.

Petersilie vorsichtig waschen und klein schneiden. Etwa 30 Minuten vor dem Servieren die fein gehackte Petersilie unter den Spargel heben.

Rote-Bete-Salat, gekocht (für 4 Personen)

Zutaten

500 g Rote Bete
1 kleine Zwiebel
½ TL Kümmelsamen
½ TL Salz
2 Msp. Pfeffer
1 Stück Meerrettich
½ TL Agavendicksaft
4 EL Zitronensaft
3–4 EL Olivenöl

Zubereitung

Rote Bete waschen, putzen, schälen und in schmale Scheiben schneiden. Rote-Bete-Scheiben mit Kümmel, Salz und Pfeffer knapp mit Wasser bedeckt bissfest garen. Rote Bete abgießen, dabei das Kochwasser auffangen und abkühlen lassen.

In der Zwischenzeit Zwiebel abziehen und fein schneiden sowie Meerrettich schälen und fein würfeln. Abgekühltes Gemüsewasser mit Agavendicksaft, Meerrettich und Zitronensaft lieblich, aber kräftig und harmonisch abschmecken, über die Rote-Bete-Scheiben gießen und den Rote-Bete-Salat zugedeckt etwas durchziehen lassen.

Vor dem Servieren nach Belieben nachwürzen und Olivenöl untermischen.

Kartoffelsalat

(für 4 Personen)

Zutaten

1 kg Kartoffeln
1 mittelgroße Zwiebel
340 g Gewürzgurken (aus dem Glas)
ca. 1 Bund Kräuter (mit Schnittlauch, Petersilie, Dill und Kapuzinerkresse)

Für die Mayonnaise
400 g Sojajoghurt
125 ml Sojasahne
1 EL Senf, mittelscharf
6 EL Rapsöl
½–1 Tasse Gewürzgurkenwasser, nach Bedarf
2 TL Salz, nach Belieben mehr
½ TL Pfeffer, nach Belieben mehr

Zubereitung

Kartoffeln gründlich abbürsten, putzen, garen, pellen und abkühlen lassen. Anschließend in dünne Scheiben schneiden.

Zwiebel abziehen. Kräuter fein wiegen, Zwiebel und Gewürzgurken in sehr feine Würfel schneiden und mit den Kartoffelscheiben schichtweise in eine Schüssel geben.

Für die Mayonnaise Sojajoghurt, Sojasahne, Senf, Rapsöl, Gurkenwasser, Salz und Pfeffer im Mixer schaumig pürieren (die Mayonnaise muss sehr kräftig schmecken, da die Kartoffeln sehr viel Würze aufnehmen).

Die Mayonnaise über die Salatzutaten geben. Alles vorsichtig miteinander mischen und nach Bedarf mit Salz und Pfeffer abschmecken. Kühl stellen und mindestens 2 bis 3 Stunden durchziehen lassen.

Vor dem Servieren Kräuter vorsichtig waschen und fein hacken. Kräuter unter den Kartoffelsalat heben und nochmals nachwürzen.

Warmer Kartoffelsalat

(für 4 Personen)

Zutaten

1 kg Kartoffeln
2 mittelgroße Zwiebeln
½–1 Knoblauchzehe
340 g Gewürzgurken (aus dem Glas)
250 g Räuchertofu
etwas Salz
etwas Pfeffer
etwas Piment, gemahlen
6 EL Olivenöl
etwas Kokosfett
ca. 100 ml Gewürzgurkenwasser
2–3 EL (Kombucha-) Essig/Zitronensaft
½–1 Bund Kräuter (je etwas Schnittlauch, Petersilie, Dill, Kapuzinerkresse)

Zubereitung

Kartoffeln gründlich abbürsten, putzen, garen, pellen und abkühlen lassen. Anschließend in dünne Scheiben schneiden und in eine Schüssel geben.

Zwiebeln und Knoblauch abziehen. Zwiebeln und Gewürzgurken in sehr feine Würfel schneiden. Knoblauch fein schneiden und mit dem Messer zerdrücken. Tofu in kleine Würfel schneiden. Tofuwürfel in eine Schüssel geben, mit Salz, Pfeffer, Piment und 3 Esslöffeln Olivenöl mischen und eine Zeitlang marinieren.

Kokosfett in einer Pfanne erhitzen. Die marinierten Tofuwürfel darin leicht anbraten, dann die Hälfte der Zwiebelwürfel und Knoblauch dazugeben und braten, bis alles leicht gebräunt ist. Gebratenen Tofu mit dem restlichen Olivenöl über die Kartoffeln geben.

Gurkenwasser in die heiße Pfanne gießen und erhitzen. Die restlichen Zwiebelwürfel dazugeben und den Sud mit Salz, Pfeffer und Essig mittelkräftig, aber lieblich-würzig abschmecken. Den Sud über die Kartoffeln geben und gut untermischen. Kräuter vorsichtig waschen, klein schneiden und unter den Kartoffelsalat heben.

Nudelsalat

(für 4 Personen)

Zutaten

500 g (Dinkel-)Spirelli
etwas Salz
6 EL Olivenöl
1 rote Spitzpaprika
1 Bund Kräuter (je etwas Petersilie, Dill, Schnittlauch, Oregano)
1 mittelgroße Zwiebel
1 Knoblauchzehe
250 g Räuchertofu
etwas Pfeffer
etwas Piment, gemahlen
etwas Kokosfett
½ Salatgurke
350 g Erbsen (aus dem Glas)
350 g Mais (aus dem Glas)
280 g Pilzscheiben (aus dem Glas)

Für das Dressing

½–1 Knoblauchzehe
1½ EL Zitronensaft
etwas Zitronenschale, abgerieben, nach Belieben
350 ml Tomatenpassata
1½ EL Ketchup
125 ml Sojasahne
3–5 EL Oliven-/Leinöl

Zubereitung

Nudeln in leicht gesalzenem Wasser nach Packungsanleitung al dente kochen, mit kaltem Wasser abschrecken und gut abtropfen lassen. Nudeln in eine Schüssel geben und mit 3 Esslöffeln Olivenöl mischen.

In der Zwischenzeit Paprikaschote waschen, halbieren, entstielen, entkernen und in dünne Streifen schneiden. Paprikastreifen mit etwas Olivenöl beträufeln und mit etwas Salz bestreuen. Kräuter vorsichtig waschen, klein schneiden und mit etwas Salz bestreuen.

Zwiebel und Knoblauchzehe abziehen. Zwiebel fein schneiden, Knoblauchzehe durch eine Knoblauchpresse drücken. Räuchertofu in etwa 1 Zentimeter große Würfel schneiden, in eine Schüssel geben und mit Salz, Pfeffer und Piment kräftig würzen. Das restliche Olivenöl darübergießen und alles gut mischen.

Kokosfett in einer Pfanne erhitzen. Tofuwürfel darin kross anbraten. Wenn sie zu bräunen beginnen, Zwiebel und Knoblauch dazugeben und fertig braten, bis die Zwiebeln leicht bräunen. Das Bratgut abkühlen lassen. (Man kann auch einen Teil der Zwiebeln roh zum Salat geben.)

In der Zwischenzeit die Gurke waschen, das Ende abschneiden und die Gurke in

1 EL Senf
1 TL italienische Gewürzmischung, nach Belieben mehr

Würfel schneiden. Erbsen, Mais und Pilze in einem Sieb abtropfen lassen, dabei die Flüssigkeit auffangen.

Für das Dressing Knoblauch abziehen und grob schneiden. Knoblauch mit aufgefangener Gemüseflüssigkeit und den restlichen Zutaten für das Dressing im Mixer schaumig pürieren.

Das Dressing mit den restlichen Salatzutaten zu den abgekühlten Nudeln geben. Alles locker unterheben, gut mischen und nach Bedarf nachwürzen.

Tipp: Nehmen Sie für das Dressing lieber 4 frische Tomaten statt der Tomatenpassata, sofern Sie welche im Haus haben. Tomaten dann waschen, halbieren und die Stängelansätze herausschneiden. Tomatenhälften in kleine Stücke schneiden und für das Dressing mit pürieren.

Reissalat

(für 4 Personen)

Zutaten

500 g Vollkornreis
6 EL Olivenöl
1 rote Spitzpaprika
etwas Salz
1 Bund Kräuter (je etwas Dill, Schnittlauch, Petersilie)
3 Stängel Basilikum
1 mittelgroße Zwiebel
1 Knoblauchzehe
250 g Räuchertofu
etwas Pfeffer
etwas Piment, gemahlen
etwas Kokosfett
200 g Gewürzgurken
2 mittelgroße Tomaten, wenn vorhanden
350 g Erbsen (aus dem Glas)
280 g Pilzscheiben (aus dem Glas)

Für das Dressing

½ Knoblauchzehe
400 g Sojajoghurt
125 ml Sojasahne
3 EL Oliven-/Leinöl
2 EL Zitronensaft
1 Tasse Gewürzgurkenwasser

Zubereitung

Reis gründlich waschen und nach Packungsanleitung körnig kochen. 3 Esslöffel Olivenöl vorsichtig unterheben, damit er nicht klebt. Reis abkühlen lassen.

In der Zwischenzeit die Paprikaschote waschen, halbieren, entstielen, entkernen und in dünne Streifen schneiden. Paprikastreifen mit etwas Olivenöl beträufeln und mit etwas Salz bestreuen. Die Kräuter vorsichtig waschen, klein schneiden und ebenfalls mit etwas Salz bestreuen.

Anschließend Zwiebel und Knoblauch abziehen. Zwiebel fein würfeln, Knoblauch fein schneiden. Räuchertofu in etwa 1 Zentimeter große Würfel schneiden, in eine Schüssel geben und mit Salz, Pfeffer und Piment kräftig würzen. Das restliche Olivenöl darübergießen und alles gut mischen.

Kokosfett in einer Pfanne zerlassen. Tofuwürfel darin kross anbraten. Wenn sie zu bräunen beginnen, Zwiebel und Knoblauch dazugeben und fertig braten, bis die Zwiebeln leicht bräunen. Das Bratgut abkühlen lassen.

Gewürzgurken würfeln. Tomaten waschen, halbieren und die Stängelansätze herausschneiden. Tomatenhälften in

1 gestr. TL Currypulver, nach Bedarf mehr
2 Msp. Paprikapulver scharf, nach Belieben mehr

Würfel schneiden. Erbsen und Pilze in einem Sieb abtropfen lassen, dabei die Flüssigkeit auffangen.

Für das Dressing Knoblauch abziehen und grob schneiden. Knoblauch mit aufgefangener Gemüseflüssigkeit und den restlichen Zutaten für das Dressing im Mixer schaumig pürieren.

Das Dressing mit den restlichen Salatzutaten zum abgekühlten Reis geben. Alles locker unterheben, gut mischen und nach Bedarf nachwürzen.

Tipp: Sie können auch einen Teil der Zwiebeln roh zum Salat geben.

Hirsesalat

(für 5 bis 6 Personen)

Zutaten

3 Tassen Hirse
7½ Tassen Wasser
400 g Tofu naturell
etwas Piment, gemahlen
etwas Salz
etwas Pfeffer
2 EL Olivenöl
2 kleine, rote Zwiebeln
1 Knoblauchzehe
50 g Kokosfett
8 Gewürzgurken
1 Paprikaschote
1 Bund Petersilie

Für das Dressing

50 g Margarine
2 EL Mehl
1 Tasse Wasser, nach Belieben mehr
1 Tasse Gewürzgurkenwasser
1 EL Senf, mittelscharf
3 EL Sojasoße
2 EL Hefeflocken
250 ml Sojasahne
etwas Pfeffer
etwas Salz

Zubereitung

Zuerst die Hirse in heißem Wasser durchquirlen, abspülen und durch ein Sieb abgießen. In dem Wasser kochen lassen, bis kein Wasser mehr zu sehen ist. Dann auf der Warmhalteplatte gar ziehen lassen.

In der Zwischenzeit Tofu in etwa ½ Zentimeter flache, etwa 2 Zentimeter große Würfel schneiden und mit den Gewürzen und Olivenöl vermischen. Zwiebeln abziehen und fein würfeln. Knoblauch abziehen und fein schneiden.

Anschließend das Kokosfett in einer Pfanne zerlassen. Tofuscheiben darin leicht bräunlich braten. Die Hälfte der Zwiebelwürfel und Knoblauch hinzugeben und diese kurz glasig werden lassen, dabei immer wieder wenden. Abkühlen lassen.

Für das Dressing Margarine in einer Pfanne zerlassen, Mehl hinzugeben und unter Rühren so lange darin erhitzen, bis es lichtgelb ist und gut aufschäumt. Die Mehlschwitze mit dem Wasser und Gurkenwasser ablöschen, dann Senf, etwas Pfeffer und Salz, Sojasoße, Hefeflocken und Sojasahne unterrühren und nach Belieben pürieren, dann etwas abkühlen lassen.

Gurken in feine Würfel schneiden.

Paprikaschote waschen, halbieren, entstielen, entkernen und in schmale Streifen schneiden. Petersilie vorsichtig waschen und klein schneiden.

Gurkenwürfel, Paprikastreifen, restliche Zwiebeln und klein geschnittene Petersilie zur Hirse geben, den gebratenen Tofu und das Dressing ebenfalls dazugeben und alles unterheben. Den Hirsesalat kühl stellen.

Tipps: Anstelle der Hirse können Sie auch Quinoa verwenden. Zu beidem passen zusätzlich 350 Gramm Mais (aus dem Glas).

Selleriesalat

(für 4 Personen)

Zutaten

1 l Wasser
½ TL Salz
2 Msp. Pfeffer
500 g Knollensellerie
2 Zwiebeln
1 TL Agavendicksaft
1½ EL Zitronensaft
½ Bund Petersilie
2–3 EL Olivenöl

Zubereitung

Das Wasser mit Salz und Pfeffer in einem Topf zum Kochen bringen. Sellerie putzen, schälen, abwaschen und in Scheiben schneiden. Zwiebeln abziehen und fein hacken.

Die Selleriescheiben mit den gehackten Zwiebeln ins kochende Gewürzwasser geben, zugedeckt aufkochen und bei schwacher Hitze gar ziehen lassen, bis der Sellerie bissfest ist. Sellerie abgießen, dabei das Kochwasser auffangen und abkühlen lassen. Das Gemüsewasser mit Agavendicksaft und Zitronensaft abschmecken, nach Belieben nachwürzen.

Petersilie vorsichtig waschen und klein schneiden. Vor dem Servieren Olivenöl und die klein geschnittene Petersilie zum Selleriesalat geben.

Knackige Zugaben

Sonnenblumenkerne oder Kürbiskerne oder Sesam, geröstet

(für 4 Personen)

Zutaten

ca. 150 g Sonnenblumenkerne/Kürbiskerne/Sesamsamen

Zubereitung

Die Saaten nach Belieben in einer Pfanne ohne Fett rösten, bis sie goldbraun sind und duften.

Tofuwürfelchen

(für 4 Personen)

Zutaten

125 g Räuchertofu
etwas Salz
etwas Pfeffer
etwas Piment, gemahlen
2 EL Olivenöl
1 kleine Zwiebel
½ Knoblauchzehe
etwas Kokosfett

Zubereitung

Tofu in kleine Würfel schneiden. Tofuwürfel in eine Schüssel geben, mit Salz, Pfeffer und Piment kräftig und harmonisch würzen und mit Olivenöl beträufeln. Alle Zutaten mischen und den Tofu eine Zeitlang marinieren.

Zwiebel abziehen und in kleine Würfel schneiden. Knoblauch abziehen, fein schneiden und mit dem Messer zerdrücken. Kokosfett in einer Pfanne zerlassen. Tofuwürfel darin unter Wenden braten, bis die Würfel anfangen zu bräunen. Zwiebel und Knoblauch hinzufügen und weiterbraten, bis sie knusprig sind.

Schmeckt auch zu Suppen und Gemüse.

Sonnenblumenkeimlinge (für 4 Personen)

Zutaten

150 g Sonnenblumenkerne

Zubereitung

Sonnenblumenkerne abwaschen und in einem Sieb abtropfen lassen. Sonnenblumenkerne in eine Schüssel geben, mit doppelter bis dreifacher Menge Wasser (20 °C warm) bedecken und 10 bis 12 Stunden stehen lassen.

Wasser durch ein Sieb abgießen, Sonnenblumenkerne in ein Keimgefäß geben und die Kerne durch Schütteln gleichmäßig verteilen. Das Gefäß schräg, mit der Öffnung nach unten, stellen, damit das Restwasser ablaufen kann.

Die Kerne anfangs zugedeckt (bis die Keime zu sehen sind), mindestens 12 Stunden bei 18 °C Raumtemperatur keimen lassen, in dieser Zeit 2-mal spülen. Die Keime niemals direkter Sonneneinstrahlung aussetzen, aber trotzdem hell stehen lassen. Sonnenblumenkeimlinge innerhalb von 2 Tagen verzehren.

Tipp: Sie können auf die gleiche Art und Weise auch Mungbohnen zum Keimen ansetzen. Die Keimzeit beträgt hier 3 Tage. Spülen Sie die Keimlinge in dieser Zeit 2-mal täglich und behandeln Sie sie sonst wie die Sonnenblumenkerne.

Croûtons

(für 4 Personen)

Zutaten

4 Scheiben Brot/Brötchen, altbacken
30 g Margarine
etwas Salz

Zubereitung

Brotscheiben in Würfel schneiden. Margarine mit Salz in einer Pfanne zerlassen. Brotwürfel ins heiße Fett geben und sofort darin wenden, damit alle Würfel mit dem Fett in Berührung kommen. Brotwürfel bei geringer Hitze knusprig goldbraun braten. Die heißen Croûtons in ein vorgewärmtes Schälchen geben und zum Salat reichen.

Braune Semmelbrösel

(für 4 Personen)

Zutaten

80 g Margarine
125 g Semmelbrösel, auch selbst gemacht (getrocknetes, geriebenes/im Mixer zerkleinertes hartes Brot/harte Brötchen)
1 Prise Salz

Zubereitung

Margarine in einer Pfanne zerlassen. Semmelbrösel mit Salz darin bräunen und über Gemüse streuen.

Suppen & Eintöpfe

- Suppen sind leichte Mahlzeiten.
- Damit das Gemüse bissfest auf dem Teller landet, ist es wichtig, es rechtzeitig von der Kochstelle zu nehmen und möglichst zügig zuzubereiten, dabei das Nachgaren mit einbeziehen.
- Bei einer deftigen Suppe sorgt gut gewürzter, angebratener Räuchertofu sowie ein Teil des Gemüses, das angebraten oder einfach nur in etwas Margarine vor dem Kochen geschwenkt wird, für die nötige Würze und ein kräftiges Aroma. Dabei noch etwas Mehl unter das gebratene Gemüse rühren und mit Gemüsesud ablöschen.
- Selleriegrün gründlich waschen und zum Trocknen luftig am Stängel aufhängen. Es dient als Gewürz für Suppen.
- Petersilienwurzeln geben Suppen und Soßen Würze.
- Ein vorsichtiger Hauch scharfes Paprikapulver bringt eine angenehme Schärfe, wohltuende Wärme und Frische zugleich.
- *Wichtig für Allergiker:* Statt Suppen mit einer Mehlschwitze zu binden, pürierte/s Kartoffeln oder Gemüse verwenden.
- Die Konsistenz einer Suppe lässt sich durch die Wassermenge verändern.
- Ist eine Suppe zu würzig oder zu scharf geraten, kann das ebenfalls mit etwas mehr Wasser ausgeglichen oder etwas püriert werden.
- Frische, klein geschnittene Kräuter sind das Tüpfelchen auf dem „I" jeder Suppe. Diese immer erst kurz vor dem Servieren dazugeben, um das frische Aroma zu erhalten (Ausnahmen: Bohnenkraut).
- Suppen können folgendermaßen verfeinert werden: Mit Sojasahne: Sie ist geschmacksneutral und hervorragend sahnig-cremig. Sojasahne vor dem Servieren in die Suppe geben und nicht mit aufkochen, da sie sehr schnell ausflockt. Mit ½ bis 1 Teelöffel Margarine oder Olivenöl: Fett vor dem Servieren unterrühren.

Spargelbrühe

(für 4 Personen)

Zutaten

Spargelschalen von ca. 2 kg Spargel
etwas Salz
1 Prise Rohrohrzucker
10 g Margarine
ca. 2 l Wasser
etwas Petersilie
etwas Sojasahne

Zubereitung

Spargelschalen mit Salz, Rohrohrzucker und 1 Messerspitze Margarine (schützt vorm Überkochen) mit dem Wasser in einem Topf zum Kochen bringen und mindestens 40 Minuten flott auskochen lassen, dabei öfters umrühren. Das Wasser ist jetzt trüb. In der Zwischenzeit Petersilie vorsichtig waschen und fein hacken. Spargelschalen abgießen, dabei das Spargelwasser auffangen und wieder in den Topf geben. Etwas Sojasahne, die restliche Margarine und die frisch gehackte Petersilie zum Spargelwasser geben. Die Spargelbrühe nochmals abschmecken und in Suppentassen heiß servieren.

Tipp: Diese Spargelbrühe kann als Grundlage für andere Gemüsesuppen u. v. m. dienen.

Spargelcremesuppe

(für 4 Personen)

Zutaten

300 g Spargel
ca. 1½ l Wasser
10 g Margarine
½ Bund Petersilie
1 Prise Rohrohrzucker
etwas Salz
1 TL Zitronensaft
125 ml Sojasahne

Zubereitung

Spargel abwaschen und dünn, aber nicht zu dünn schälen (die leicht holzige Faserschicht unter der Schale mit entfernen). Spargel in schräge Stücke schneiden und in wenig Wasser mit 1 Messerspitze Margarine (schützt vorm Überkochen) bissfest kochen.

In der Zwischenzeit Petersilie vorsichtig waschen und klein schneiden. Restliches Wasser erhitzen. Heißes Wasser zum Spargel gießen und alles in einen Mixer geben. Die restliche Margarine dazugeben und mild mit Zucker, etwas Salz und Zitronensaft lieblich würzen.

Die Spargelsuppe schaumig pürieren, evtl. noch einmal aufwärmen. Sojasahne und klein geschnittene Petersilie unterrühren (nicht noch einmal kochen!) und die Spargelcremesuppe servieren.

Tipp: Noch aromatischer wird die Suppe, wenn Sie statt des Wassers die gleiche Menge Spargelschalenwasser oder Kochwasser vom Spargelgemüse verwenden.

Kartoffelsuppe mit Räuchertofu (für 4 Personen)

Zutaten

1,2 kg Kartoffeln
ca. 100 g Möhren
1 Scheibe Knollensellerie
1½ l Wasser, heiß
250 g Räuchertofu
etwas Salz
etwas Pfeffer
1 Msp. Piment, gemahlen
etwas Olivenöl
¼ Stange Porree (Lauch)
1 mittelgroße Zwiebel
½–1 Knoblauchzehe
etwas Petersilie
etwas Kokosfett
1 Msp. Paprikapulver scharf
1 TL Senf
125 ml Sojasahne

Zubereitung

Kartoffeln, Möhren und Sellerie putzen, schälen und waschen. Kartoffeln und Sellerie in kleine Würfel schneiden. Möhren halbieren oder vierteln und in etwa ½ Zentimeter dicke Scheiben schneiden. Kartoffeln mit Möhren und Sellerie mit dem heißen Wasser bedeckt bissfest garen.

Tofu in etwa 1 Zentimeter große Würfel schneiden. Tofuwürfel in eine Schüssel geben, mit Salz, Pfeffer, Piment und Olivenöl mischen und marinieren.

Porree putzen, die Stange längs halbieren und gründlich waschen. Porree in Ringe schneiden. Zwiebel abziehen und in kleine Würfel schneiden. Knoblauch abziehen, fein schneiden und mit dem Messer zerdrücken. Petersilie vorsichtig waschen und klein schneiden.

Kokosfett in einer Pfanne zerlassen. Tofuwürfel darin unter Wenden braten, bis sie knusprig sind. Zwiebelwürfel und Knoblauch hinzufügen und mit Paprikapulver würzen. Wenden und beiseitestellen.

Einen Teil des bissfesten Gemüses nach Belieben kurz mit dem Pürierstab pürieren. Dann Porreestreifen, Senf und Tofuwürfel in die Suppe geben und gut unterrühren, damit der würzige Tofu sein Aroma abgeben kann. Sojasahne und die fein gehackte Petersilie unterrühren.

Tomatensuppe

(für 4 Personen)

Zutaten

1,2 kg Tomaten
1 große Zwiebel
1 Knoblauchzehe
50–60 g Margarine
1 EL Mehl
½–1 l Wasser
2–3 Lorbeerblätter
½ TL Oregano, gerebelt
2 Msp. Thymian, gerebelt
½ Bund Petersilie
2 Stängel Basilikum
etwas Salz
etwas Pfeffer
etwas Paprikapulver scharf
1 Prise Zucker, nach Belieben

Zubereitung

Tomaten waschen, vierteln und die Stängelansätze herausschneiden. Zwiebel abziehen und in kleine Würfel schneiden. Knoblauch abziehen und durch eine Knoblauchpresse drücken. Petersilie und Basilikum vorsichtig waschen und fein hacken.

Margarine in einem Topf zerlassen. Zwiebelwürfel darin anbraten. Mehl hinzugeben und unter Rühren so lange darin erhitzen, bis es lichtbraun ist. Mit 1 Tasse Wasser ablöschen und Lorbeerblätter, Oregano, Thymian und Knoblauch dazugeben. Tomatenviertel hinzufügen, nach Belieben Wasser auffüllen und etwa 10 Minuten köcheln lassen. Lorbeerblätter aus der Suppe nehmen und die Tomatensuppe nach Belieben pürieren. Mit Salz, Pfeffer und Paprika abschmecken, mit Zucker würzen und die fein gehackten Kräuter unterrühren.

Tipps: Knusprige Croûtons (Seite 85) dazu reichen. Im Winter können Sie anstelle der frischen Tomaten Tomatenpassata und -mark verwenden.

Blumenkohlsuppe

(für 4 Personen)

Zutaten

1 mittelgroßer Blumenkohl
¾–1 l Wasser
40 g Margarine
ca. 1 TL Salz
etwas Rohrohrzucker
etwas Muskatnuss, gerieben
1 TL Zitronensaft, nach Bedarf
½ Bund Petersilie
125 ml Sojasahne, nach Bedarf etwas mehr

Zubereitung

Vom Blumenkohl die Blätter entfernen und den Strunk abschneiden. Blumenkohl in kleine Röschen teilen, abspülen und nach Bedarf in Essigwasser legen. Blumenkohlröschen in wenig Wasser bissfest garen. Blumenkohl abgießen, dabei das Kochwasser auffangen.

Den Strunk klein schneiden. 30 Gramm Margarine in einem Topf zerlassen. Den klein geschnittenen Strunk kurz darin anbraten, peu à peu mit dem Blumenkohl-Kochwasser auffüllen und cremig pürieren. Salz, Zucker, Muskat und Zitronensaft hinzufügen und alles mild harmonisch abschmecken.

Petersilie vorsichtig waschen und fein hacken. Blumenkohlröschen, restliche Margarine, Sojasahne und klein geschnittene Petersilie unterrühren und die Blumenkohlsuppe heiß servieren.

Tipp: Die Suppe eignet sich auch als **Blumenkohl-Cremesuppe**, dann alles pürieren.

Brokkolisuppe

(für 4 Personen)

Zutaten

700 g Brokkoli
300 g Kartoffeln
1 l Wasser,
nach Bedarf mehr
50 g Margarine/Olivenöl
ca. 1 TL Salz
etwas Pfeffer
½ Bund Petersilie
125 ml Sojasahne

Zubereitung

Brokkoli putzen und in kleine Röschen teilen. Brokkolistrunk in Stücke schneiden. Röschen und Strunkstücke abspülen. Kartoffeln schälen, waschen und in Würfel schneiden. Brokkoliröschen in 500 Milliliter Wasser bei geringer Hitze bissfest garen. Brokkoliröschen abgießen, dabei das Kochwasser auffangen.

Margarine in einem Topf zerlassen. Kartoffelwürfel und Strunkstücke darin anbraten, mit Salz und Pfeffer würzen und braten, bis sich die Ränder goldbraun färben.

Kartoffeln und Strunkstücke mit Brokkoli-Kochwasser ablöschen und weiterköcheln, bis das Gemüse gar ist. Nach Belieben noch Kochwasser hinzugeben und das Ganze anschließend pürieren.

Brokkoliröschen dazugeben und die Suppe noch einmal mild abschmecken. Petersilie vorsichtig waschen und klein schneiden. Sojasahne zur Suppe geben, fein geschnittene Petersilie unterrühren und die Suppe heiß servieren.

Tipp: Die Suppe eignet sich auch als **Brokkoli-Cremesuppe**, dann alles pürieren.

Erbsensuppe

(für 4 bis 6 Personen)

Zutaten

500 g grüne Erbsen, getrocknet
1½ l Wasser
½ TL Natron
2 Zwiebeln
2 Knoblauchzehen
250 g Räuchertofu
etwas Salz
etwas Pfeffer
etwas Piment, gemahlen
3 EL Olivenöl
1 EL Kokosfett
ca. 100 g Knollensellerie
3 große Kartoffeln
3 mittelgroße Möhren
½–1 EL Senf, mittelscharf
1 Bund Petersilie

Zubereitung

Erbsen waschen, spülen und mindestens 12 Stunden (am besten über Nacht) einweichen. Die Erbsen im Einweichwasser mit ½ Teelöffel Natron gar kochen.

In der Zwischenzeit Zwiebeln abziehen und in kleine Würfel schneiden. Knoblauch abziehen und durch eine Knoblauchpresse drücken. Tofu in etwa 1 Zentimeter große Würfel schneiden. Tofuwürfel in eine Schüssel geben, mit Salz, Pfeffer, Piment und Olivenöl mischen und marinieren. Petersilie waschen und klein schneiden.

Kokosfett in einer Pfanne zerlassen. Tofuwürfel darin anbraten, bis die Kanten bräunen. Dann Zwiebel und Knoblauch dazugeben und weiterbraten, bis die Zwiebel glasig ist.

Sellerie, Kartoffeln und Möhren putzen, schälen, abwaschen und in kleine Würfel schneiden. Sobald die Erbsen gar sind, das Gemüse hinzufügen, unterrühren und alles mit dem Pürierstab kurz pürieren. Noch einmal aufkochen lassen.

Tofuwürfel dazugeben und gut rühren, damit der kräftig gewürzte Tofu sein Aroma in der Suppe entfalten kann. Noch einmal abschmecken und nach Belieben mit ½ bis 1 Esslöffel Senf nachwürzen. Vor dem Servieren Petersilie unterrühren.

Grüne-Bohnen-Suppe

(für 4 Personen)

Zutaten

900 g Bohnen
130 g Kartoffeln
1½–2 l Wasser
1–2 Stängel Bohnenkraut
1 TL Salz
1 kleine Zwiebel
½ Knoblauchzehe/¼ TL Knoblauchpulver
150 g Räuchertofu
¼ TL Pfeffer
¼ TL Piment, gemahlen
etwas Olivenöl
etwas Kokosfett
1 EL Mehl
200–350 ml Tomatenpassata
1 TL Margarine/Olivenöl, nach Bedarf
½ Bund Petersilie
125 ml Sojasahne
1 TL Oregano/Majoran, gerebelt

Zubereitung

Bohnen waschen, die Fäden abziehen und Bohnen schräg in ½ bis 1 Zentimeter große Stücke schneiden. Kartoffeln schälen, waschen und in Würfel schneiden.

Bohnenstücke und Kartoffelwürfel in einem Topf mit dem Wasser bedecken, Bohnenkrautstängel und etwas Salz hinzufügen und etwa 25 Minuten bissfest kochen. Bohnen abgießen, dabei das Kochwasser auffangen.

In der Zwischenzeit Zwiebel abziehen und fein schneiden. Knoblauch abziehen, fein schneiden und mit dem Messer zerdrücken. Petersilie vorsichtig waschen und klein schneiden. Tofu in kleine Würfel schneiden. Tofuwürfel in eine Schüssel geben, mit Salz, Pfeffer, Piment und Olivenöl mischen und kurz marinieren.

Kokosfett in einem Topf zerlassen. Tofuwürfel darin kross anbraten, fein geschnittene Zwiebel dazugeben und weiterbraten, bis sie glasig ist. Knoblauch dazugeben, mit Mehl bestäuben und kurz weiterbraten. Mit Tomatenpassata und etwas Bohnenwasser ablöschen.

Das Tofugemisch zu den Bohnen geben, unterrühren und kurz aufkochen lassen. Nach Bedarf noch einmal würzen und mit Margarine oder Olivenöl verfeinern. Sojasahne, klein geschnittene Petersilie und Oregano dazugeben und alles gut verrühren.

Tipp: Je nach Jahreszeit und Verfügbarkeit schmecken in der Suppe auch andere Kräuter und verleihen ihr ihre eigene Note.

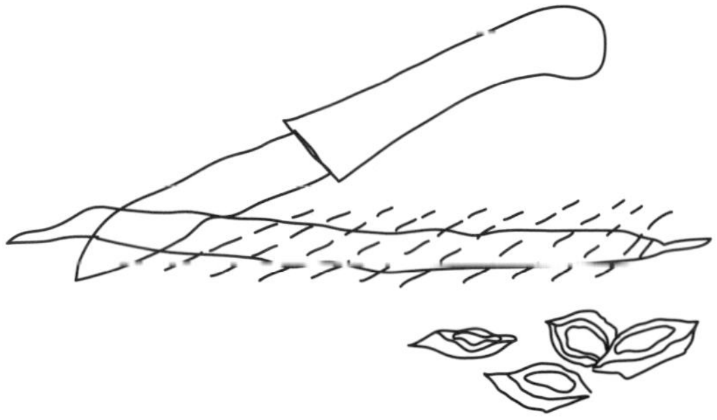

Weiße-Bohnen-Suppe (für 4 Personen)

Zutaten

500 g weiße Bohnen
1½ l Wasser
1 TL Natron
1–2 Stängel Bohnenkraut
1 kleine Zwiebel
½–1 Knoblauchzehe
250 g Räuchertofu
1½ TL Salz
¼ TL Pfeffer
¼ TL Piment, gemahlen
etwas Olivenöl
etwas Kokosfett
1 EL Mehl
200 g Kartoffeln
150 g Möhren
175 ml Tomatenpassata
½ Bund Petersilie
2 Stängel Oregano/Majoran, wenn vorhanden
2 EL Margarine/Olivenöl
125 ml Sojasahne

Zubereitung

Bohnen waschen und über Nacht in 1½ Litern Wasser mit dem aufgelösten Natron einweichen. Etwa 1½ Stunden vor der Mahlzeit Bohnen mit Bohnenkraut im Einweichwasser gar köcheln lassen.

In der Zwischenzeit Zwiebel abziehen und fein schneiden. Knoblauch abziehen, fein schneiden und mit dem Messer zerdrücken. Tofu in kleine Würfel schneiden. Tofuwürfel in eine Schüssel geben, mit Salz, Pfeffer, Piment und Olivenöl mischen und kurz marinieren. Petersilie und Oregano vorsichtig waschen und klein schneiden.

Kokosfett in einer Pfanne zerlassen. Tofuwürfel darin kross anbraten. Zwiebel dazugeben und glasig braten. Knoblauch dazugeben und mit Mehl bestäuben. Alles nochmals wenden und kurz weiterbraten.

Kartoffeln und Möhren putzen, schälen und waschen. Kartoffeln in kleine Würfel schneiden. Möhren halbieren und in dünne Scheiben schneiden. Beides in Wasser etwa 20 Minuten bissfest kochen.

Sobald die Bohnen gar sind, Bohnenkraut entfernen. Tofuwürfel mit bissfestem Gemüse zu den Bohnen geben, aufkochen lassen und Tomatenpassata unterrühren. Die klein geschnittenen Kräuter in die Suppe geben und mit Margarine und Sojasahne verfeinern. Ggf. nachwürzen.

Französische Zwiebelsuppe (für 4 Personen)

Zutaten

350 g Zwiebeln
½ Knoblauchzehe
1 EL Margarine
½ EL Mehl
1–2 TL Gemüsebrühe
1 Lorbeerblatt
500 ml Wasser
etwas Pfeffer
etwas Salz, nach Belieben
8 Scheiben Misch-/Toastbrot
Veganer Sahnestreichkäse (Seite 340)
etwas Petersilie

Zubereitung

Zwiebeln abziehen und in 2 bis 3 Millimeter dünne Ringe schneiden. Knoblauch abziehen, fein schneiden und mit dem Messer zerdrücken. Petersilie vorsichtig waschen und klein schneiden.

Margarine in einem Topf zerlassen und Zwiebelringe darin glasig dünsten. Knoblauch und Mehl dazugeben und kurz mit dünsten. Gemüsebrühe und Lorbeerblatt dazugeben, sofort mit dem Wasser aufgießen und etwa 10 Minuten kochen lassen. Mit Pfeffer und nach Belieben Salz abschmecken.

Die Suppe in feuerfeste Suppentassen oder 1 große Suppenterrine füllen. Brotscheiben toasten, mit dem Veganen Sahnestreichkäse bestreichen und auf die Suppe legen. Zwiebelsuppe im vorgeheizten Backofen kurz bei 180 °C (Ober- und Unterhitze) überbacken, bis der Käse sich verfärbt. Die Zwiebelsuppe mit Petersilie bestreuen und heiß servieren.

Tipp: Lecker schmeckt die Zwiebelsuppe auch, wenn Sie sie statt mit Sahnestreichkäse mit Veganem Pizzakäse (Seite 299) überbacken.

Nudelsuppe

(für 4 bis 6 Personen)

Zutaten

350 g Blumenkohl/Brokkoli, auch gemischt
200 g Möhren
150 g Kohlrabi
200 g Erbsenschoten
100 g Margarine
etwas Salz
etwas Pfeffer
2 l Wasser/Gemüsewasser, nach Bedarf mehr
1 EL Olivenöl
½–1 Bund Petersilie
1 EL Sojasahne

Für die selbst gemachten Nudeln

6 EL Wasser
6 EL Sojasahne
3 TL Olivenöl
6 Prisen Salz
300 g Dinkelmehl (Type 1050)

Zubereitung

Für die Nudeln Wasser, Sojasahne und Olivenöl mit Salz in einer Schüssel glatt rühren, Mehl untermischen und gut zu einem sehr festen Teig verkneten. Den leicht bemehlten Teig mit dem Nudelholz auf einem leicht bemehlten Holzbrett/Backpapier hauchdünn ausrollen und warm (am besten in die Sonne) stellen, bis sich die Oberfläche etwas trocken anfühlt. Die Teigplatte eventuell noch einmal wenden, damit beide Seiten antrocknen können. Den Teig zu einer lockeren Rolle wickeln, klein schneiden (siehe Skizzen folgende Seite), locker ausbreiten und eventuell bis zum Kochen nochmals trocknen.

In der Zwischenzeit *für die Suppe* vom Blumenkohl die Blätter entfernen und den Strunk abschneiden. Blumenkohl in kleine Röschen teilen und abspülen. Den Strunk halbieren oder vierteln und in dünne Scheiben schneiden. Möhren und Kohlrabi putzen, wenn nötig schälen und abwaschen. Möhren in etwa ½ Zentimeter dünne Scheiben, Kohlrabi in etwa 1 Zentimeter dicke Stifte schneiden. Erbsen aus den Schoten lösen und abwaschen. Petersilie vorsichtig waschen und klein schneiden.

Tipp: Statt zu frischem Gemüse können Sie auch zu Tiefkühlware greifen.

80 Gramm Margarine in einem Topf zerlassen, das vorbereitete Gemüse dazugeben und mehrfach darin schwenken. Gemüse kurz braten lassen und mit Salz und Pfeffer würzen. So viel Wasser zugeben, dass das Gemüse bedeckt ist. Aufkochen und gar ziehen lassen (das Gemüse muss noch Biss haben!).

2 Liter Wasser in einem Topf zum Kochen bringen. Getrocknete Nudeln mit Olivenöl hineingeben und 2 bis 3 Minuten darin garen (aufkochen und leicht sieden lassen). Die garen Nudeln mit dem Kochwasser zum Gemüse geben, nachwürzen und mit der restlichen Margarine, 1 Esslöffel Sojasahne und der Petersilie verfeinern.

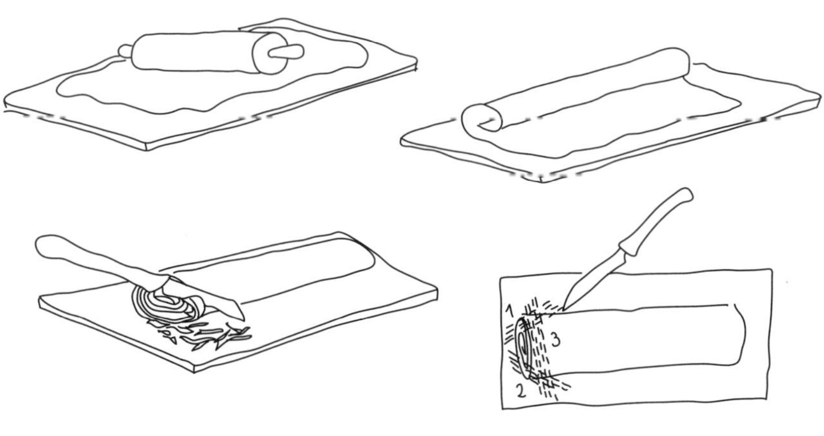

Braune Linsensuppe
(für 4 Personen)

Zutaten

150 g Trockenpflaumen
1 Msp. Zitronenschale, abgerieben
1 TL Zitronensaft
¾ l Wasser, nach Bedarf mehr
500 g braune Linsen
1 Zwiebel
½–1 Knoblauchzehe
125 g Räuchertofu
etwas Salz
etwas Pfeffer
etwas Piment, gemahlen
etwas Olivenöl
etwas Kokosfett
½ Bund Petersilie

Zubereitung

Trockenpflaumen mit Zitronenschale und -saft etwa 2 Stunden in etwas Wasser einweichen. Linsen waschen und nach Packungsanleitung garen.

In der Zwischenzeit Zwiebel abziehen und in kleine Würfel schneiden. Knoblauch abziehen, fein schneiden und mit dem Messer zerdrücken. Petersilie vorsichtig waschen und klein schneiden. Tofu in Würfel schneiden. Tofuwürfel in eine Schüssel geben, mit Salz, Pfeffer, Piment und Olivenöl mischen und kurz marinieren.

Etwas Kokosfett in einer Pfanne zerlassen. Tofuwürfel darin leicht anbraten. Zwiebel und Knoblauch dazugeben und noch einmal kurz braten.

Eingeweichte Trockenpflaumen mit dem Einweichwasser unter die garen Linsen rühren, nach Belieben noch etwas Wasser hinzufügen. Dann Tofu unter die Linsen heben und nach Belieben nachwürzen. Petersilie über die Linsensuppe streuen und servieren.

Tipp: Anstelle der Trockenpflaumen schmecken in der Linsensuppe auch Apfel- oder Birnenstücke.

Sommersuppe mit Einlage (für 4 Personen)

Zutaten

ca. 300 g Suppeneinlage (Reis, Quinoa, Hirse oder Suppennudeln)
300 g Möhren
150 g Kohlrabi
100 g Knollensellerie
150 g Porree (Lauch)
ca. 2 EL Kokosfett
etwas Salz
etwas Pfeffer
1½ l Wasser
1 Zwiebel
250 g Tofu naturell
etwas Piment, gemahlen
2 EL Olivenöl
½ Bund Petersilie
20 g Margarine

Tipps: Wählen Sie das Gemüse nach Belieben und Verfügbarkeit. Zum Andicken der Suppe ein Drittel des gegarten Gemüses fein pürieren und unter die Suppe rühren – fertig!

Zubereitung

Suppeneinlage nach Packungsanleitung garen.

Möhren, Kohlrabi und Sellerie putzen, wenn nötig schälen, abwaschen und klein schneiden. Porree putzen, die Stange längs halbieren und gründlich waschen. Porree in Stücke schneiden. Petersilie vorsichtig waschen und klein schneiden.

Etwa 1 Esslöffel Kokosfett in einem Topf zerlassen. Möhren-, Kohlrabi- und Selleriestücke kurz darin anbraten und mit Salz und Pfeffer würzen. Dann Porreestücke dazugeben, mit dem Wasser auffüllen und gar ziehen lassen.

In der Zwischenzeit Zwiebel abziehen und in kleine Würfel schneiden. Tofu in Würfel schneiden. Tofuwürfel in eine Schüssel geben, mit Salz, Pfeffer, Piment und Olivenöl mischen und kurz marinieren. Restliches Kokosfett in einer Pfanne zerlassen. Tofuwürfel darin leicht anbraten. Zwiebelwürfel dazugeben und noch einmal kurz braten.

Tofuwürfel und Suppeneinlage in die Sommersuppe geben, gut unterrühren, nachwürzen und nach Belieben so viel Wasser hinzufügen, bis die gewünschte Konsistenz erreicht ist. Margarine und Petersilie unter die Suppe rühren und heiß servieren.

Möhrensuppe „Suppe der Liebe“ (für 4 Personen)

Zutaten

10 Möhren
1 Zwiebel
1 Stück Ingwer, walnussgroß
1 EL Kokosfett
500 ml Wasser
1 TL Salz/Gemüsebrühe
1–2 Orangen
1 Orangenscheibe

Zubereitung

Möhren putzen, wenn nötig schälen, abwaschen und in kleine Würfel schneiden. Zwiebel abziehen und grob hacken. Ingwer schälen und fein reiben.

Kokosfett in einem Topf zerlassen. Möhrenwürfel und Zwiebel darin anschmoren, mit Wasser auffüllen, mit Salz würzen und 15 bis 20 Minuten köcheln lassen. Anschließend pürieren.

Orangen auspressen und mit dem Ingwer in die Möhrensuppe geben und gut umrühren. Die Suppe mit 1 Orangenscheibe garnieren und heiß servieren.

Möhrensuppe

(für 3 bis 4 Personen)

Zutaten

500 g Möhren
300 g Kartoffeln
1 l Wasser
1 Zwiebel
einige Stängel Petersilie
etwas Margarine
etwas Salz
etwas Pfeffer
2 TL Gemüsebrühe

Zubereitung

Möhren putzen, wenn nötig schälen, abwaschen und in Scheiben schneiden. Kartoffeln schälen, waschen und in Würfel schneiden. Je zwei Drittel der Möhrenscheiben und Kartoffelwürfel in 1 Liter Wasser gar kochen.

Zwiebel abziehen und fein hacken. Petersilie vorsichtig waschen. Die Blättchen von den Stängeln zupfen und klein schneiden. Petersilienstängel klein schneiden und beiseitelegen.

Margarine in einem Topf zerlassen. Restliche Möhrenscheiben mit restlichen Kartoffelwürfeln, gehackter Zwiebel und Petersilienstängeln darin leicht anbraten, mit Salz, Pfeffer und Gemüsebrühe würzen.

Möhren und Kartoffeln abgießen, dabei das Kochwasser auffangen. Gemüsewasser zum gebratenen Gemüse gießen und pürieren. Gekochte Möhren und Kartoffeln dazugeben, abschmecken und mit Petersilie bestreuen.

Frühlingssuppe

(für 4 Personen)

Zutaten

2 Kohlrabi
4 Möhren
½ Bund Zwiebelschlotte
2 l Wasser
½–1 Bund Petersilie
150–200 g Margarine
6 EL Grieß
etwas Salz
350 g Erbsen
(aus dem Glas)
2 EL Gemüsebrühe
4 Scheiben Weißbrot
125 ml Sojasahne,
nach Belieben mehr

Zubereitung

Kohlrabi und Möhren putzen, wenn nötig schälen und waschen. Kohlrabi in kleine Stücke, Möhren in Scheiben schneiden. Zwiebelschlotte putzen, waschen und in feine Ringe schneiden. Kohlrabistücke und Möhrenscheiben in 2 Litern Wasser garen. Gemüse abgießen, dabei das Kochwasser auffangen.

Petersilie vorsichtig waschen. Blättchen von den Stängeln zupfen und Blättchen und Stängel getrennt klein hacken. Etwa 60 Gramm Margarine in einem Topf zerlassen, Grieß mit ½ Teelöffel Salz und gehackten Petersilienstängeln darin goldgelb anrösten. Gemüsewasser dazugießen und den Grieß gar köcheln lassen.

Das gegarte Frühlingsgemüse mit Erbsen, Gemüsebrühe, gehackten Petersilienblättchen, Zwiebelschlottenringe und etwas Salz zum Grieß geben und mild abschmecken.

Weißbrotscheiben in Würfel schneiden. Restliche Margarine in einer Pfanne zerlassen und die Weißbrotwürfel darin goldbraun anrösten. Geröstete Weißbrotwürfel mit der Sojasahne zur Suppe reichen.

Tipp: Einen Teil der Kohlrabi kann durch Blumenkohl ersetzt werden.

Grießklöschensuppe (für 4 Personen)

Zutaten

Für die Grießklößchen

1 EL Mehl
3 EL Wasser
1 EL Margarine
2 EL Petersilie, gehackt
1 TL Salz/Gemüsebrühe
½ TL Pfeffer
2 Prisen Muskatnuss, gerieben
1 Tasse Grieß

Für die Suppe

1 Möhre
1 Zwiebelschlotte
etwas Margarine
etwas Salz
etwas Pfeffer
1 l Gemüsebrühe
150 g Erbsen (aus dem Glas)
etwas Petersilie
Sprossen, nach Belieben

Zubereitung

Für die Grießklößchen Mehl mit Wasser, Margarine, gehackter Petersilie und Gewürzen zu einem Brei verrühren. Grieß dazugeben und rühren, bis die Masse fest ist.

In der Zwischenzeit *für die Suppe* Möhre und Zwiebelschlotte putzen, abwaschen und in feine Scheiben/Ringe schneiden. Margarine in einem Topf zerlassen und die Möhrenscheiben dazugeben. Mit Salz und Pfeffer würzen und etwa 3 Minuten anbraten.

Gemüsebrühe in einem Topf zum Kochen bringen. Aus der Grießmasse mit einem Teelöffel kleine Klößchen formen. Grießklößchen in die Gemüsebrühe geben und kurz aufkochen lassen. Gebratenes Gemüse und Erbsen hinzufügen und die Brühe bei geringster Hitze 15 bis 20 Minuten ziehen lassen.

Petersilie und nach Belieben Sprossen vorsichtig waschen. Petersilie klein hacken. Petersilie, Zwiebelschlotten und Sprossen in die Suppe geben und heiß servieren.

Vegane Soljanka

(für 6 bis 8 Personen)

Zutaten

300 g Weißkohl
200 g Möhren
300 g Kartoffeln
1 Zwiebel
1 Knoblauchzehe
ca. 150 g Kokosfett
etwas Salz
etwas Pfeffer
etwas Paprikapulver scharf, nach Belieben
¾ l Tomatenpassata
100 g Tomatenmark
1 EL Gemüsebrühe
2 Lorbeerblätter
2 Wacholderbeeren, zerdrückt
1 l Wasser, heiß
200 ml Ketchup
250 g Gewürzgurken mit Gurkenwasser
660 g geschälte Tomatenstücke (aus dem Glas)
200–250 g Räuchertofu
etwas Senf
etwas Sojasahne

Zubereitung

Kohl vierteln und den Strunk herausschneiden. Kohlviertel waschen und in schmale Streifen schneiden. Möhren und Kartoffeln waschen, putzen, wenn nötig schälen und in feine Würfel schneiden. Zwiebel abziehen und in feine Ringe schneiden. Knoblauch abziehen und durch eine Knoblauchpresse drücken. Etwa 100 Gramm Kokosfett in einem Topf zerlassen. Jeweils im Abstand von etwa 5 Minuten Weißkohlstreifen, Möhrenwürfel mit Zwiebeln und Knoblauch und zuletzt Kartoffelwürfel darin anbraten. Mit Salz, Pfeffer und Paprikapulver würzen und unter Rühren einige Minuten braten.

Tomatenpassata, Tomatenmark, Gemüsebrühe, Lorbeerblätter, Wacholderbeeren, heißes Wasser und Ketchup hinzufügen und alles bissfest köcheln lassen.

Tofu in Streifen schneiden. Restliches Kokosfett in einer Pfanne zerlassen. Tofustreifen darin goldbraun braten und in die Suppe hineingeben. Gewürzgurken klein würfeln, Gurkenwasser durch ein Sieb gießen und auffangen. Die geschälten Tomatenstücke mit den Gewürzgurkenwürfeln ebenfalls in die Suppe geben.

Gurkenwasser mit wenig Senf unter die Suppe rühren. Suppe nachwürzen und mit etwas Sojasahne verfeinern.

Kürbissuppe

(für 4 bis 6 Personen)

Zutaten

2 kg Hokkaidokürbis
2 große Möhren
etwas Kokosfett
2 EL Gemüsebrühe
etwas Salz
etwas Pfeffer
1 Prise Chilipulver
Wasser, heiß
1 Stück Ingwer, walnussgroß
1½ EL Zitronensaft
etwas Zitronenschale, abgerieben
½–1 Bund Dill

Zubereitung

Kürbis waschen, vierteln, Kerne mit dem inneren faserigen Fleisch mit einem Esslöffel vorsichtig entfernen. Kürbisviertel erst in Spalten und dann in Würfel schneiden. Möhren putzen, wenn nötig schälen, abwaschen und in Würfel schneiden.

Kokosfett in einem Topf zerlassen. Kürbis- und Möhrenwürfel darin kurz anbraten. Mit Gemüsebrühe, Salz, Pfeffer und Chili würzen und mit so viel heißem Wasser auffüllen, bis der Kürbis bedeckt ist. Kürbis bissfest köcheln lassen.

Ingwer schälen und ganz fein schneiden. Ingwer in die Suppe geben und fein pürieren. Wenn nötig noch Wasser nachgießen, um die gewünschte Konsistenz zu erreichen. Zitronensaft und -schale in die Suppe geben, nochmals abschmecken und eventuell mit Salz und Pfeffer nachwürzen. Vor dem Servieren Dill vorsichtig waschen, klein schneiden und ebenfalls mit in die Suppe geben.

Tipps: Die Suppe kann mit Margarine oder Olivenöl und Sojasahne verfeinert werden. Statt der Möhren können Sie auch Kartoffeln mit in die Suppe geben.

Steck-/Kohlrübensuppe (für 6 Personen)

Zutaten

1 große Steck-/Kohlrübe (ca. 1,2 kg)
500 g Kartoffeln
1½ l Wasser, heiß, nach Belieben mehr
1–2 Lorbeerblätter
1 große Zwiebel
250 g Räuchertofu
etwas Salz
etwas Pfeffer
etwas Piment, gemahlen
etwas Olivenöl
etwas Kokosfett
1 TL Kümmel, gemahlen
1 TL Majoran, gerebelt
1 EL Margarine
125 ml Sojasahne
½ Bund Petersilie

Zubereitung

Steckrübe im Wasser gut abbürsten, schälen und in etwa 3 Millimeter dicke Scheiben schneiden. Kartoffeln schälen, waschen und in kleine Würfel schneiden. Steckrüben und Kartoffeln in einen Topf geben und mit dem heißen Wasser und Lorbeerblättern bissfest kochen.

In der Zwischenzeit Zwiebel abziehen und fein hacken. Tofu in Würfel schneiden. Tofuwürfel in eine Schüssel geben, mit Salz, Pfeffer, Piment und Olivenöl mischen und kurz marinieren. Etwas Kokosfett in einer Pfanne zerlassen. Tofuwürfel darin anbraten. Gehackte Zwiebel, Kümmel und Majoran dazugeben und mitbraten lassen.

Lorbeerblätter aus dem Kochwasser nehmen. Nach Belieben zwei Drittel des Gemüses herausnehmen und den Rest zum Abbinden pürieren. Gemüse wieder in die Suppe geben.

Den gebratenen Tofu, Margarine und Sojasahne ebenfalls in die Suppe geben, alles gut verrühren und eventuell noch einmal abschmecken. Vor dem Servieren Petersilie vorsichtig waschen, klein schneiden und über die Suppe streuen.

Krautsuppe

(für 4 Personen)

Zutaten

700 g Weißkraut (Weißkohl)
300 g Kartoffeln
80 g Margarine
etwas Salz
etwas Pfeffer
etwas Kümmel, gemahlen
Wasser, heiß
1–2 EL Mehl
½ Bund Petersilie
125 ml Sojasahne

Zubereitung

Vom Weißkohl die äußeren welken Blätter entfernen. Kohl vierteln und den Strunk herausschneiden. Kohlviertel waschen und in feine Streifen schneiden. Kartoffeln schälen, waschen und in kleine Würfel schneiden.

Margarine in einem Topf zerlassen. Kartoffelwürfel und Kohlstreifen kurz darin schwenken, mit Salz, Pfeffer und Kümmel würzen. So viel heißes Wasser dazugeben, dass das Gemüse reichlich bedeckt ist, und zugedeckt bei geringer Hitze garen. Petersilie vorsichtig waschen und klein schneiden.

Mehl mit Wasser in einer Tasse klümpchenfrei anrühren und die fertige Suppe damit andicken, aufkochen lassen und nochmals abschmecken. Die Krautsuppe mit Sojasahne und fein geschnittener Petersilie verfeinern.

Tipps: Wer es noch deftiger mag, kann Tofuwürfelchen (Seite 83) mit in die Suppe geben. Oder die Suppe mit einer in feine Streifen geschnittenen Paprikaschote und klein gewürfelten Tomaten ergänzen. Beides am Ende der Garzeit in die Suppe geben. Nach Belieben können Sie statt des gemahlenen Kümmels auch ganze Kümmelsamen nehmen.

Chilisuppe

(für 4 Personen)

Zutaten

250 g Tofu naturell
2 EL Olivenöl
2 TL Kümmel, gemahlen
etwas Pfeffer
etwas Salz
1 TL Piment, gemahlen
660 g geschälte Tomaten (aus dem Glas)
1 rote Paprikaschote
1 Zwiebel
2 Knoblauchzehen
1 Frühlingszwiebel
1/3 Bund Petersilie
2 EL Kokosfett
4 TL mexikanische Gewürzmischung
900 ml Flüssigkeit (von den Tomaten + Wasser)
350 g Kidneybohnen
4 EL Tomatenmark
1 TL Senf
½ TL Cumin (Kreuzkümmel), gemahlen
1 EL Sojasoße
2 EL Sojasahne

Zubereitung

Tofu in einer Schüssel grob zerdrücken, mit 2 Esslöffeln Olivenöl, 2 Teelöffeln gemahlenem Kümmel, ½ Teelöffel Pfeffer, 2 Teelöffeln Salz und 1 Teelöffel Piment mischen und etwa 30 Minuten marinieren.

In der Zwischenzeit die geschälten Tomaten in einem Sieb abtropfen lassen, dabei den Saft auffangen.

Paprikaschote waschen, halbieren, entstielen, entkernen und in Würfel schneiden. Zwiebel und Knoblauch abziehen und fein hacken. Frühlingszwiebel putzen und waschen. Den grünen Teil in feine Ringe schneiden, die weiße Knolle halbieren und in hauchdünne Scheiben schneiden. Petersilie vorsichtig waschen, Blättchen von den Stängeln zupfen und Blättchen und Stängel getrennt klein hacken. 1 Esslöffel Kokosfett in einer Pfanne zerlassen. Gehackte Zwiebel mit den Petersilienstängeln darin anbraten, bis sich die Ränder leicht braun färben. Paprikawürfel, Frühlingszwiebel und Knoblauch sowie ½ Teelöffel Salz, etwas Pfeffer und 2 Teelöffel mexikanische Gewürzmischung hinzufügen und unter Rühren etwa 3 Minuten braten. Anschließend in einen geeigneten Suppentopf geben.

Den aufgefangenen Tomatensaft mit Wasser auf 900 Milliliter auffüllen und mit Kidneybohnen in den Topf geben. Gut verrühren, kurz aufkochen, etwa 5 Minuten köcheln und dann bei geringster Hitze ziehen lassen.

Geschälte Tomaten grob in Stücke schneiden, mit Tomatenmark, 2 Teelöffeln Mexikogewürz, Senf und Cumin in die Suppe geben und gut verrühren.

Restliches Kokosfett in der Pfanne zerlassen. Marinierten Tofu darin kross anbraten und unter die Suppe rühren. Sojasoße und drei Viertel der Petersilienblättchen hinzugeben und mit Salz sowie Schärfe abschmecken. Zum Schluss Sojasahne unterrühren und die Suppe mit den restlichen Petersilienblättchen bestreuen.

Tipp: Dazu schmecken Baguette, Dinkel-Butterfladen oder Fladenbrot.

Knoblauchcremesuppe

(Vorspeise für 4 Personen)

Zutaten

2–3 zarte Blätter junger Knoblauchpflanzen oder 1 Knoblauchzehe
½ Knoblauchknolle
ca. 100 g Margarine
etwas Salz
etwas Pfeffer
60 g Mehl
1 l Wasser
½ Bund Schnittlauch/ Petersilie
125 ml Sojasahne, nach Belieben mehr
4 Scheiben Brot, vom Vortag

Zubereitung

Knoblauchblätter putzen, abwaschen und in feine Streifen schneiden. Knoblauch abziehen, durch eine Knoblauchpresse drücken und 30 Gramm abmessen.

60 Gramm Margarine in einem Topf zerlassen. Knoblauchblätterstreifen und Knoblauch dazugeben, mit Salz und Pfeffer würzen und darin sanft glasig anbraten. Mehl darüberstäuben und kurz aufschäumen lassen. Nach und nach mit dem Wasser ablöschen, immer wieder glatt rühren, bis das Mehl ausgequollen ist. Alles gut schaumig pürieren.

Schnittlauch vorsichtig waschen und in Röllchen schneiden. 20 Gramm Margarine, Sojasahne und die Schnittlauchröllchen unter die Suppe rühren.

Brotscheiben in Würfel schneiden. Restliche Margarine in einer Pfanne zerlassen. Brotwürfel dazugeben und sofort wenden, damit jedes Bröckchen mit dem Fett in Berührung kommt. Brotwürfel bei geringer Hitze knusprig goldbraun braten.

Die heißen Croûtons am besten in einem vorgewärmten Gefäß zur Suppe reichen.

Süße Suppen & Breie

Porridge oder Haferbrei

(für 2 Personen)

Zutaten

200 g Haferflocken
1 l Wasser/Hafermilch, nach Belieben mehr
½ TL Salz
2 EL Olivenöl/Margarine
2 EL Sojasahne

Zubereitung

Haferflocken in einem Topf mit dem Wasser zum Kochen bringen und etwa 10 Minuten bei mittlerer Hitze unter Rühren flott kochen lassen. Die Temperatur herunterschalten und alles gar köcheln lassen. Salz hinzugeben und bei Bedarf noch einmal etwas Flüssigkeit dazugießen (der Brei quillt immer noch nach). Olivenöl dazugeben und ganz zum Schluss Sojasahne gut unterrühren.

Grießbrei

(für 4 Personen)

Zutaten

1 l Hafermilch
150 g Hartweizengrieß
1 EL Margarine
125 ml Sojasahne
ca. ½ TL Salz

Zubereitung

Hafermilch in einem Topf zum Kochen bringen, Grieß hineinrühren und unter Rühren aufkochen lassen, bis ein Brei entsteht. Den Brei von der Kochstelle nehmen und Margarine, Sojasahne und Salz unterrühren.

Tipp: Dazu schmecken Früchte, eine Fruchtsoße, Zimtzucker mit Apfelmus oder Kakao sehr gut.

Reis-/Hirse-/Quinoa-/Amaranth-/Buchweizenbrei

(für 4 Personen)

Zutaten

500 g Vollkorn-Rundkornreis/Hirse/Quinoa/Amaranth/Buchweizen
ca. ½ TL Salz
125 ml Sojasahne

Zubereitung

Die Körner mit einer Tasse abmessen, gründlich waschen, in einem feinen Sieb abspülen und abtropfen lassen. Die Körner in einen Topf geben. In derselben Tasse die 2½-fache Menge Wasser abmessen (Hirse, Amaranth und Buchweizen erfordern die 3- bis 4-fache Menge Wasser), dazugeben und nach Packungsanleitung kochen lassen, bis kein Wasser mehr zu sehen ist. Auf der Warmhaltestufe gar ziehen lassen.

Den Topf von der Kochstelle nehmen, Salz und Sojasahne zum noch körnigen Brei geben und alles gut vermischen. Fertig!

Tipp: Angezuckertes, frisches Obst, Apfelmus oder Zimtzucker dazu reichen.

Reiskuchen

(für 4 Personen)

Zutaten

500 g Vollkorn-Rundkornreis
ca. ½ TL Salz
125 ml Sojasahne
4 EL Olivenöl
etwas Zimtzucker
Wasser, nach Packungsangabe

Zubereitung

Reis mit einer Tasse abmessen, gründlich waschen, in einem feinen Sieb abspülen und abtropfen lassen. Reis in einen Topf geben. In derselben Tasse die 2½-fache Menge Wasser abmessen, dazugeben und nach Packungsanleitung kochen lassen, bis kein Wasser mehr zu sehen ist. Auf der Warmhaltestufe gar ziehen lassen.

Den Topf von der Kochstelle nehmen, Salz und Sojasahne zum noch körnigen Reis geben und alles gut vermischen.

Reisbrei auf einem gut gefetteten Backblech glatt verstreichen. Olivenöl mit einem Esslöffel gleichmäßig darauf verteilen.

Reisbrei gleichmäßig mit Zimtzucker bestreuen und etwa 10 Minuten im vorgeheizten Backofen bei 200 °C (Ober- und Unterhitze) backen.

Tipp: Statt mit Zimtzucker können Sie den Brei mit Mohnzucker oder mit in Agavendicksaft geschwenkten Walnussstückchen bestreut backen oder kleine Marmeladentupfen daraufsetzen.

Schokoladen- oder Vanillesuppe (für 2 Personen)

Zutaten

1 Pck. Schokoladen-puddingpulver
oder 2 EL Speisestärke + 30 g Kakao
oder 1 Pck. Vanille-puddingpulver
oder 2½ EL Speisestärke + 2 Msp. Vanillepulver
600–700 ml Hafermilch, nach Belieben
1½–2 EL Agavendicksaft, nach Belieben mehr
3 Prisen Salz
1 TL Margarine
2–3 EL Sojasahne

Zubereitung

Puddingpulver in 200 Millilitern Hafermilch anrühren. Restliche Hafermilch in einem Topf zum Kochen bringen, das angerührte Puddingpulver glatt unterrühren und etwa 2 Minuten durchkochen lassen. Agavendicksaft, Salz, Margarine und zum Schluss Sojasahne kräftig unterrühren und die Suppe am besten sofort servieren.

Tipps: Den Vanillepudding nach Belieben mit etwas Vanillepulver, den Schokoladenpudding mit geschmolzenen Schokoladenstückchen verfeinern. Beide Suppen schmecken auch kalt. **Mehlsuppe** auf gleiche Art herstellen, indem 50 Gramm Mehl anstelle von Puddingpulver angerührt werden.

Holundersuppe

(für 4 Personen)

Zutaten

ca. 400 g Holunderbeeren, gut reif
1½ l Wasser
ca. 200 g Äpfel
2–3 EL Kartoffelmehl
1 Prise Salz
1 Msp. Nelken, gemahlen
etwas Zitronensaft, nach Bedarf
etwas Agavendicksaft
etwas Zimt
etwas Vanillepulver

Zubereitung

Holunderbeeren waschen und die Beeren mit einer Gabel oder den Fingern von den Stängeln streifen. Holunderbeeren in einen Topf mit Wasser geben und 30 bis 40 Minuten kochen lassen. Beeren durch ein Sieb geben (Abseihen, da die Kerne giftig sind), dabei den Saft auffangen und den Saft wieder in den Topf geben.

In der Zwischenzeit Äpfel waschen und fein reiben. Kartoffelmehl in etwas Wasser anrühren und mit den geriebenen Äpfeln zum Holundersaft geben. Mit Salz, Nelken, Zitronen- und Agavendicksaft, Zimt und Vanillepulver lieblich abschmecken. Nach Belieben noch einmal erhitzen und heiß servieren.

Tipps: Statt den Holundersaft selbst zu kochen, können Sie auch Holundermost oder Apfelsaft verwenden. Wenn Sie lieber ein **Holunderheißgetränk** zubereiten möchten, verzichten Sie auf die Bindung mit dem Kartoffelmehl.

Snacks & kleine Gerichte

Kleine Knabbereien

Würzige Cashewkerne, geröstet (für 4 Personen)

Zutaten

300 g Cashewkerne
1 EL Sojasoße
etwas Salz

Zubereitung

Cashewkerne auf einem Backblech verteilen, etwa 30 Minuten im vorgeheizten Backofen bei 100 °C (Ober- und Unterhitze) und leicht geöffneter Backofentür (den Stiel eines Holzkochlöffels dazwischenschieben) braun rösten, dabei etwa alle 5 Minuten wenden.

Cashewkerne in einen Wok oder eine große Pfanne geben und mit Sojasoße und Salz bei geringer Hitze unter Rühren vermischen.

Cashewkerne wieder auf das Backblech geben und in der Restwärme des Backofens nachtrocknen lassen.

Tipp: Cashewkerne abkühlen lassen und in ein Schraubglas füllen, damit sie kross bleiben.

Vegane „Fischchen“ (für 4 Personen)

Zutaten

90 g Mehl
150 ml Wasser
1 Prise Salz
1 Prise Pfeffer
680 g Gewürzgurken (aus dem Glas)
etwas Kokosfett

Zubereitung

Mehl mit dem Wasser, Salz und Pfeffer in einer Schüssel zu einem Teig vermischen.

Gewürzgurken halbieren. Kokosfett in einer Pfanne zerlassen. Gewürzgurken in den Teig tauchen, mit einem Löffel herausnehmen und im heißen Kokosfett goldbraun braten. Heiß servieren!

Tipps: Für diese kleinen „Fischchen“ eignen sich auch andere Gemüsearten, so z. B. Möhrenstifte, Zucchinischeiben, Brokkoliröschen oder Paprikastreifen. Aber auch ausgebackene Kürbisblüten schmecken fantastisch.

Kräuterblätter im Teigmantel (für 30 bis 40 Stück)

Zutaten

30–40 Kräuterblättchen (Salbei, Brennnesselblätter, Basilikum, Giersch, Oregano, Sauerampfer)
150 g Dinkelmehl (Type 1050)
½ TL Salz
2 Prisen Pfeffer
3 EL Olivenöl
1 EL Sojasahne
250 ml Wasser, warm
1 EL Kokosfett

Zubereitung

Kräuterblättchen vorsichtig waschen und trocken tupfen.

Mehl mit Salz und Pfeffer in einer Schüssel mischen. Mit Olivenöl, Sojasahne und Wasser zu einem glatten Teig verrühren und 15 bis 20 Minuten quellen lassen.

1 Esslöffel Kokosfett in einer Pfanne zerlassen. Kräuterblättchen in den Teig tauchen und darin von beiden Seiten goldbraun braten. Heiß servieren.

Tipps: Statt der Kräuterblättchen können Sie auf die gleiche Weise Kürbis- und Zucchiniblüten oder zarte Triebspitzen der Kräuter im Teigmantel zubereiten. Die in den Teig getauchten Kräuterblättchen bzw. Triebspitzen lassen sich auch frittieren. Dazu einfach 250 Gramm Kokosfett in einem Topf erhitzen und die Kräuterblättchen bzw. Spitzen darin ausbacken.

Pfannkuchen, Waffeln & Co.

Einfache Haferwaffeln (für etwa 8 Stück)

Zutaten

300 g Haferflocken, grob
50 g Haferflocken, fein
600 ml Wasser, nach Bedarf etwas mehr
3 EL Sojasahne
1 EL Raps-/Olivenöl
2 Prisen Salz
1½ TL Backpulver

Zubereitung

Grobe und feine Haferflocken, Wasser, Sojasahne, Öl und Salz in einer Schüssel gut vermischen und etwa 30 Minuten quellen lassen. Danach Backpulver und nach Bedarf noch etwas Wasser unterrühren.

Den Teig mit einer Kelle in ein heißes, mit Öl gefettetes Waffeleisen geben und ausbacken.

Tipp: Statt grober Haferflocken können Sie auch selbst geflockte Haferflocken unter den Teig mischen. Die dann aber vorher mindestens 5 Stunden in Wasser einweichen.

Kartoffelwaffeln, glutenfrei

(für etwa 14 Stück)

Zutaten

ca. 1,2 kg Kartoffeln
1 kleine Zwiebel
250 ml Sojasahne
8 EL Olivenöl
2 TL Salz
300 g Kartoffelstärke
3 TL Backpulver
etwas Kokosfett

Zubereitung

Kartoffeln wenn nötig schälen, waschen und in grobe Würfel schneiden. Zwiebel abziehen und ebenfalls in grobe Würfel schneiden.

Kartoffelwürfel mit Zwiebelwürfeln, Sojasahne, Olivenöl und Salz in eine Küchenmaschine oder einen Mixer geben und zu einem Brei verarbeiten, nach und nach Kartoffelstärke unterrühren.

Den zäh fließenden Teig etwa 30 Minuten quellen lassen. Sollte der Teig nach dieser Zeit fester geworden sein, so viel Wasser einarbeiten, dass der Teig wieder zäh fließend ist. Danach Backpulver unter den Teig mischen.

Den Teig (nicht zu dick!) mit einer Kelle in ein heißes, mit Kokosfett gefettetes Waffeleisen geben und ausbacken. Das Waffeleisen nach jeder Waffel neu fetten.

Tipps: Bei neuen Kartoffeln die Schale immer mitverwenden, nötigenfalls Augen und unschöne Stellen vor dem Kochen mit dem Messer entfernen. Darauf achten, dass nach dem Schälen 1,2 Kilogramm Kartoffeln für den Teig übrig bleiben. Die Kartoffelwaffeln schmecken mit Kräuterquark genauso gut wie mit Apfelmus oder Marmelade.
Sie können den Teig in der Pfanne auch zu Kartoffelpuffern ausbacken.

Ohne-Eier-Kuchen – Grundrezept (für etwa 6 Stück)

Zutaten

300 g Mehl (Type 1050)
½ TL Salz
1 TL Zitronenschale, abgerieben
1 Msp. Vanillepulver
500 ml Wasser
3 EL Raps-/Olivenöl
2 EL Sojasahne
etwas Kokosfett

Zubereitung

Mehl, Salz, Zitronenschale und Vanillepulver in einer Schüssel vermischen. Wasser, Öl und Sojasahne dazugeben und mit einem Schneebesen glatt und schaumig schlagen.

Kokosfett in einer Pfanne erhitzen, 1 bis 2 Kellen Teig (je nach Größe der Kelle) in der Pfanne breit laufen lassen, dabei etwas verteilen und den Teig von beiden Seiten goldbraun backen.

Tipps: Die Ohne-Eier-Kuchen können Sie auch mit Vollkornmehl zubereiten, dann etwas mehr Wasser verwenden, da der Teig nachdickt. Schmeckt auch mit 3 Bananen gesüßt lecker, dazu die Bananen schälen und zerdrücken oder in dünne Scheiben schneiden und unter den fertigen Teig mischen (mit anderen klein geschnittenen Obstsorten, z. B. Äpfeln, Ananas oder Mandarinen, ebenfalls möglich) – dabei Flüssigkeitsmenge berücksichtigen.

Crêpes

(für etwa 6 Stück)

Zutaten

200 g Mehl (Type 1050)
350 ml Soja-/Haferdrink
1 Msp. Vanillepulver
1 Prise Salz
etwas Kokosöl

Zubereitung

Mehl, Sojadrink, Vanillepulver und Salz in einer Schüssel mit einem Schneebesen zu einem glatten Teig verrühren.

Etwas Kokosöl in einer Pfanne erhitzen und 1 Kelle Teig hineingeben. Den Teig mit einem Teigschaber in der Pfanne verteilen, sodass ein hauchdünner Fladen entsteht. Sobald die Crêpes-Oberfläche etwas fest wird und sich leicht vom Pfannenboden lösen lässt, die Crêpes vorsichtig mit einem Pfannenwender wenden. Nur kurz von der zweiten Seite backen (*Achtung*: kurze Bräunungszeit!).

Tipps: Warme Crêpes einfach mit Puderzucker bestäuben oder mit Sirup bestreichen ... Lecker! Auch mit Marmelade, Schokocreme, Apfelmus oder veganer Quarkfüllung ein Genuss.

Buchweizen-Pfannkuchen (für 8 Stück)

Zutaten

1 Tasse Buchweizen
3 EL Leinsamen
2 Prisen Salz
1 Msp. Vanillepulver
2 Tassen Sojamilch, nach Bedarf mehr
4 EL Oliven-/Rapsöl
1–2 EL Agavendicksaft, nach Belieben
2 EL Backpulver
4–8 EL Kokosöl/-fett

Zubereitung

Buchweizen und Leinsamen in einer Kaffeemühle oder einer Küchenmaschine fein mahlen. Mit Salz und Vanillepulver in einer Schüssel mischen und mit Sojamilch, Öl und Agavendicksaft zu einem glatten Teig verrühren. Etwa 30 Minuten quellen lassen.

Backpulver unter den gequollenen Teig rühren und wenn nötig noch etwas Sojamilch unterrühren, sodass ein zäh fließender Teig entsteht, der sich gut in der Pfanne verteilen lässt.

Jeweils ½ bis 1 Teelöffel Kokosöl in einer Pfanne erhitzen, 1 mittelgroße Kelle Teig in die Pfanne geben, Teig mit der Kelle leicht verteilen und von beiden Seiten goldbraun braten.

Überbackene Crêpes mit Spinat-Pilz-Füllung

(für etwa 12 Stück)

Zutaten

Für die Crêpes

200 g Mehl (Type 1050)
350 ml Soja-/Haferdrink
1 Prise Salz
etwas Kokosöl

Für die Spinatfüllung

600 g junger TK-Blattspinat
255 g Pilzscheiben (aus dem Glas)
1 mittelgroße Zwiebel
250 g Räuchertofu
30 g Kokosfett
etwas Salz
etwas Pfeffer

Für die Pilz-Käse-Creme

255 g Pilzscheiben (aus dem Glas)
1 mittelgroße Zwiebel
100 g Margarine
70 g Mehl (Type 1050)
350–400 ml Pilzflüssigkeit (aus dem Glas), nach Bedarf mehr
2 TL Senf
2 EL Hefeflocken
2 EL Sojasahne
3 EL Sojasoße

Zubereitung

Für die Crêpes Mehl, Sojadrink und Salz in einer Schüssel zu einem glatten Teig verrühren. Etwas Kokosöl in einer Pfanne zerlassen und 1 Kelle Teig hineingeben. Diesen in der Pfanne verteilen, sodass ein hauchdünner Fladen entsteht. Sobald sich der Crêpe leicht vom Pfannenboden lösen lässt, vorsichtig mit einem Pfannenwender wenden. Nur kurz von der zweiten Seite backen (*Achtung*: kurze Bräunungszeit!).

Für die Spinatfüllung Spinat in ganz wenig Wasser etwa 2 Minuten blanchieren, sodass er auftaut. Danach in einem Sieb abtropfen lassen, etwas ausdrücken und ohne Flüssigkeit in eine Schüssel geben.

Pilze in einem Sieb abtropfen lassen, dabei die Pilzflüssigkeit auffangen. Zwiebel abziehen und in kleine Würfel schneiden. Räuchertofu in ganz feine Würfel schneiden. 15 Gramm Kokosfett in einer Pfanne zerlassen, die Hälfte der Zwiebeln darin glasig anbraten, Pilze hinzufügen und unter Rühren 3 bis 5 Minuten mitbraten, dabei mit Salz und Pfeffer würzen. Pilze zum Spinat geben.

Nochmals 15 Gramm Kokosfett in der Pfanne zerlassen. Restliche Zwiebeln mit Tofuwürfeln darin leicht braun anbraten und ebenfalls unter den Spinat mischen.

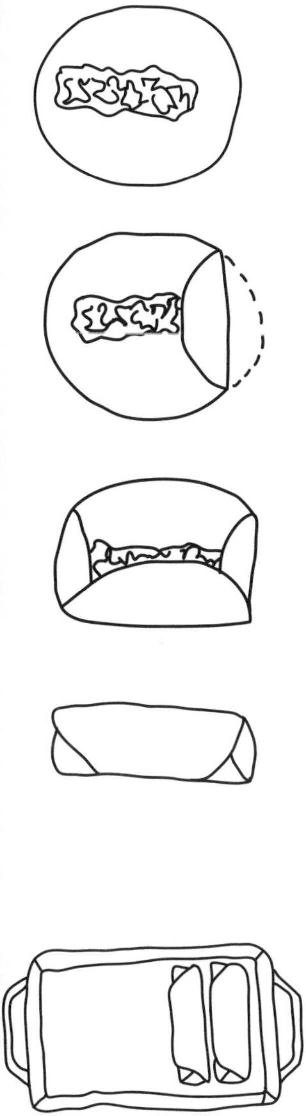

Für die Pilz-Käse-Creme Pilze in ein Sieb geben, Pilzflüssigkeit auffangen. Zwiebel abziehen und in kleine Würfel schneiden.

Margarine in der Pfanne zerlassen, Zwiebelwürfel darin glasig anbraten, Pilze hinzufügen und 3 bis 5 Minuten mitbraten. Mit Salz und Pfeffer würzen, Mehl darüberstäuben und unter Rühren anschwitzen, bis es eine leicht goldbraune Farbe hat. Mit der Pilzflüssigkeit ablöschen, glatt rühren und aufkochen lassen, bis eine zäh fließende Masse entsteht. Von der Kochstelle nehmen und Senf, Hefeflocken, Sojasahne und Sojasoße unterrühren. Die Masse mit einem Stabmixer zu einer dickcremigen Soße pürieren. Mit Salz und Pfeffer abschmecken.

Die Spinatmischung längs in der Mitte der Crêpes verteilen, einen Rand frei lassen. 3 Esslöffel Pilz-Käse-Creme über den Spinat geben. Crêpes falten, wie links zu sehen ist.

Crêpes in ein leicht gefettetes tiefes Backblech legen und restliche Pilz-Käse-Creme darauf verteilen. Crêpes etwa 15 Minuten im vorgeheizten Backofen bei 200 °C (Ober- und Unterhitze; 180 °C Umluft) überbacken, bis die Oberfläche bräunt und Blasen wirft.

Kartoffelpuffer

(für 4 Personen)

Zutaten

1 kg Kartoffeln, roh
300 g Kartoffeln, gekocht und abgekühlt
1 kleine Zwiebel
etwas Salz
etwas Pfeffer
2 EL Mehl
etwas Kokosfett
2 EL Olivenöl

Zubereitung

Rohe Kartoffeln waschen und grob reiben. Gekochte Kartoffeln schälen, durch eine Kartoffelpresse drücken oder fein reiben. Zwiebel abziehen und fein hacken. Geriebene Kartoffeln mit gehackter Zwiebel, Olivenöl, Salz, Pfeffer und Mehl in eine Schüssel geben, gut vermischen und nach Belieben pürieren.

Kokosfett in einer Pfanne zerlassen. Kleine Häufchen von der Kartoffelteigmasse in die Pfanne geben, flach zu einem Puffer drücken und von beiden Seiten goldbraun und kross braten. Heiß servieren und verzehren.

Tipps: Für **Gemüsepuffer** 500 Gramm Kartoffeln reiben und durch 500 Gramm anderes Gemüse ergänzen: Gut passen zum Beispiel 500 Gramm Zucchini mit 4 Esslöffeln Mehl, 500 Gramm Hokkaidokürbis oder 500 Gramm Möhren. Statt mit gekochten Kartoffeln können Sie die Puffer mit 1,2 Kilogramm rohen Kartoffeln und etwa 300 Gramm Mehl zubereiten.

Saftige Maispuffer, glutenfrei (für 12 Stück)

Zutaten

4 Stängel Koriander
460 g Mais (aus dem Glas)
120 g Reismehl
etwas Maismehl
etwas Kokosfett

Für die Würzmischung
2 TL Sojasoße
2 EL Olivenöl
2 TL Currypulver
1 gestr. TL Salz
2 Msp. Knoblauchpulver

Zubereitung

Für die Würzmischung Sojasoße, Olivenöl, Currypulver, Salz und Knoblauchpulver in einem Schälchen kräftig verrühren.

Koriander vorsichtig waschen und fein schneiden (dicke Krautstängel ganz fein schneiden oder entfernen). Mais in einem Sieb abtropfen lassen. Mais im Mixer oder mit einem Stabmixer pürieren und mit Reismehl, klein geschnittenem Koriander und der Würzmischung in eine Schüssel geben. Alle Zutaten zu einem Teig verarbeiten und zu 12 gleich großen Kugeln formen.

Etwas Maismehl auf einen Teller geben und jede Teigkugel darin wälzen, anschließend zwischen beiden Handflächen zu einem kleinen flachen Puffer drücken. Die Puffer etwa 30 Minuten im Kühlschrank ruhen lassen.

Kokosfett in einer Pfanne zerlassen und die Puffer von beiden Seiten darin braten.

Tipps: Die Puffer schmecken warm und kalt und können daher gut vorbereitet werden. Mit Dip und Salat sind sie eine schnelle und leichte Mahlzeit.

Falafel

(für 24 Stück)

Zutaten

200 g Kichererbsen, getrocknet
¼–½ Bund Petersilie, nach Belieben
¼–½ Bund Koriander, nach Belieben
1 kleine Zwiebel
2 Knoblauchzehen
2 TL Salz, nach Bedarf mehr
2 TL Cumin (Kreuzkümmel), gemahlen
2 TL Paprikapulver edelsüß
2 Msp. Pfeffer
1 Prise Chilipulver
1 TL Backpulver
Sesamsamen zum Wälzen

Zubereitung

Am Vorabend Kichererbsen gründlich waschen und mindestens 12 Stunden in reichlich Wasser einweichen.

Am nächsten Tag Petersilie und Koriander vorsichtig waschen, grobe Stängel entfernen und Kräuter klein schneiden. Zwiebel und Knoblauch abziehen und würfeln.

Kichererbsen in einem Sieb abtropfen lassen. In einer Küchenmaschine mit klein geschnittenen Kräutern, Zwiebel- und Knoblauchwürfeln fein pürieren. Den Brei mit Salz und den Gewürzen abschmecken und zuletzt Backpulver unterkneten.

Aus dem Falafelteig 24 walnussgroße Kugeln formen (ist die Masse zu feucht und klebrig, noch etwas Mehl dazugeben). Die Falafel im Sesam wälzen und auf ein mit Backpapier belegtes Backblech legen.

Falafel etwa 15 Minuten im vorgeheizten Backofen bei 180 °C (Ober- und Unterhitze) backen, bis sie anfangen zu bräunen.

Tipps: Dazu schmeckt ein scharfes Joghurtdressing, frisches Gemüse (wie Salatgurken, Tomaten oder Salat) sowie Fladenbrot.
Die Falafel lassen sich auch frittieren. Dafür 250 Gramm Kokosfett in einem Topf erhitzen und die Falafel darin von beiden Seiten zartbraun ausbacken. Anschließend auf Küchenpapier abtropfen lassen.

Gebratener Tofu – eine Variante statt gebratener Würstchen

(für 3 bis 4 Personen)

Zutaten

250 g Räuchertofu
etwas Salz, nach Belieben
etwas Kokosfett

Zubereitung

Tofu in ½ bis 1 Zentimeter dicke Scheiben schneiden, wenig gesalzener Tofu nach Belieben mit ein wenig Salz bestreuen. Kokosfett in einer Pfanne zerlassen und die Tofuscheiben darin von beiden Seiten goldbraun braten. Heiß oder kalt genießen.

Gemüse-Schaschlik

(für 8 bis 10 Spieße)

Zutaten

5 Tomaten
3 bunte Paprikaschoten
2 kleine Zucchini
6 Gewürzgurken
250 g Räuchertofu
1 große Zwiebel
8–10 Schaschlikspieße

Zubereitung

Tomaten waschen, vierteln und die Stängelansätze herausschneiden. Paprikaschoten waschen, halbieren, entstielen, entkernen. Zucchini waschen und die Enden abschneiden. Paprika und Zucchini in etwa 4 Zentimeter große Würfel schneiden. Gewürzgurken und Tofu in etwa 1 Zentimeter dicke Scheiben schneiden. Zwiebel abziehen und vierteln.

Nun immer im Wechsel Gemüsestücke, Zwiebelviertel, Gewürzgurken- und Tofuwürfel auf die Spieße stecken. Die fertigen Spieße auf ein mit Olivenöl gefettetes Backblech legen und etwa 45 Minuten im vorgeheizten Backofen bei 180 °C grillen.

Süße Bratlinge

(für 22 bis 25 Stück)

Zutaten

600 g Reis, gekocht
3 Bananen
3 EL Agavendicksaft
2 EL Reismehl
1 TL Zimt
etwas Margarine

Zubereitung

300 Gramm Reis in eine Schüssel geben, pürieren und mit dem restlichen Reis vermischen. Bananen schälen, zerkleinern und ebenfalls grob pürieren, sodass noch kleine Stückchen vorhanden sind.

Bananenpüree mit Agavendicksaft, Reismehl und Zimt zum Reis geben, gut unterkneten und nach Belieben nachsüßen.

Aus der Reismasse mit angefeuchteten Händen 22 bis 25 kleine Bratlinge formen. Margarine in einer Pfanne zerlassen. Die Bratlinge darin von beiden Seiten goldbraun braten.

Wraps

(für 8 Stück)

Zutaten

250 g Dinkelvollkorn-
mehl
1 TL Backpulver
1 TL Salz
8 EL Olivenöl
150 ml Wasser, lauwarm

Zubereitung

Mehl, Backpulver und Salz in einer Schüssel mischen, 4 Esslöffel Olivenöl und Wasser dazugeben und zu einem homogenen Teig verkneten. Den Teig in 8 Portionen teilen und zugedeckt an einem warmen Ort etwa 15 Minuten ruhen lassen.

Etwas Mehl auf einer Arbeitsfläche verteilen und die Teigstücke darauf zu dünnen Fladen ausrollen.

Je ½ Esslöffel Olivenöl in einer beschichteten Pfanne erhitzen und die Teigfladen darin etwa 30 Sekunden von jeder Seite anbraten.

Tipps: Durch das kurze Anbraten bleiben die Wraps geschmeidig und biegsam. Ob herzhaft oder süß gefüllt – diese Wraps sind bei jeder Party ein Hit. Eine herzhafte Füllung finden Sie im folgenden Rezept.

Herzhafte Füllung für Wraps

(für 8 Stück)

Zutaten

400 g Tofu naturell
½ Knoblauchzehe
½ TL Salz
½ TL Pfeffer
350 g Mais (aus dem Glas)
1 rote Paprikaschote
½ Salatgurke
6–8 Radieschen
8 Salatblätter (z. B. Eichblatt-, Eisbergsalat)
½ Bund Schnittlauch

Für das Dressing

250 g Sojajoghurt
3 EL Olivenöl
4 geh. TL Tomatenmark/4 EL Tomatenpassata
2 EL Sojasoße
2 EL Sojasahne
1 TL Senf
½ Knoblauchzehe
½ TL Salz
¼ TL Currypulver
2 Msp. Pfeffer

Zubereitung

Tofu erst in höchstens ½ Zentimeter dicke Scheiben, dann in etwa 1 Zentimeter große Stücke schneiden und in eine Schüssel geben. Knoblauchzehe abziehen, ganz fein würfeln und mit dem flachen Messer auf einem Brett zu Mus zerdrücken. Die Hälfte des Knoblauchs, ½ Teelöffel Salz und ½ Teelöffel Pfeffer mit dem Tofu vermischen und etwa 2 Stunden durchziehen lassen.

Mais in einem Sieb abtropfen lassen. Paprikaschote waschen, halbieren, entstielen, entkernen und in kleine Würfel schneiden. Gurke abwaschen, das Ende abschneiden, der Länge nach vierteln und in Scheiben schneiden. Radieschen putzen, waschen und in dünne Scheiben schneiden. Salatblätter und Schnittlauch vorsichtig waschen. Schnittlauch in feine Röllchen schneiden.

Für das Dressing alle Zutaten in einer Schüssel kräftig mischen oder pürieren, sodass eine cremig-schaumige Soße entsteht.

Nun jeweils 1 Wrap mit 1 Salatblatt belegen, Paprikawürfel, Gurken- und Radieschenscheiben, Mais, Tofuwürfel, Schnittlauch und Dressing gleichmäßig darauf verteilen und zusammenklappen.

Tipp: Diese Füllung schmeckt auch hervorragend in Crêpes.

Palatschinken, herzhaft gefüllt

(für etwa 6 Stück)

Zutaten

Für die Palatschinken

siehe Grundrezept Ohne-Eier-Kuchen (Seite 123)

Für die Füllung

500 g Wirsing
2 EL Kokosfett, nach Bedarf mehr
½ TL Salz
½ TL Kümmel, gemahlen
2 Msp. Piment, gemahlen
1 EL Mehl
1 Tasse Wasser, nach Bedarf mehr
2 EL Sojasahne

Zubereitung

Für die Palatschinken den Teig nach Grundrezept zubereiten, 6 Palatschinken backen und warm stellen.

Für die Füllung vom Wirsing die welken, äußeren Blätter entfernen. Kohl vierteln und den Strunk herausschneiden. Kohlviertel waschen und in lange, dünne Streifen schneiden.

Kokosfett in einem Topf zerlassen. Wirsingstreifen darin bei geringer Hitze dünsten, bis sie duften. Wenden, weiterdünsten lassen und wieder wenden, bis die Masse zusammengefallen ist und sich sehr reduziert hat. Salz, Kümmel und Piment dazugeben und mitschmoren lassen, bis eine homogene Masse entstanden ist. Mehl darüberstäuben, kurz mitbraten und mit dem Wasser und Sojasahne ablöschen, sodass die Masse dick-sämig ist.

3 Esslöffel der Füllung jeweils in die Mitte der Palatschinken geben. Palatschinken einrollen, in eine gefettete Auflaufform legen und mit Deckel etwa 30 Minuten im vorgeheizten Backofen bei 180 °C (Ober- und Unterhitze) goldbraun backen. Etwa 5 Minuten vor Ende der Backzeit den Deckel abnehmen und die Palatschinken fertig backen.

Chapati – indisches Fladenbrot (für etwa 12 Stück)

Zutaten

250 g Mehl
½ TL Salz
150 ml Wasser, lauwarm
3 EL Margarine

Zubereitung

Mehl mit Salz in einer Schüssel vermengen, das lauwarme Wasser langsam dazugeben und unterrühren. Den Teig durchkneten, bis er klümpchenfrei und geschmeidig ist, in ein feuchtes Tuch wickeln und etwa 1 Stunde ruhen lassen.

Den Teig nochmals durchkneten und in 12 etwa 130 Gramm schwere Stücke teilen. Teigstücke zu Kugeln formen, mit Mehl bestäuben und auf einer Arbeitsfläche flach walzen, sodass ein dünner Fladen entsteht.

Die Teigfladen in einer gusseisernen heißen Pfanne ohne Fett backen, bis kleine Bläschen an der Oberfläche entstehen. Chapati wenden und auf der anderen Seite anrösten. Den Fladen mit einem trockenen Baumwolltuch kurz und kräftig auf den Pfannenboden drücken, sodass er sich beim Loslassen aufbläht.

In der Zwischenzeit Margarine in einem kleinen Topf zerlassen. Eine Seite des Fladens ein wenig mit zerlassener Margarine bepinseln, in ein Tuch einschlagen und warm halten.

Dinkel-Butterfladen, vegan

(für 8 Stück)

Zutaten

250 g Dinkelmehl (Type 1050)
1 TL Backpulver
1 gestr. TL Salz
100 g Sojajogurt
50–60 ml Wasser, lauwarm
etwas Kokosfett

Für einen herzhaften Belag
frische Kräuterblättchen (Petersilie, Oregano, Koriander), nach Belieben
2 EL Margarine

oder für einen süßen Belag
2 EL Margarine
1 EL Reissirup

Zubereitung

Mehl mit Backpulver und Salz in einer Schüssel mischen. Sojajoghurt und 50 Milliliter lauwarmes Wasser dazugeben. Alles zu einem Teig verkneten, der nicht mehr an den Händen klebt (nach Bedarf noch Mehl oder Wasser hinzufügen). Den Teig zugedeckt etwa 1 Stunde ruhen lassen.

Den Teig in 8 gleich große Stücke teilen und zu Fladen von etwa 12 Zentimetern Durchmesser ausrollen.

Für einen herzhaften Belag Kräuterblättchen vorsichtig abwaschen. Margarine in einem kleinen Topf zerlassen, die Fladenoberfläche damit bestreichen und mit Kräuterblättchen belegen.

Oder *für einen süßen Belag* Margarine in einem kleinen Topf zerlassen, Sirup untermischen, die Fladenoberfläche damit bestreichen.

Wenig Kokosfett in einer Pfanne zerlassen und die Fladen von jeder Seite etwa 1 Minute darin braten, bis sie Blasen werfen und braune Flecken bekommen.

Tipps: Sie können auch 1 Knoblauchzehe grob schneiden, mit Salz bestreuen und mit der zerlassenen Margarine verrühren. Dann auf den Fladen streichen. Für den süßen Belag schmecken auch Agavendicksaft oder Ahornsirup.

Knuspriges Knoblauchbrot (für 2 Personen)

Zutaten

8 EL Margarine
etwas Salz
8 Scheiben Brot
3 Knoblauchzehen

Zubereitung

Margarine in einer Pfanne zerlassen und etwas Salz hinzugeben. Brotscheiben hineinlegen und von beiden Seiten knusprig braun braten.

Knoblauch abziehen. Brotscheiben aus der Pfanne nehmen und mit den Knoblauchzehen einreiben. Brotscheiben heiß verzehren.

Knoblauch-Kräuter-Baguette (für 4 Personen)

Zutaten

1 Bund Kräuter nach Wahl
2 Knoblauchzehen
250 g Margarine, weich
etwas Salz
2 Baguettes

Zubereitung

Kräuter vorsichtig waschen und fein hacken. Knoblauch abziehen und durch eine Knoblauchpresse drücken. Margarine in eine Schale geben und mit der Hand die gehackten Kräuter, den gepressten Knoblauch und Salz unterkneten.

Baguettes schräg von oben in etwa 3 Zentimeter großen Abständen einschneiden und die Knoblauch-Kräuter-Margarine hineinstreichen. Knoblauch-Kräuter-Baguettes auf ein Backblech legen und 5 bis 10 Minuten im vorgeheizten Backofen bei 175 °C (Ober- und Unterhitze) kross backen.

Ungarische Langos

(für 30 bis 40 Stück, klein)

Zutaten

Für den Teig

2 Tassen Wasser, lauwarm
2 Pck. Trockenhefe
600 g Weizenmehl (Type 550)
500 g Kartoffeln, gekocht
2 TL Salz, nach Bedarf mehr
2 EL Rapsöl

Zum Ausbacken

500 g Kokosfett

Zubereitung

Am besten am Vorabend für den Teig den Hefeansatz zubereiten: Dafür das Wasser in einem ausreichend großen Gefäß mit Hefe und 2 Esslöffeln Mehl verrühren. Bei Zimmertemperatur über Nacht gehen lassen.

Am nächsten Tag die gekochten, geschälten Kartoffeln durch eine Kartoffelpresse drücken oder fein reiben. Den Hefeansatz mit den Kartoffeln, restlichem Mehl und Salz in einer Schüssel zu einem glatten, sehr weichen Teig verkneten, einige Minuten mit Knethaken durcharbeiten und zugedeckt bei Zimmertemperatur etwa 2 Stunden gehen lassen.

Rapsöl mit den Händen sanft auf der Teigoberfläche verteilen. Vom Teig mit einem Esslöffel 30 bis 40 nicht zu große Portionen abstechen, diese dann jeweils mit den Fingern etwas flach drücken und breit ziehen und anschließend in das heiße Kokosfett gleiten lassen.

Zum Ausbacken Kokosfett in einem Topf auf 170 bis 180 °C erhitzen (das Fett ist heiß, wenn sich um einen eingetauchten Holzstäbchen kleine Bläschen bilden). Die Teigstücke in das heiße Fett geben, von beiden Seiten goldbraun backen, herausnehmen und abtropfen lassen. Eine Garprobe machen: Dafür ein Teigstück teilen und prüfen, ob die Mitte durchgebacken ist.

Fladenbrot

(für 2 Stück)

Zutaten

250 ml Wasser, warm
½ Würfelhefe/1 Pck. Trockenhefe
3 Prisen Salz
300 g Mehl
50 g Margarine

Zubereitung

Warmes Wasser, Hefe, Salz, 1 bis 2 Esslöffel Mehl und 1 Esslöffel Margarine in einer Schüssel gut mischen und an einem warmen Ort etwa 30 Minuten gehen lassen, bis eine schaumige Konsistenz entsteht.

Restliches Mehl hinzugeben, zu einem Teig verarbeiten und an einem warmen Ort weitere etwa 30 Minuten gehen lassen, bis ein wattiger Teig entsteht. Den Teig in 2 gleich große Portionen teilen, diese zu Kugeln formen und etwa 2 bis 3 Zentimeter dick ausrollen.

Die Teigfladen auf ein gefettetes Backblech legen und etwa 30 Minuten im vorgeheizten Backofen bei 180 °C (Ober- und Unterhitze) backen.

Tipp: Nach Belieben die „Tortenstücke" schon vor dem Backen mit einem Messer in die Teigfladen einritzen.

Toasts & Ohne-Eier-Kuchen

Toast Hawaii

(für 4 Personen)

Zutaten

250 g Räuchertofu (16 dünne Tofuscheiben)
8 Scheiben Toastbrot
etwas Margarine
etwas Ketchup
8 Ananasscheiben (frisch/aus dem Glas)
etwas Veganer Pizzakäse (Seite 299)

Zubereitung

Tofu in 16 dünne Scheiben schneiden. Toastbrotscheiben zuerst mit Margarine und/oder Ketchup bestreichen, dann mit Tofu, Ananasscheiben und Veganem Pizzakäse belegen.

Toast Hawaii auf ein Backblech legen und etwa 10 Minuten im vorgeheizten Backofen bei 180 °C (Ober- und Unterhitze) backen, bis die Scheiben goldbraun sind.

Tomatentoast

(für 4 Personen)

Zutaten

3–4 Tomaten
8 Scheiben Toastbrot
etwas Margarine
etwas Ketchup
etwas Pfeffer
etwas Veganer Pizzakäse (Seite 299)

Zubereitung

Tomaten waschen, halbieren und die Stängelansätze herausschneiden. Tomatenhälften in Scheiben schneiden.

Toastbrotscheiben zuerst mit Margarine und/oder Ketchup bestreichen, dann mit Tomatenscheiben belegen, mit Pfeffer bestreuen und mit Veganem Pizzakäse belegen. Tomatentoasts auf ein Backblech legen und etwa 10 Minuten im vorgeheizten Backofen bei 180 °C (Ober- und Unterhitze) backen, bis sie goldbraun sind.

Arme Ritter

(für 2 Personen)

Zutaten

250 ml Sojasahne
ca. 180 ml Wasser
100 g Mehl
3 Prisen Salz
etwas Pfeffer
4 Brötchen, können auch schon härter/älter sein
etwas Kokosfett

Zubereitung

Sojasahne mit dem Wasser, Mehl, Salz und Pfeffer in einer Schüssel schaumig schlagen. Brötchen in Scheiben schneiden.

Kokosfett in einer Pfanne erhitzen. Brötchenscheiben in die Sahnemischung tauchen und im Fett von beiden Seiten knusprig goldbraun braten.

Tipp: Für die Armen Ritter können Sie genauso gut Brot vom Vortag nehmen.

Saftige Hotdogs, vegan

(für 4 Personen)

Zutaten

4 Tofu-Wiener
8 Gewürzgurken
4 Brötchen
ca. 250 ml Remoulade (aus dem Glas)
etwas Senf
etwas Ketchup, nach Bedarf
4 EL Röstzwiebeln

Zubereitung

Tofu-Würstchen in heißem Wasser erhitzen. Gewürzgurken in Scheiben schneiden. Brötchen aufbacken, in der Mitte längs aufschneiden und mit Remoulade bestreichen.

Heiße Wiener hineinlegen, mit Senf, Ketchup und nach Belieben nochmals Remoulade bestreichen. Mit Röstzwiebeln bestreuen und Gewürzgurkenscheiben darauflegen. Am besten heiß genießen.

Herzhafter Gemüsepfannkuchen (Ohne-Eier-Kuchen)

(für etwa 6 Stück)

Zutaten

50 g Brokkoli
2 Möhren
300 g Mehl (Type 1050)
1 TL Salz
1 TL Paprikapulver edelsüß
1 Msp. Paprikapulver scharf
etwas Pfeffer
3 EL Raps-/Olivenöl
2 EL Sojasahne
500 ml Wasser
1 kleine Zwiebel
ca. 6 TL Kokosfett

Zubereitung

Brokkoli putzen und in kleine Röschen teilen. Brokkolistrunk in kleine Stücke schneiden. Röschen und Strunkstücke abspülen. Möhren putzen, wenn nötig schälen, abwaschen und in kleine Stücke schneiden. Brokkoli und Möhren mit ganz wenig Wasser in einem Topf zum Kochen bringen und etwa 5 Minuten bissfest garen.

Mehl, Salz, Paprikapulver und Pfeffer in einer Schüssel vermischen, Öl, Sojasahne und Wasser hinzufügen und mit einem Schneebesen glatt und schaumig schlagen.

Zwiebel abziehen und fein hacken. Gegartes Gemüse und die fein gehackte Zwiebel zum Teig geben und unterrühren.

Je 1 Teelöffel Kokosfett in einer Pfanne zerlassen und 1 bis 2 Kellen Teig in die Pfanne geben. Die Omeletts von beiden Seiten goldbraun braten.

Tipp: Die Omeletts können Sie auch mit Vollkornmehl zubereiten, dann etwas mehr Wasser verwenden, da der Teig nachdickt.

Feuriger Gemüsepfannkuchen (Ohne-Eier-Kuchen)

(für etwa 6 Stück)

Zutaten

2 Paprikaschoten, mittelscharf
2 mittelgroße Zwiebeln
300 g Mehl (Type 1050)
1 TL Salz
1 TL Paprikapulver edelsüß
etwas Pfeffer
3 EL Raps-/Olivenöl
2 EL Sojasahne
500 ml Wasser
ca. 6 TL Kokosfett

Zubereitung

Paprikaschote waschen, halbieren, entstielen, entkernen und in hauchdünne Streifen schneiden. Zwiebeln abziehen und in schmale Spalten schneiden.

Mehl, Salz, Paprikapulver und Pfeffer in einer Schüssel vermischen, Öl, Sojasahne und Wasser hinzufügen und mit einem Schneebesen glatt und schaumig schlagen. Paprikastreifen und Zwiebelspalten dazugeben und verrühren.

Je 1 Teelöffel Kokosfett in einer Pfanne zerlassen und 1 Kelle Teig in die Pfanne geben (das Omelett soll dünn werden). Die Omeletts von beiden Seiten goldbraun braten.

Tipps: Für den Teig können Sie auch Vollkornmehl verwenden, dafür dann etwas mehr Wasser unterrühren, da der Teig nachdickt. Dazu passt am besten ein einfacher Dip, wie würzige Salsa (Seite 52).

Fingerfood

„Würstchen" im Schlafrock (für 4 Personen)

Zutaten

90 g Mehl
150 ml Wasser
2 EL Olivenöl
1 EL Sojasahne
1 Prise Salz
1 Prise Pfeffer
8 Tofu-Wiener
etwas Kokosfett

Zubereitung

Mehl mit dem Wasser, Olivenöl, Sojasahne, Salz und Pfeffer in einer Schüssel zu einem Teig vermischen.

Kokosfett in einer Pfanne zerlassen. Tofu-Wiener in den Teig tauchen, mit einem Löffel herausnehmen und im heißen Kokosfett goldbraun braten.

Tipps: Andere Tofuwürstchen, Tofu naturell oder Räuchertofuscheiben sind eine geeignete Alternative. Der Teigmantel der Würstchen kann auch durch Tiefkühl-Blätterteig ersetzt werden. Dafür 3 Blätterteigplatten ausrollen, in je 3 Streifen schneiden und von unten nach oben spiralförmig um die Würstchen wickeln. Die Oberfläche mit etwas Sojasahne bestreichen und die Würstchen etwa 10 Minuten im vorgeheizten Backofen bei 200 °C (Ober- und Unterhitze) backen.

Die Würstchen im Schlafrock können auch mit Veganen Pizzakäse (Seite 299) überbacken werden.

Veganer „Döner“

(für 4 Personen)

Zutaten

6–8 Tomaten
1 Salatkopf
1 Salatgurke
1 große Zwiebel
400–500 g Räuchertofu
etwas Salz
etwas Kokosfett
250 g Weißkrautsalat
300 g Rotkrautsalat
2 Fladenbrote
etwas Ketchup
etwas Olivenöl
etwas Mayonnaise, selbst gemacht (Seite 51), nach Bedarf

Tipps: Fladenbrote vor dem Füllen im Toaster oder auf dem Grill erwärmen. Die Fladenbrote statt mit Ketchup mit selbst gemachtem scharfem Dip (Seite 55) bestreichen.

Zubereitung

Tomaten waschen, halbieren und die Stängelansätze herausschneiden. Tomatenhälften in Scheiben schneiden. Salat putzen und die äußeren, welken Blätter entfernen. Salatblätter vom Strunk zupfen und gründlich waschen, aber nicht drücken. Salatblätter in einem Sieb gut abtropfen lassen oder trocken schleudern. Große Blätter grob zerpflücken. Gurke waschen, die Enden abschneiden und Gurke in dünne Scheiben schneiden. Zwiebel abziehen und in feine Ringe schneiden.

Tofu in hauchzarte Scheiben schneiden und nach Bedarf noch salzen. Kokosfett in einer Pfanne zerlassen und die Tofuscheiben in mehreren Portionen darin goldbraun braten.

Das vorbereitete Gemüse, Tofuscheiben, Weißkraut- und Rotkrautsalat in separaten Schüsseln anrichten.

Fladenbrote vierteln und aufschneiden. Die Unterseiten mit Ketchup und etwas Olivenöl bestreichen und Fladenbrote nach Belieben mit vorbereiteten Zutaten füllen. Nach Bedarf noch Mayonnaise daraufgeben und servieren.

Veganer Burger

(für 4 Personen)

Zutaten

4 Tomaten
1 Salatkopf
1 Salatgurke
1½ Auberginen
8 Brötchen
1 Tofu naturell
etwas Olivenöl
etwas Salz
etwas Pfeffer
etwas Mayonnaise, selbst gemacht (Seite 51)
etwas Ketchup

Zubereitung

Tomaten waschen, halbieren und die Stängelansätze herausschneiden. Tomatenhälften in Scheiben schneiden. Salat putzen und die äußeren, welken Blätter entfernen. Salatblätter vom Strunk zupfen und gründlich waschen, aber nicht drücken. Salatblätter in einem Sieb gut abtropfen lassen oder trocken schleudern. Große Blätter grob zerpflücken.

Gurke waschen und die Enden abschneiden. Gurke in Scheiben schneiden. Auberginen waschen und die Stängelansätze herausschneiden. Auberginen in Scheiben schneiden und auf dem Grillrost grillen.

Brötchen aufschneiden und auf dem Grillrost rösten. Tofu halbieren und in 4 große Scheiben schneiden, mit Olivenöl bestreichen und leicht von beiden Seiten mit Salz und Pfeffer bestreuen. Auf dem Grill oder in der Pfanne von beiden Seiten knusprig anbraten.

Die unteren Brötchenhälften mit Mayonnaise bestreichen. Dann je zwei Salatblätter, Gurkenscheiben, Tofu- und Auberginenscheiben darauflegen. Mit Ketchup bestreichen, mit Tomatenscheiben belegen und die oberen Hälften der Brötchen als Deckel darauflegen. Fertig!

Gemüsegerichte

- Gemüse möglichst frisch, unverarbeitet und in Bioqualität kaufen.
- Beim Kauf von Kohl darauf achten, dass alle Arten – auch Rosenkohl, Blumenkohl und Brokkoli – knackige Blätter haben.
- Eine schonende Zubereitung von Gemüse fördert den Erhalt aller Inhaltsstoffe und des Aromas. Deshalb Gemüse am besten immer bissfest garen, wenn möglich dämpfen oder nur kurz braten. Kochwasser wo möglich sparsam hinzufügen, da Wasser das Gemüse auslaugt. Das Kochwasser immer im Gericht mit verwenden, z. B. als Soßenflüssigkeit oder in der Suppe.
- Da unter der Schale der Kartoffel die meisten Inhaltsstoffe sind, empfehlen wir, sie so schonend wie möglich zuzubereiten. Am besten verwenden Sie einen Dampfgarer (auch für anderes Gemüse).
- Damit Gemüse bissfest auf dem Teller landet, ist gutes Timing nötig: Da heißes Gemüse weitergaren würde, ist es wichtig, es rechtzeitig von der Kochstelle zu nehmen und möglichst schnell zügig zuzubereiten, dabei das Nachgaren mit einbeziehen. Wenn nötig, das Gemüse kurz mit kaltem Wasser abschrecken oder in eine schon etwas kühlere Soße geben, um den Garvorgang zu unterbrechen.
- Die Kräuter am besten vorher oder in freien Zeiten während des Garens waschen und entsprechend schneiden/zubereiten.
- Um heiß zu braten, Kokosfett verwenden, das ist hitzebeständiger. Auch Olivenöl ist sehr hitzebeständig. In ihm lässt sich Gemüse auch kurz schwenken – genau wie in Bratmargarine (*Alsan Bio*).
- Zum Andünsten Margarine (*Alsan Bio*) nehmen. Sie hat einen eher lieblich „buttrigen“ Geschmack. Gemüse darin bei geringer Hitze langsam garen.

- Nur so viel Wasser zum Andünsten verwenden, wie zum Garen des Gemüses und zum Herstellen der Soße oder Suppe benötigt wird. Lieber noch Wasser nachgießen.
- Ist wenig Wasser im Topf, das Gemüse immer im Auge behalten und hin und wieder wenden. Es besteht die Gefahr, dass es anbrennt.
- Um Gemüse schonend zuzubereiten, es zuerst 3 bis 5 Minuten flott aufkochen und dann bei geringer Hitze gar köcheln oder gar ziehen lassen.
- Ein vorsichtiger Hauch scharfes Paprikapulver über gebratenem Gemüse oder Hülsenfrüchten verleiht eine angenehme Schärfe, wohltuende Wärme und Frische zugleich.
- Frische, fein geschnittene Petersilie erst kurz vor dem Verzehr zum Gemüse geben, das bereichert und verfeinert.
- Auch saftige Stängel von frischen Kräutern immer mit verwenden. Die Kräuterstängel fein hacken oder leicht anbraten und zum Gemüse geben. Sie geben Soßen oder Suppen eine aromatische Würze.
- Kartoffelstücke sofort ins Kochwasser geben. Das verhindert, dass sie sich braun färben.
- Schwarzwurzeln nach dem Putzen in Wasser mit etwas Zitronensaft legen, um ein Braunwerden zu verhindern. Dieses Wasser zum Garen verwenden.
- Bis auf die größeren Blätter ist an Brokkoli alles so zart, dass es mit zubereitet werden sollte.
- Selleriegrün gründlich waschen, am Stängel luftig aufhängen und vollständig trocknen lassen. Frisches und getrocknetes Selleriegrün passt als Gewürz wunderbar zu Hülsenfruchtgerichten, Suppen und Soßen.
- Auch Zwiebeln vor Verwendung mit Schale waschen und ein wenig nass liegen lassen (so lassen sie sich leichter schälen).
- Beim Zwiebelschneiden laufen oft die Tränen. Behalten Sie einen Schluck kaltes Wasser im Mund, das lindert sehr.
- Zwiebeln mit einem großen Gemüsemesser in Streifen schneiden: Dafür die Zwiebel abziehen, halbieren und mit der Schnittseite

nach unten im Abstand von etwa 3 Millimetern längs nach unten durchschneiden.

- In Ringe schneiden: Dafür die Zwiebel abziehen, von der Wurzel befreien und quer ganz durchschneiden, je nach gewünschter Dicke.
- In Würfel schneiden: Dafür die Zwiebel abziehen, halbieren und mit der Schnittseite nach unten im Abstand von etwa 3 Millimetern längs nach unten bis etwa 1 Zentimeter vor der Wurzel einschneiden. Die Zwiebel mit der Hand umfassen und quer zur vorherigen Schnittrichtung in gleichen Abständen in Würfel schneiden (siehe Skizze). Das ausgesparte Ende separat zerkleinern.
- Knoblauch in ähnlicher Weise – nur viel feiner – in Würfel schneiden oder einfach durch eine Knoblauchpresse drücken. Um Knoblauch sein Aroma zu entlocken, die Würfelchen auf einem Brettchen mit 2 Prisen Salz bestreuen und mit einer breiten Messerklinge zerdrücken, wieder mit der Klinge zusammenschieben und den Vorgang wiederholen.

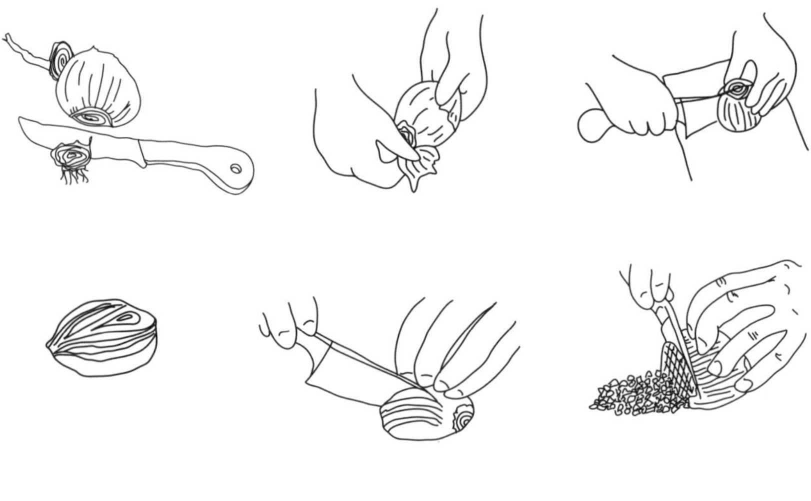

Einfache Gemüsegerichte

„Butter"-Spargel, vegan

(für 4 Personen)

Zutaten

1,6 kg Spargel
(am besten 16 mm)
etwas Salz
1 Prise Rohrohrzucker
½–1 Bund Petersilie
50 g Margarine
braune Semmelbrösel
(Seite 85)

Zubereitung

Spargel abwaschen und dünn, aber nicht zu dünn schälen (die leicht holzige Faserschicht unter der Schale auf jeden Fall mit entfernen), die unteren Schnittstellen sparsam nachschneiden.

Spargelstangen gleichmäßig in einem weiten Topf so übereinanderschichten, dass die Köpfchen in eine Richtung zeigen. Spargel knapp mit Wasser bedeckt zum Kochen bringen und wenig Salz und 1 Prise Rohrohrzucker hinzugeben (das unterstreicht den zarten Spargelgeschmack). Spargel zügig aufkochen lassen und 15 bis 20 Minuten leicht köcheln lassen. Mit einem spitzen Messer die Bissfestigkeit testen.

Petersilie vorsichtig waschen und klein schneiden. Spargel herausnehmen, in eine vorgewärmte Auflaufform schichten und reichlich Margarine in Flöckchen daraufsetzen. Spargel mit Semmelbröseln und frisch gehackter Petersilie bestreut servieren.

Tipps: Dazu passen Sauce hollandaise (Seite 241), Pellkartoffeln und Seitanschnitzel. Das Abkochwasser der Schalen kann für eine leckere Spargelsuppe (Seite 87) verwendet werden.

Rosenkohlgemüse

(für 4 Personen)

Zutaten

800 g Rosenkohl
250 ml Wasser
50 g Margarine
etwas Salz
½ Bund Petersilie
etwas Muskatnuss, gerieben

Zubereitung

Rosenkohl von den schlechten, äußeren Blättern befreien und etwas vom Strunk abschneiden. Die Röschen abschneiden und abspülen.

Das Wasser in einen Topf geben, Margarine und etwas Salz dazugeben und Rosenkohl darin gar dünsten.

Petersilie vorsichtig waschen und klein schneiden. Rosenkohl leicht mit Muskat würzen und mit der Petersilie bestreuen.

Tipps: Das Rosenkohlgemüse schmeckt sehr gut mit braunen Semmelbröseln (Seite 85). Das restliche Gemüsewasser kann mit ein wenig angerührtem Mehl, 1 kleinen Kartoffel und etwa 2 Esslöffeln Sojasahne verfeinert werden (siehe Sauce hollandaise [Seite 241] oder Kümmelsoße [Seite 242]).

Pastinaken-Möhren-Gemüse (für 4 Personen)

Zutaten

400 g Pastinaken
300 g Möhren
2 Kartoffeln
200 g Porree (Lauch)
etwas Kokosfett
etwas Salz
etwas Pfeffer

Zubereitung

Pastinaken, Möhren und Kartoffeln putzen, wenn nötig schälen, waschen und in feine Scheiben schneiden. Porree putzen, die Stange längs halbieren und waschen. Porree in feine Streifen schneiden.

Kokosfett in einer Pfanne zerlassen. Ein Drittel der Pastinaken und Möhren mit den Kartoffeln etwa 5 Minuten darin anbraten, nach etwa 3 Minuten einen Teil der Porreestreifen, Salz und Pfeffer hinzufügen.

Restliche Pastinaken und Möhren in einem Topf mit Wasser bedeckt gar kochen. Nach etwa 10 Minuten den restlichen Porree hinzufügen und alles gar köcheln lassen. Das Gemüse abgießen, dabei das Kochwasser auffangen und mit dem gebratenen Gemüse fein pürieren. Gemüsepüree über das gegarte Gemüse geben, untermischen und nach Bedarf nochmals würzen.

Brokkoli-Blumenkohl-Gemüse (für 4 Personen)

Zutaten

500 g Brokkoli
400 g Blumenkohl
½ Bund Petersilie
2 Kartoffeln, gekocht
etwas Margarine
etwas Salz
etwas Pfeffer
½–¾ l Wasser

Zubereitung

Brokkoli putzen und in kleine Röschen teilen. Brokkolistrunk in Stücke schneiden. Röschen und Strunkstücke abspülen. Vom Blumenkohl die Blätter entfernen und den Strunk abschneiden. Blumenkohl in kleine Röschen teilen und abspülen.

Petersilie vorsichtig waschen, Blättchen von den Stängeln zupfen und Blättchen und Stängel getrennt klein hacken. Kartoffeln in Scheiben schneiden.

Brokkoli- und Blumenkohlröschen in einem Topf in wenig Wasser garen.

In der Zwischenzeit Margarine in einer Pfanne zerlassen. Kartoffelscheiben, Strunkstücke und klein gehackte Petersilienstängel darin etwa 10 Minuten leicht anbraten, mit Salz und Pfeffer würzen. Mit etwas Wasser aufgießen, bis das Gemüse bedeckt ist, und alles nochmals etwa 10 Minuten gar köcheln lassen.

Das Gemüse aus dem Topf abgießen, dabei das Kochwasser auffangen. Das Gemüsewasser mit dem angebratenen Gemüse fein pürieren.

Die Crememasse vorsichtig mit dem Brokkoli und Blumenkohl verrühren, nach Bedarf nochmals würzen und mit gehackten Petersilienblättchen bestreuen.

Spinatgemüse

(für 4 Personen)

Zutaten

ca. 1 kg Spinat (frisch/TK)
1 mittelgroße Zwiebel
40 g Margarine/Olivenöl
etwas Salz
etwas Pfeffer
ca. 1 Tasse Wasser
etwas Muskatnuss, gerieben
125 ml Sojasahne

Zubereitung

Frischen Spinat putzen, gründlich waschen, gut abtropfen lassen und klein schneiden. Je nachdem, wie zart der Spinat ist, ein Drittel oder die Hälfte beiseitelegen. Tiefkühl-Spinat rechtzeitig aus dem Kühlfach nehmen und antauen lassen.

Zwiebel abziehen und in kleine Würfel schneiden. Margarine in einem Topf zerlassen, Zwiebelwürfel darin glasig dünsten, mit Salz und Pfeffer würzen und etwa 1 Tasse Wasser hinzugeben. Den restlichen frischen bzw. den gesamten Tiefkühl-Spinat dazugeben und garen.

Anschließend den beiseitegelegten, rohen Spinat untermischen, das Gemüse mit Muskat würzen und nach Belieben pürieren. Sojasahne gut unterrühren.

Tipp: Wer mag, kann den Spinat mit einer Mehlschwitze andicken.

Gierschspinat

(für 4 Personen)

Zutaten

600–800 g Giersch
ca. 500 ml Wasser
etwas Salz
1 Prise Natron
1 mittelgroße Zwiebel
1 kleine Knoblauchzehe
4 EL Olivenöl
etwas Pfeffer
2 EL Weizenmehl (Type 1050)
2 EL Sojasoße
100 ml Sojasahne
2 EL Hefeflocken

Zubereitung

Giersch verlesen, gründlich waschen, gut abtropfen lassen und in einem Mixer oder in einer Küchenmaschine zerkleinern. 2 Esslöffel Giersch abnehmen (für die Schwitze). Restlichen Giersch mit dem Wasser in einen Topf geben, 1 Teelöffel Salz und Natron dazugeben und das Gemüse in 30 bis 45 Minuten gar köcheln lassen.

In der Zwischenzeit die Schwitze vorbereiten. Dafür Zwiebel abziehen und in Würfel schneiden. Knoblauch abziehen und in feine Würfelchen schneiden. Olivenöl in einem Topf erhitzen und Zwiebelwürfel darin sacht goldgelb anbraten. Mehl dazugeben und unter Rühren so lange erhitzen, bis alles hellbraun ist. Die abgenommenen 2 Esslöffel Giersch mit Knoblauch, Pfeffer und etwas Salz dazugeben und schmoren, bis es aromatisch duftet.

Giersch abgießen, dabei das Kochwasser auffangen. Die Schwitze mit dem Gierschwasser unter ständigem Rühren nach und nach ablöschen und glatt rühren. Von der Kochstelle nehmen und die Schwitze unter das gare Gemüse rühren.

Sojasoße, -sahne und Hefeflocken hinzufügen und nach Belieben noch einmal nachwürzen.

Mangoldcremegemüse

(für 4 Personen)

Zutaten

900 g Mangold
2 Kartoffeln
1 kleine Zwiebel
350 ml Wasser
etwas Kokosfett
etwas Salz
etwas Pfeffer
1 TL Zitronensaft
etwas Muskatnuss, gerieben

Zubereitung

Mangold putzen, gründlich waschen und abtropfen lassen. Mangoldblätter und -stiele getrennt in feine Stücke schneiden. Kartoffeln schälen, waschen und in Scheiben schneiden. Zwiebel abziehen und klein hacken.

Mangoldblätter mit wenig Wasser in einem Topf leicht dünsten. Danach Mangoldblätter abgießen, dabei das Kochwasser auffangen.

In der Zwischenzeit Kokosfett in einer Pfanne zerlassen. Mangoldstiele mit Kartoffelscheiben und klein gehackter Zwiebel darin 10 bis 15 Minuten unter Rühren anbraten, dabei mit Salz und Pfeffer würzen. Das gebratene Gemüse in einen Topf geben, mit Zitronensaft beträufeln und mit dem Kochwasser und den Gewürzen pürieren. Püree mit dem gebratenen Gemüse zu den Mangoldblättern geben, gut vermischen und eventuell nachwürzen.

Tipp: Die Mangoldblätter können wie Spinat und die Stängel separat wie Schwarzwurzelgemüse (Seite 166) zubereitet werden.

Vegane Butterbohnen (für 4 Personen)

Zutaten

1 kg grüne Bohnen, zart/ Wachsbohnen
250 ml Wasser
etwas Salz
1–2 Stängel Bohnenkraut, je nach Aroma
½ Bund Petersilie
50 g Margarine
braune Semmelbrösel (Seite 85)

Zubereitung

Bohnen putzen, waschen und die Fäden abziehen. Bohnen in einen Topf geben, das Wasser, etwas Salz und Bohnenkraut dazugeben und gar dünsten.

Petersilie vorsichtig waschen und klein schneiden. Bohnen abgießen, Margarine in Flöckchen daraufsetzen und Petersilie darüberstreuen. Dazu die braunen Semmelbrösel reichen.

Sahniges Bohnengemüse (für 4 Personen)

Zutaten

800 g grüne Bohnen
etwas Bohnenkraut
250 ml Wasser
etwas Salz
1 Zwiebel
40 g Margarine
1 EL Mehl
etwas Pfeffer
3 EL Sojasahne
1 TL Zitronensaft
etwas Petersilie

Zubereitung

Bohnen waschen, die Fäden abziehen und Bohnen schräg in etwa 3 Zentimeter große Stücke schneiden. Mit Bohnenkraut, dem Wasser und etwas Salz in einem Topf 15 bis 20 Minuten gar kochen. Bohnen abgießen, dabei das Kochwasser auffangen.

In der Zwischenzeit die Petersilie vorsichtig waschen und fein hacken und die Schwitze zubereiten. Dafür Zwiebel abziehen und fein hacken. Margarine in einem Topf zerlassen und gehackte Zwiebel darin glasig andünsten. Mehl dazugeben und mit Salz und Pfeffer goldgelb braten.

Die Schwitze mit Sojasahne ablöschen, nach und nach das Bohnenwasser dazugießen und immer wieder glatt rühren. Zitronensaft dazugeben und nochmals abschmecken. Soße mit den Bohnen mischen und mit gehackter Petersilie bestreut servieren.

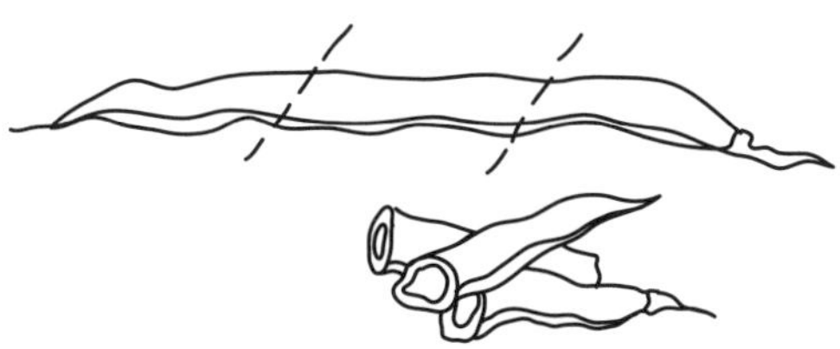

Sahniges Sauerampfergemüse, ungarisch (für 4 Personen)

Zutaten

450 g Sauerampfer
ca. 4 EL Olivenöl
¾ l Wasser
¾ l Hafermilch
1½ TL Salz
etwas Pfeffer
1 TL Agavendicksaft
4 EL Mehl
250 ml Sojasahne

Zubereitung

Sauerampfer auslesen, gründlich waschen, abtropfen lassen und klein schneiden. Ein Drittel des Sauerampfers beiseitelegen.

Olivenöl in einer Pfanne erhitzen. Restlichen Sauerampfer darin olivgrün dünsten. Wasser und 600 ml Hafermilch dazugießen und mit Salz, Pfeffer und Agavendicksaft abschmecken. Sauerampfer bei mittlerer Hitze etwa 10 Minuten köcheln lassen.

Mehl in der restlichen Hafermilch (150 Milliliter) anrühren, unter den köchelnden Sauerampfer quirlen, kurz aufkochen lassen. Nun den restlichen rohen Sauerampfer mit der Sojasahne hinzufügen und noch einmal leicht süß-sauer abschmecken.

Rotkrautgemüse

(für 4 Personen)

Zutaten

800 g Rotkraut (Rotkohl)
50 g Kokosfett/ Margarine
½–1 TL Salz
etwas Pfeffer
½ TL Piment, gemahlen
2–4 Msp. Nelken, gemahlen, nach Belieben mehr
2 EL Agavendicksaft/ Rohrohrzucker
200–400 g Äpfel
250 ml Wasser
4–6 EL Zitronensaft

Zubereitung

Vom Rotkohl die welken äußeren Blätter entfernen. Kohl vierteln und den Strunk herausschneiden. Kohlviertel waschen und in lange, dünne Streifen schneiden.

Kokosfett in einem Topf zerlassen, Rotkohlstreifen darin kurz anbraten. Das Wasser mit Salz, Pfeffer, Piment, Nelken und Agavendicksaft hinzugeben. Rotkohl umrühren und zugedeckt halbgar dünsten.

In der Zwischenzeit Äpfel waschen, fein reiben, zum Rotkohl geben und gar dünsten. Zitronensaft dazugeben und nach Belieben nochmals nachwürzen.

Tipp: Statt der Äpfel können Sie auch Apfelmus zum Rotkohl geben. Apfelmus liefert Süße und Säure, ist in sich harmonisch, braucht meist keine Süße und weniger Zitronensaft.

Steck-/Kohlrübengemüse (für 4 Personen)

Zutaten

800 g Steck-/Kohlrübe
800 ml Wasser
½ Knoblauchzehe
30 g Margarine
1 EL Mehl
etwas Salz
etwas Pfeffer
etwas Kümmel, gemahlen
½ Bund Petersilie
125 ml Sojasahne

Zubereitung

Steckrübe im Wasser gut abbürsten, putzen, schälen und in Würfel schneiden. In einem Topf mit Wasser geben und gar kochen lassen. Steckrüben abgießen, dabei das Kochwasser auffangen.

In der Zwischenzeit die Schwitze zubereiten. Dafür Knoblauch abziehen, fein schneiden und mit dem Messer zerdrücken. Margarine in einem Topf zerlassen, Mehl hinzugeben und unter Rühren so lange darin erhitzen, bis es hellgelb ist. Salz, Pfeffer, Kümmel und Knoblauch dazugeben und mit dem Gemüsewasser ablöschen.

Petersilie vorsichtig waschen und klein schneiden. Die Schwitze über die Steckrüben geben und mit Sojasahne und fein gehackter Petersilie vermischen.

Gedünsteter Chicorée (für 4 Personen)

Zutaten

900 g Chicorée
etwas Salz/Gemüsebrühe
etwas Pfeffer
1½ EL Zitronensaft
etwas Margarine, nach Bedarf
½ Bund Petersilie
braune Semmelbrösel (Seite 85)

Zubereitung

Chicorée abwaschen, putzen und die Enden etwas nachschneiden. Etwas Wasser in einem Topf köcheln lassen, Chicorée mit etwas Salz, etwas Pfeffer und Zitronensaft hineingeben und etwa 8 Minuten sanft bissfest garen.

Chicorée aus dem Kochwasser entnehmen. Nach Belieben nochmals mit etwas Zitronensaft beträufeln und Margarine in kleinen Flöckchen daraufsetzen. Petersilie vorsichtig waschen und klein schneiden. Braune Semmelbrösel und zum Schluss klein geschnittene Petersilie darüberstreuen.

Zucchinigemüse, ungarisch

(für 4 bis 6 Personen)

Zutaten

ca. 1 kg Zucchini
etwas Salz, nach Bedarf
2–3 EL Zitronensaft
3–4 Tomaten (frisch/aus dem Glas)
2–3 Paprikaschoten
1 mittelgroße Zwiebel
1 Knoblauchzehe
½ Bund Dill
800–900 ml Hafermilch
6 EL Olivenöl
etwas Pfeffer, nach Bedarf
1½ EL Mehl
3 EL Paprikapulver edelsüß
½ TL Agavendicksaft
250 ml Sojasahne
½ Bund Petersilie

Zubereitung

Zucchini waschen und die Enden abschneiden. Zucchini nach Belieben schälen und grob raspeln. Zucchiniraspel in eine Schüssel geben, mit etwas Salz und Zitronensaft würzen und ziehen lassen.

In der Zwischenzeit frische Tomaten waschen, halbieren und die Stängelansätze herausschneiden. Paprikaschoten waschen, halbieren, entstielen und entkernen. Tomaten- und Paprikahälften in grobe Würfel schneiden. Zwiebel abziehen und in kleine Würfel schneiden. Knoblauch abziehen und fein schneiden. Dill vorsichtig waschen. Die Spitzen von den Stängeln zupfen. Spitzen und Stängel separat fein schneiden. Die Petersilie waschen und klein schneiden.

Zucchiniraspel in einen Topf geben und so viel Hafermilch dazugießen, dass sie bedeckt sind. Zum Kochen bringen, die Temperatur reduzieren und leicht köcheln lassen.

Jetzt die Schwitze zubereiten. Dafür Olivenöl in einer Pfanne erhitzen, Zwiebelwürfel mit Salz und Pfeffer darin sanft glasig dünsten. Mehl dazugeben und unter Rühren so lange erhitzen, bis es lichtgelb ist. Paprikawürfel und Dillstängelstücken kurz untermischen. Das Ganze von der Kochstelle nehmen, Knoblauch und Paprikapulver unterrühren, mit restlicher Hafermilch ablöschen und glatt rühren.

Die Schwitze mit Tomatenwürfeln unter die Zucchinimasse heben und nach Belieben noch einen Moment ziehen lassen (das Gemüse muss noch Biss haben!).

Zum Schluss Agavendicksaft, gehackte Dillspitzen und Sojasahne unterheben und nach Belieben nachwürzen. Das Gemüse schmeckt nun lieblich bis süßsauer.

Petersilie unter das Gemüse heben und heiß servieren.

Tipps: Ausgereifte große Zucchini benötigen etwas mehr Hafermilch und auch eine etwas längere Garzeit. Zu diesem Gericht passen Kartoffeln und etwas Gebratenes, z. B. ein Getreidesteak, gebratene vegane Würstchen oder einfach 1 bis 1½ Zentimeter dicke, gut gewürzte und gebratene Tofuscheiben.

Schwarzwurzelgemüse

(für 4 Personen)

Zutaten

900 g Schwarzwurzeln
3 EL Zitronensaft, nach Belieben mehr
1 Prise Rohrohrzucker
etwas Salz
etwas Pfeffer
1 EL Mehl, nach Belieben mehr
½ Bund Petersilie
250 ml Sojasahne
½–¾ l Wasser

Zubereitung

Schwarzwurzeln gründlich abbürsten, dünn schälen, abwaschen und in etwa 5 Zentimeter lange Stücke schneiden. Schwarzwurzeln in einen Topf geben. So viel Wasser dazugeben, dass es zwei Drittel so hoch wie das Gemüse steht. Zitronensaft, Rohrohrzucker, Salz und Pfeffer hinzugeben und 15 bis 20 Minuten garen, zwischendurch einmal wenden. Petersilie vorsichtig waschen und klein schneiden. Schwarzwurzeln abgießen, dabei das Kochwasser auffangen. Gemüsewasser mit Mehl binden und wieder zum Gemüse geben. Sojasahne und Petersilie unter die Schwarzwurzeln heben und sofort servieren.

Tipp: Zu Schwarzwurzeln schmeckt Zitronensoße (Seite 245), für die das Schwarzwurzel-Kochwasser mit verwendet wird.

Fenchelgemüse

(für 4 Personen)

Zutaten

4 Fenchelknollen
1 Zwiebel
8–10 Cocktailtomaten
etwas Kokosfett
etwas Salz
250 ml Wasser, heiß
etwas Pfeffer
etwas Margarine
etwas Petersilie

Zubereitung

Fenchelknollen putzen, harte Blätter und Stiele entfernen, das gute Kraut an den Knollen belassen. Fenchelknollen in etwa 1 Zentimeter dicke Stücke schneiden. Zwiebel abziehen und klein hacken. Tomaten waschen, halbieren und eventuell die Stängelansätze herausschneiden. Petersilie waschen und klein schneiden.

Kokosfett in einem Topf zerlassen, Fenchelstücke und Zwiebel darin kräftig anschmoren. Mit Salz würzen, gut verrühren und mit dem heißen Wasser ablöschen. Mit Pfeffer würzen und etwa 20 Minuten leicht köcheln lassen. Kurz vor Ende der Garzeit die Cocktailtomatenhälften dazugeben und kurz mitschmoren lassen, vor dem Servieren mit Margarineflöckchen und mit Petersilie bestreuen.

Tipp: Die harten Fenchelstiele können in wenig Wasser ausgekocht werden. Das Gemüsewasser dann anstelle des heißen Wassers zum Gemüse geben.

Kartoffelgemüse, ungarisch (für 4 Personen)

Zutaten

1,4 kg Kartoffeln, am besten frische Ernte
2 Lorbeerblätter
etwas Salz
1 Zwiebel
60 g Margarine
etwas Pfeffer
3 EL Mehl
250 ml Sojasahne
2 EL Paprikapulver edelsüß
etwas Petersilie

Zubereitung

Kartoffeln wenn möglich nicht schälen, gründlich waschen und in etwa 2 Millimeter dicke Scheiben schneiden. Kartoffeln, Lorbeerblätter und ein wenig Salz knapp mit Wasser bedeckt in einem Topf zum Kochen bringen und bei geringer Hitze 10 bis 15 Minuten garen lassen. Kartoffeln abgießen, dabei das Kochwasser auffangen.

In der Zwischenzeit Petersilie vorsichtig waschen und klein schneiden und Zwiebel abziehen und in kleine Würfel schneiden. Margarine in einem zweiten Topf zerlassen, Zwiebelwürfel mit Salz und Pfeffer dazugeben und darin glasig braten. Mehl hinzugeben und unter ständigem Rühren darin anbräunen. Mit Sojasahne ablöschen. Den Topf von der Kochstelle nehmen, Paprikapulver dazugeben, langsam mit dem gesamten Kartoffelwasser auffüllen und glatt rühren, bis die Konsistenz cremig ist. Die Kartoffeln dazugeben und noch einmal nachwürzen. Kartoffelgemüse mit Petersilie bestreuen und servieren.

Tipp: Mit Getreideklöpschen (Seite 235) oder Tofuwürstchen und frischem Salat serviert, ein echter Leckerbissen.

Grünkohlgemüse

(für 4 Personen)

Zutaten

1 kg Grünkohl
1 Zwiebel
etwas Margarine
etwas Salz
etwas Pfeffer
¾ l Wasser
125 g Räuchertofu, nach Belieben
1 Msp. Paprikapulver scharf
1 Msp. Piment, gemahlen
2 EL Olivenöl
etwas Kokosfett/ Margarine
1 Msp. Muskatnuss, gerieben
125 ml Sojasahne
2 EL Mehl

Zubereitung

Von den Grünkohlblättern die dicken Blattrippen entfernen. Grünkohlblätter gründlich waschen und fein schneiden. Zwiebel abziehen und fein hacken.

Margarine in einem Topf zerlassen. Ein Drittel des Grünkohls mit Salz und Pfeffer dazugeben und gut andünsten. Sobald das Gemüse etwas zusammengefallen ist, restlichen Grünkohl dazugeben und unter ständigem Rühren weiterdünsten lassen, bis alles zusammengefallen ist.

Das Wasser hinzufügen und bei geringer Hitze etwa 45 Minuten köcheln lassen, dabei immer wieder umrühren. Darauf achten, dass stets genug Wasser im Topf ist, damit es nicht anbrennt. In der Zwischenzeit Tofu in kleine Würfel schneiden. Tofuwürfel in eine Schüssel geben, mit Salz, Pfeffer, Paprika, Piment und Olivenöl mischen und kurz marinieren.

Etwas Kokosfett/Margarine in einer Pfanne zerlassen. Tofuwürfel mit der Zwiebel darin braun anbraten, das Mehl darübergeben und untermischen.

Grünkohl mit Muskat würzen, Tofu und Sojasahne dazugeben, unterrühren und nochmals abschmecken.

Tipp: Das Grünkohlgemüse schmeckt auch ohne Räuchertofu ausgezeichnet.

Champignongemüse

(für 4 Personen)

Zutaten

600–750 g Champignons
80 g Margarine
etwas Salz
etwas Pfeffer
1 mittelgroße Zwiebel
½–1 Bund Petersilie
1½–2 EL Mehl
125 ml Sojasahne

Zubereitung

Champignons putzen, vorsichtig abspülen und je nach Größe halbieren oder vierteln, die Pilzstiele in Scheiben schneiden.

40 Gramm Margarine in einer Pfanne zerlassen. Champignons in die Pfanne geben, mit Salz und Pfeffer würzen und unter Wenden darin anbraten, bis alle Pilze mit dem Fett in Berührung waren. (Die Champignons geben viel Wasser ab, das das Anbraten verhindert. Deshalb das Pilzwasser abgießen, beiseitestellen und am Ende des Garvorgangs wieder hinzuzufügen.) Restliche Margarine zu den Pilzen geben und Champignons fertig braten, bis sie duften und die Ränder leicht bräunen.

Zwiebel abziehen und in kleine Würfel schneiden. Petersilie vorsichtig waschen und klein schneiden. Zwiebelwürfel zu den Pilzen geben und unter Rühren braten, bis sie glasig sind. Mehl darüberstäuben und die Hälfte der klein geschnittenen Petersilie unterheben.

Das Ganze unter Rühren nach und nach mit dem Pilzwasser ablöschen, nach Bedarf noch etwas Wasser zugeben. Champignongemüse nachwürzen und die restliche Petersilie mit der Sojasahne unterheben.

Artischocken (Distelblüten)

(für 4 Personen)

Zutaten

12 Artischocken
etwas Zitronensaft
etwas Salz

Zubereitung

Blattspitzen der Artischockenblüten kräftig stutzen. Stängel abdrehen und den Bodenansatz mit Zitronensaft beträufeln.

Wasser mit Salz und Zitronensaft in einem Topf zum Kochen bringen, Artischocken dazugeben und je nach Größe etwa 40 Minuten kochen lassen, die Blätter müssen sich leicht abzupfen lassen.

Tipps: Genießbar sind der fleischige Rand der Hüllblätter, die man in Dips oder eine Zitronensoße (Seite 245) eintaucht und mit den Zähnen abstreift, und das Artischockenherz, nachdem man das „Heu" entfernt hat. Die Artischockenherzen können auch in einen Tomatensalat gegeben werden.

Maiskolben, gekocht

(für 4 Personen)

Zutaten

8 Maiskolben
etwas Salz
etwas Margarine

Zubereitung

Maiskolben schälen (die untersten Blätter bleiben am Kolben) und in leicht gesalzenem Wasser etwa 15 Minuten kochen, herausnehmen und abtropfen lassen. Margarine in Flöckchen daraufsetzen (sie zerfließt). Sofort servieren.

Weißkraut-/Wirsinggemüse

(für 4 Personen)

Zutaten

800 g Weißkraut (Weißkohl)/Wirsing
1 Zwiebel
500 ml Wasser, nach Bedarf mehr
etwas Margarine
1–2 EL Mehl
etwas Salz
etwas Pfeffer
etwas Piment, gemahlen
etwas Kümmel, gemahlen/Kümmelsamen
125 ml Sojasahne
½ Bund Petersilie

Zubereitung

Vom Kohl die welken äußeren Blätter entfernen. Kohl vierteln und den Strunk herausschneiden. Kohlviertel waschen und in feine Streifen oder 2 Zentimeter große Würfel schneiden. Dicke Blattstiele und Strunk ebenfalls in feine Streifen schneiden und beiseitelegen. Zwiebel abziehen und klein würfeln. Petersilie vorsichtig waschen und klein schneiden.

Klein geschnittenen Kohl in einen Topf geben, mit Wasser auffüllen, sodass zwei Drittel des Gemüses im Wasser liegen, zum Kochen bringen und unter gelegentlichem Wenden etwa 15 Minuten garen lassen. Kohl abgießen, dabei das Kochwasser auffangen.

In der Zwischenzeit Margarine in einer Pfanne zerlassen. Zwiebelwürfel, klein geschnittenen Strunk und Blattstiele darin unter Rühren bei mittlerer Hitze knusprig braun braten. Mehl darüberstäuben und nochmals kurz braten. Die Schwitze mit dem Kohlwasser ablöschen, mit Salz, Pfeffer, Piment und Kümmel würzen und mit Sojasahne im Mixer pürieren.

Alles über den Kohl geben, mischen und nach Belieben nachwürzen. Gemüse mit etwas Petersilie bestreuen und servieren.

Mariniertes Gemüse italiano (für 4 Personen)

Zutaten

2 Zucchini
2 Auberginen
1 rote Paprikaschote
1 gelbe Paprikaschote
1 große Zwiebel
1–2 Knoblauchzehen
ein paar Kräuterstängel (z. B. Basilikum, Thymian, Oregano, Kräuter der Provence)
3 EL Olivenöl
etwas Salz
etwas Pfeffer
2 TL Gemüsebrühe
1–2 EL Zitronensaft

Zubereitung

Zucchini und Auberginen waschen und die Enden bzw. die Stängelansätze herausschneiden. Paprikaschoten waschen, halbieren, entstielen und entkernen. Zucchini, Auberginen und Paprikaschoten in kleine Stücke schneiden. Zwiebel abziehen und in Ringe schneiden. Knoblauch abziehen und durch eine Knoblauchpresse drücken. Kräuter vorsichtig waschen und klein schneiden.

Olivenöl in einem Topf erhitzen. Zwiebelringe darin leicht anbraten und mit wenig Salz und Pfeffer abschmecken. Klein geschnittenes Gemüse, Knoblauch und Gemüsebrühe dazugeben und mit so viel Wasser auffüllen, dass der Topfboden etwa ½ Zentimeter hoch mit Wasser bedeckt ist.

Das Gemüse kurz mit Deckel bissfest dünsten, von der Kochstelle nehmen und mit Zitronensaft und klein geschnittenen Kräutern abschmecken. Anschließend mit Deckel 1 bis 2 Stunden ziehen lassen und kalt servieren.

Tipps: Statt frischer Kräuter können Sie natürlich auch getrocknete verwenden. Würzen Sie das Gemüse statt mit Zitronensaft mit Balsamico.

Mediterrane Gemüsepfanne (für 4 Personen)

Zutaten

300 g Zucchini und/oder Salatgurke
250 g Aubergine
250 g Paprikaschoten
4 Tomaten
1 große Zwiebel
1–2 Knoblauchzehen
½ Bund Petersilie
etwas Basilikum
etwas Rosmarin und/oder Kapuzinerkresse
etwas Kokos-/Olivenöl
etwas Salz
etwas Pfeffer
etwas Paprikapulver edelsüß

Zubereitung

Zucchini waschen und die Enden abschneiden. Aubergine waschen und den Stängelansatz herausschneiden. Paprikaschoten waschen, halbieren, entstielen und entkernen. Tomaten waschen, halbieren und die Stängelansätze herausschneiden. Das Gemüse klein schneiden.

Zwiebel abziehen und in kleine Würfel schneiden. Knoblauch abziehen und durch eine Knoblauchpresse drücken. Kräuter waschen und klein schneiden.

Öl in einer Pfanne erhitzen. Erst Paprikastücke, dann Zwiebelwürfel, Auberginen und Zucchinistücke dazugeben und etwa 15 Minuten darin braten. Mit Salz, Pfeffer, Knoblauch und Paprikapulver würzen. Tomaten kurz mitbraten lassen.

Gemüsepfanne mit fein geschnittener Petersilie und jeweils 1 Teelöffel Basilikum und Rosmarin bestreuen – fertig!

Tipps: Die Gemüsepfanne passt zu Reis oder Nudeln. Super auch mit Tofuwürfelchen (Seite 83) darüber. Für Ratatouille das Gemüse mit 250 Millilitern Tomatenpassata aufgießen und mit 1 Teelöffel Rosmarin, 1 Esslöffel Thymian, 1 Esslöffel Salbei und ½ Teelöffel getrockneten Lavendelblüten würzen. Alles noch einmal 10 bis 15 Minuten köcheln lassen.

Letscho

(für 4 Personen)

Zutaten

1 kg Paprikaschoten
1 große Zwiebel
1–2 Knoblauchzehen
660 g geschälte Tomaten (aus dem Glas)/ 690 ml Tomatenpassata
3 EL Margarine
etwas Salz
etwas Pfeffer
1 EL Paprikapulver edelsüß
1 Msp. Chilipulver
½–1 TL Agavendicksaft
5 große Tomaten

Zubereitung

Paprikaschoten waschen, halbieren, entstielen, entkernen und in grobe Würfel schneiden. Zwiebel abziehen und in kleine Würfel schneiden. Knoblauch abziehen und durch eine Knoblauchpresse drücken. Geschälte Tomaten grob zerkleinern.

Margarine in einer großen Pfanne zerlassen und Zwiebelwürfel darin glasig braten. Paprikawürfel und geschälte Tomaten dazugeben, mit Knoblauch, Salz und Pfeffer würzen. Gemüse mit etwas Wasser aufgießen und mit Paprika-, Chilipulver und Agavendicksaft abschmecken. Kurz aufkochen und bei geringer Hitze unter mehrmaligem Rühren 15 bis 20 Minuten bissfest köcheln lassen.

In der Zwischenzeit Tomaten waschen, halbieren und die Stängelansätze herausschneiden. Tomatenhälften in kleine Würfel schneiden. Tomatenwürfel kurz vor Ende der Garzeit hinzufügen und kurz mitköcheln lassen.

Tipps: Auch hier können natürlich genauso frische Kräuter zum Würzen verwendet werden. Reis passt ausgezeichnet dazu.

Veganes Labskaus (Pink Süßsauer) (für 4 Personen)

Zutaten

1 kg Kartoffeln
650 g Rote Bete
500 ml Wasser
2 große Gemüsezwiebeln
250 g Räuchertofu
etwas Salz
etwas Pfeffer
etwas Piment, gemahlen
2–3 EL Olivenöl
etwas Kokosfett
ca. 250 g Gewürzgurken
1 TL Gemüsebrühe
2 TL Zitronensaft
250 ml Gewürzgurkenwasser
etwas Petersilie

Zubereitung

Rote Bete putzen, gründlich abbürsten, abtropfen lassen, nach Belieben schälen, in kleine Stücke schneiden und in einem Topf mit wenig Wasser garen. Kartoffeln gründlich abbürsten, putzen und gar dämpfen, pellen, in grobe Würfel schneiden.

In der Zwischenzeit die Zwiebeln abziehen und in kleine Würfel schneiden. Tofu in Würfel schneiden. Tofuwürfel in eine Schüssel geben, mit Salz, Pfeffer, Piment und Olivenöl mischen und kurz marinieren. Etwas Kokosfett in einer Pfanne zerlassen. Tofuwürfel darin knusprig braten. Zwiebelwürfel dazugeben und weiterbraten, bis sie glasig sind.

Gewürzgurken in kleine Würfel schneiden. Gemüsebrühe und Zitronensaft mit dem Gurkenwasser verrühren. Petersilie vorsichtig waschen und klein schneiden.

Kartoffelwürfel mit dem Gewürzwasser stampfen, Rote-Bete-Würfel unterarbeiten und ebenfalls kurz stampfen. Gebratene Tofuwürfel und Gewürzgurken dazugeben, gut unterheben und nach Belieben noch einmal abschmecken. Eventuell noch einmal erwärmen und mit etwas Petersilie bestreuen.

Eingelegte Auberginen (für 4 Personen)

Zutaten

1 kg Auberginen
etwas Olivenöl
etwas Salz
etwas Pfeffer
1 Zwiebel
1 Bund Petersilie

Für die Marinade
300 ml Wasser
30–50 ml Olivenöl
1½ EL Zitronensaft
etwas Salz
etwas Pfeffer

Tipps: Dieses Gericht am besten schon einen Tag vorher zubereiten und über Nacht ziehen lassen. Auch andere Kräuter, wie z. B. Basilikum und Knoblauch, passen gut dazu.

Zubereitung

Auberginen waschen und die Stängelansätze herausschneiden. Auberginen in etwa 1 Zentimeter dicke Scheiben schneiden. Auberginenscheiben von einer Seite mit wenig Olivenöl bepinseln und vorsichtig mit Salz und Pfeffer würzen.

Auberginen dicht nebeneinander auf ein gut gefettetes Backblech legen und unter dem vorgeheizten Backofengrill bei 200 °C etwa 10 Minuten grillen, bis sie sich goldbraun färben, wenden. Sie sollen außen angebraten und innen saftig sein.

Für die Marinade das Backblech mit heißem Wasser begießen, mit dem Schaber abstreichen und das Bratenwasser auffangen. Das Bratenwasser mit Öl, Zitronensaft, Salz und Pfeffer vermischen.

Zwiebel abziehen und in feine Ringe schneiden. Petersilie vorsichtig waschen und klein schneiden. Die Hälfte der Auberginenscheiben in eine Schüssel geben, fein geschnittene Petersilie darüber streuen und Zwiebelringe darauflegen. Restliche Auberginenscheiben, Petersilie und Zwiebelringe daraufschichten.

Marinade darübergießen und Auberginen etwa 6 Stunden durchziehen lassen. (Die Marinade zieht in die Auberginen, daher reichlich Flüssigkeit verwenden, nach Bedarf etwas nachgießen.)

Blumenkohl-/Sellerie- oder andere Gemüseschnitzel

(für 4 Personen)

Zutaten

900 g Blumenkohl/ Knollensellerie
etwas Mehl
etwas Kokosfett zum Braten

Für die Panade
150 g Dinkelmehl (Type 1050)
ca. ½ TL Salz
2 Prisen Pfeffer
3 EL Olivenöl
1 EL Sojasahne
250 ml Wasser, warm

Zubereitung

Blumenkohl putzen und waschen/Sellerie putzen, schälen, abwaschen und beide Gemüsesorten in etwa 1½ Zentimeter dicke Scheiben schneiden.

Für die Panade Mehl mit Salz und Pfeffer in einer Schüssel vermischen, mit Olivenöl, Sojasahne und Wasser zu einem glatten Teig verrühren und den Teig 15 bis 20 Minuten quellen lassen. Gemüsescheiben in wenig köchelndem Wasser nacheinander kurz blanchieren, abtropfen lassen, in wenig Mehl wälzen und anschließend in die Panade tauchen. Etwas Kokosfett in einer Pfanne zerlassen. Die Schnitzel darin von beiden Seiten goldbraun braten.

Tipp: Probieren Sie Zucchini, Brokkoli, Möhren oder Kürbis für Gemüseschnitzel dieser Art. Eine aus dem Blumenkohlwasser hergestellte Soße ist lecker zum Blumenkohlschnitzel. Dazu passen Petersilienkartoffeln (Seite 256).

Gebackenes Gemüse

Gebackener Kürbis

(für 4 Personen)

Zutaten

2 kg Hokkaidokürbis (Zucchini)
etwas Salz
etwas Pfeffer
5–6 EL Olivenöl
1 Bund Petersilie

Zubereitung

Den Kürbis waschen, vierteln, Kerne mit dem inneren faserigen Fleisch mit einem Esslöffel vorsichtig entfernen. Dann in etwa 3 Zentimeter breite Längsstreifen schneiden und in einer Schüssel mit wenig Salz, Pfeffer und 3 bis 4 Esslöffel Olivenöl gut mischen/marinieren.

Diese auf einem mit Olivenöl geölten Backblech verteilen und 15 bis 20 Minuten im vorgeheizten Backofen bei 200 °C (Ober- und Unterhitze) im oberen Teil der Backröhre backen, zwischendurch wenden, bis er rundum leckere goldbraune Kanten hat (*Achtung*: Anbrenngefahr! Also besser dabeibleiben!)

Die gewaschene Petersilie klein schneiden und über den fertigen Kürbis streuen.

Gebackene Auberginen (für 4 Personen)

Zutaten

1 kg Auberginen
1 mittelgroße Zwiebel
etwas Salz
etwas Pfeffer
3–4 EL Olivenöl
½ Bund Petersilie

Zubereitung

Auberginen waschen und die Stängelansätze herausschneiden. Zwiebel abziehen und in kleine Würfel schneiden. Auberginen in etwa 2 Zentimeter große Würfel schneiden und in einer Schüssel mit wenig Salz, Pfeffer und Olivenöl marinieren.

Marinierte Auberginenwürfel auf einem gefetteten Backblech verteilen und 15 bis 20 Minuten im vorgeheizten Backofen bei 200 °C mit Grill im oberen Teil der Backröhre unter mehrfachen Wenden backen (*Achtung*: Anbrenngefahr! Also besser dabeibleiben!) In der Zwischenzeit Petersilie vorsichtig waschen und klein schneiden.

Sobald sich die Auberginenkanten verfärben, die Auberginen zum ersten Mal wenden und Zwiebelwürfel untermischen. Das Gemüse backen lassen, bis alle Kanten goldbraun sind und das Innere noch saftig ist. Gebackene Auberginen aus dem Backofen nehmen und mit Petersilie mischen.

Tipp: Schmeckt auch lecker mit Kartoffeln.

Gebackener Gemüsemix (für 4 Personen)

Zutaten

200 g Paprikaschoten
200 g Zucchini und/oder Salatgurke
1 Aubergine
4 Tomaten
2 Zwiebeln
etwas Olivenöl
etwas Salz
etwas Pfeffer

Zubereitung

Paprikaschoten waschen, halbieren, entstielen und entkernen. Zucchini waschen und die Enden abschneiden. Aubergine waschen und den Stängelansatz herausschneiden. Tomaten waschen, halbieren und die Stängelansätze herausschneiden. Paprika, Zucchini, Aubergine und Tomaten in Würfel schneiden. Zwiebeln abziehen und in feine Streifen schneiden.

Vorbereitetes Gemüse in einer Schüssel mit Olivenöl beträufeln, mit Salz und Pfeffer würzen und auf einem gefetteten Backblech verteilen. Gemüsemix etwa 20 Minuten im vorgeheizten Backofen bei 200 °C mit Grill im oberen Teil der Backröhre bissfest backen, dabei mehrfach wenden. (*Achtung*: Anbrenngefahr! Also besser dabeibleiben!)

Tipp: Nach Belieben können Sie den Gemüsemix auch mit edelsüßem oder scharfem Paprikapulver oder Chilipulver würzen.

Gebackene Champignons

(für 4 Personen)

Zutaten

750 g größere Champignons
3 Zwiebeln
etwas Salz
etwas Pfeffer
etwas Olivenöl
1 Bund Petersilie

Zubereitung

Champignons putzen, vorsichtig abspülen und je nach Größe halbieren, vierteln oder achteln. Pilzstiele in Scheiben schneiden. Zwiebeln abziehen und in kleine Würfel schneiden.

Pilze mit Salz und Pfeffer bestreuen, mit etwas Olivenöl beträufeln und auf einem gefetteten Backblech verteilen. Pilze etwa 15 bis 20 Minuten im vorgeheizten Backofen bei 200 °C (unterhalb des Grills) unter mehrfachem Wenden backen. In dieser Zeit Petersilie vorsichtig waschen und klein schneiden. Sobald sich die Kanten bräunlich färben, Pilze zum ersten Mal wenden und Zwiebelwürfel untermischen. Das Pilz-Zwiebel-Gemüse unter weiterem Wenden weiterbacken, bis die Champignons außen kross und innen noch saftig sind. Gebackene Champignons aus dem Backofen nehmen, mit Petersilie bestreuen und sofort servieren.

Pastinaken, gebacken

(für 4 Personen)

Zutaten

400 g Sojajoghurt
800 g Pastinaken
30 ml Olivenöl
½ Bund Petersilie
3–5 EL Sojasahne
1 TL Zitronensaft
etwas Salz
20 g Sesamsamen

Zubereitung

Am Vorabend Sojajoghurt in ein Sieb geben und über Nacht abtropfen lassen.

Am nächsten Tag Pastinaken wenn nötig schälen, waschen und große Pastinaken halbieren. Pastinaken mit etwas Olivenöl bestreichen, auf ein gefettetes Backblech setzen und etwa 40 Minuten im vorgeheizten Backofen bei 200 °C (Ober- und Unterhitze; 180 °C Umluft) backen. Dabei zwischendurch eventuell noch einmal mit Öl bestreichen.

In der Zwischenzeit Petersilie vorsichtig waschen und klein schneiden. Sojajoghurt mit Sahne, Zitronensaft und 2 Esslöffeln Olivenöl in einer Schüssel glatt rühren, mit Salz und Petersilie abschmecken.

Sesam in einer heißen Pfanne ohne Fett goldbraun rosten und vor dem Servieren über die fertig gegarten Pastinaken streuen. Auf jede Pastinake 1 Esslöffel der Sojacreme geben und servieren.

Gefülltes Backgemüse – Grundrezept (für 4 Personen)

Zutaten

8 Gemüsehälften (siehe nachfolgende Varianten)
etwas Sojasahne
frische Kräuter

Für die Füllungen
würzige Getreidemasse (Seite 234)
oder Reisfüllung (Seite 188)
oder Hirsefüllung (Seite 186)

Zubereitung

Die Gemüsehälften waschen und das Innere gegebenenfalls aushöhlen. Gemüsehälften je nach Gemüsesorte mit 1 bis 2 gehäuften Esslöffeln Getreidemasse oder einer anderen Füllung füllen oder bedecken und auf ein gefettetes Backblech geben.

Gemüsehälften etwa 40 Minuten im vorgeheizten Backofen bei 175 °C (Ober- und Unterhitze) backen. Sollten sie zu stark bräunen, das Gemüse abdecken. Gemüse etwa 10 Minuten vor Ende der Backzeit mit etwas Sojasahne beträufeln und eventuell die Backofentemperatur noch einmal hoch schalten.

Kräuter vorsichtig waschen und klein schneiden. Gebackene Gemüsehälften aus dem Backofen nehmen, die klein geschnittenen Kräuter darüberstreuen und servieren.

Tipps: Das ausgehöhlte Innere des Gemüses mit Salz und Pfeffer würzen und in etwas Kokosfett in einer Pfanne anbraten. Mit den separat klein geschnittenen Kräuterstängeln in die Füllung geben. Als Gemüsearten eignen sich Paprikaschoten, Kürbis, Zucchini, Tomaten, Kohlrabi, Zwiebeln oder Auberginen. Statt das Gemüse mit Sojasahne zu beträufeln, können Sie es mit Veganem Sahnestreichkäse (Seite 340) bestreichen und überbacken.

Zucchinischiffchen, mit würziger Getreidemasse gefüllt

(für 4 Personen)

Zutaten

6 junge, kleine Zucchini (ca. 20 cm lang)
etwas Petersilie

Für die Füllung
1 Paprikaschote
würzige Getreidemasse (Seite 234)

Zubereitung

Zucchini waschen und längs halbieren.

Für die Füllung Paprikaschote waschen, halbieren, entstielen, entkernen und in feine Würfel schneiden. Paprikawürfel gut unter die Getreidemasse mischen.

Die Zucchinihälften mit 1 bis 2 gehäuften Esslöffeln Getreidemasse etwa 1 Zentimeter hoch bedecken und auf ein gefettetes Backblech geben. Zucchini etwa 40 Minuten im vorgeheizten Backofen bei 175 °C (Ober- und Unterhitze) backen. Sollten sie zu stark bräunen, Zucchini zudecken. Eventuell etwa 10 Minuten vor Ende der Backzeit die Backofentemperatur noch einmal hoch schalten.

Petersilie vorsichtig waschen und klein schneiden. Zucchinischiffchen aus dem Backofen nehmen, mit Petersilie bestreuen und servieren.

Tipps: Sollte etwas von der Getreidemasse übrig bleiben, Bratlinge daraus formen und auf dem Backblech mitbacken oder extra braten. Hierzu passt hervorragend eine Vegane Käsesoße (Seite 245).

Gebackene Tomaten mit Hirsefüllung (für 2 bis 3 Personen)

Zutaten

8 große Tomaten
Veganer Sahnestreichkäse (Seite 340)

Für die Füllung
80 g Hirse
200 ml Wasser
50 g Tofu naturell
1 kleine Zwiebel
¼ Bund Basilikum
16 schwarze Oliven, entsteint
etwas Salz
etwas Pfeffer
2 EL Olivenöl

Zubereitung

Für die Füllung Hirse gründlich waschen, mit dem Wasser in einem Topf kurz erhitzen und gar ziehen lassen.

Tofu in feine Würfel schneiden. Zwiebel abziehen und fein hacken. Basilikum vorsichtig waschen und ebenfalls fein hacken. Oliven klein schneiden. Tofuwürfel mit gehackten Zwiebeln, Salz, Pfeffer, gehacktem Basilikum und Olivenöl in einer Schüssel vermengen und ziehen lassen.

Tomaten waschen. Von den Tomaten einen Deckel abschneiden und die Tomaten mit einem Teelöffel aushöhlen.

Das Tomateninnere in eine Schüssel geben und mit den fein geschnittenen Oliven, der gekochten Hirse und der Tofumasse zu einer Füllung vermischen.

Die Füllung in die Tomaten geben und Veganen Sahnestreichkäse darauf verteilen. Die Tomaten auf ein gefettetes Backblech setzen und 10 bis 15 Minuten im vorgeheizten Backofen bei 180 °C (Ober- und Unterhitze) backen.

Gefüllte Pilzköpfe

(für 4 Personen)

Zutaten

16–18 große Champignonköpfe

Für die Füllung

½ Bund Petersilie
2 Zwiebeln
etwas Kokosfett
etwas Salz
etwas Pfeffer
½ der Würzigen Getreidemasse (Seite 234)

Zubereitung

Champignons putzen, vorsichtig abspülen und vorsichtig die Stiele herausdrehen. Pilzstiele klein schneiden. Champignonköpfe in wenig Wasser kurz blanchieren.

Für die Füllung Petersilie vorsichtig waschen, Blättchen von den Stängeln zupfen und klein hacken. Stängel klein schneiden und beiseitelegen. Zwiebeln abziehen und in grobe Würfel schneiden.

Kokosfett in einer Pfanne zerlassen. Klein geschnittene Pilzstiele, Petersilienstängel und grob gewürfelte Zwiebeln darin kurz kross anbraten, dabei mit Salz und Pfeffer würzen. Das Bratgut und die Hälfte der gehackten Petersilie unter die Getreidemasse mischen, mit Salz und Pfeffer nachwürzen.

Die blanchierten Champignonköpfe mit der Masse füllen und dicht nebeneinander auf ein gefettetes Backblech setzen. Gefüllte Champignons 20 bis 25 Minuten im vorgeheizten Backofen bei 180 °C (Ober- und Unterhitze) garen. Heiß servieren.

Tipps: Aus dem Blanchierwasser, dem Fond vom Backblech und übrig gebliebenen, angebratenen Pilzstücken lässt sich mit Mehl und Sojasahne schnell eine leckere Soße zubereiten. Die gefüllten Champignonköpfe schmecken auch mit Veganem Sahnestreichkäse (Seite 340) überbacken sehr gut.

Paprika mit Reisfüllung

(für 2 Personen)

Zutaten

4 Paprikaschoten
250 g Sojasahne
¾–1 l Wasser, heiß
etwas Margarine

Für die Füllung
175 g Mais (aus dem Glas)
100 g Reis
160 ml Wasser
150 g Zucchini
2 Tomaten
1 kleine Zwiebel
½ Bund Petersilie
50 g Räuchertofu
etwas Kokosfett
etwas Salz
etwas Pfeffer
½ TL Paprikapulver edelsüß

Zubereitung

Für die Füllung Mais in einem Sieb abtropfen lassen, dabei die Flüssigkeit auffangen. Reis im Wasser nach Packungsanleitung gar kochen, dabei das Maiswasser mit verwenden.

Zucchini waschen und die Enden abschneiden. Tomaten waschen, halbieren und die Stängelansätze herausschneiden. Zwiebel abziehen. Zucchini, Tomaten und Zwiebel in sehr kleine Würfel schneiden. Petersilie vorsichtig waschen und fein hacken. Tofu ebenfalls in sehr kleine Würfel schneiden.

Kokosfett in einer Pfanne zerlassen. Zuerst Tofu-, dann Zwiebel- und Zucchiniwürfel und zum Schluss ein Drittel der Petersilie unter ständigem Rühren kurz darin anbraten.

Den gekochten Reis, das gegarte Gemüse und den abgetropften Mais in eine Schüssel geben und mit Salz, Pfeffer und Paprikapulver würzen. Alles gut vermischen.

Die Paprikaschoten waschen und um den Stiel herum einen Deckel herausschneiden. Paprikaschoten entkernen und mit der Reismasse füllen.

Margarine in einer Pfanne oder Kasserolle zerlassen. Die Paprikaschoten ein wenig salzen und anschließend darin leicht anbraten, bis sie sich bräunlich verfärben. Gefüllte Paprikaschoten dicht nebeneinander in ein gefettetes tiefes Backblech/ eine Auflaufform setzen, das heiße Wasser zugießen und etwa 10 Minuten im vorgeheizten Backofen bei 175 °C (Ober- und Unterhitze) garen. Danach die Backofentemperatur auf 150 °C herunterschalten und Paprika weitere etwa 10 Minuten garen, zwischendurch vorsichtig wenden. Die Sojasahne darübergeben und mit der restlichen gehackten Petersilie garnieren und heiß servieren. (Wer eine Soße [siehe „Tipp"] zubereitet, gibt die Sojasahne in die Soße.)

Tipp: Wer mag, bereitet brät aus dem Bratenfond der Pfanne eine Soße zu. Dafür die restliche Füllung im Bratenfond gut anbraten, mit Mehl bestäuben und mit Sojasahne ablöschen. Nach Belieben einige Tomatenstücke mit anbraten.

Überbackene Gemüsetürme (für 4 Personen)

Zutaten

1–2 Auberginen
4–5 große Tomaten
1–2 kleine, dickere Zucchini
1 Zwiebel, nach Belieben
etwas Salz
etwas Olivenöl
etwas Pfeffer
etwas italienische Gewürzmischung
etwas Basilikum, gerebelt
1 Räuchertofu
etwas Kokosfett
etwas Sojasoße (Shoyu), nach Belieben
1 Prise Piment, gemahlen
Veganer Pizzakäse **(Seite 299)**

Zubereitung

Auberginen waschen und die Stängelansätze herausschneiden. Tomaten waschen, halbieren und die Stängelansätze herausschneiden. Zucchini waschen und die Enden abschneiden. Auberginen in etwa 1 Zentimeter, Tomaten in etwa ½ Zentimeter und Zucchini in ½ bis 1 Zentimeter dicke Scheiben schneiden. Zwiebel abziehen und in ganz feine Ringe schneiden. Gemüse jeweils in einzelne Schüsseln geben.

Auberginenscheiben mit etwas Salz und Olivenöl bedecken, Tomaten mit Salz, Pfeffer und italienischen Kräutern oder Basilikum würzen und vorsichtig vermischen. Zucchinischeiben sparsam mit Salz würzen und mischen. Gemüse jeweils etwas durchziehen lassen.

Räuchertofu in hauchzarte Scheiben schneiden (er kann auch zerfallen, Brotschneidemaschine Stufe 0 geeignet) und die Scheiben etwas zerreißen. Kokosfett in einer Pfanne zerlassen. Zwiebelringe darin glasig braten. Tofuscheiben so dazugeben, dass sie nicht übereinanderliegen, und nur kurz kräftig anbraten (Tofu darf nicht zu trocken werden). Je nach Tofuart und Geschmack Tofuscheiben mit Salz oder Sojasoße und 1 Prise Piment etwas nachwürzen.

Für die Gemüsetürme Auberginenscheiben nebeneinander auf ein mit Olivenöl gefettetes Backblech legen, darauf jeweils 1 Tomatenscheibe, 1 Zucchinischeibe, gebratene Zwiebelringe und gebratenen Tofu legen. Alle Türme mit Pizzakäse bedecken und etwa 20 Minuten im vorgeheizten Backofen bei 175 °C (Ober- und Unterhitze) backen, bis der Käse angebräunt ist.

Tipp: Zu den Gemüsetürmen schmecken Back- oder Feuerkartoffeln, Kartoffelecken und auch Reis sehr gut.

Gefüllte Weinblätter mit Auberginendip (für 4 Personen)

Zutaten

2 Auberginen
2 EL Pinienkerne
12 Weinblätter, eingelegt
etwas Salz
1 Zwiebel
3 Knoblauchzehen
200 g Tofu naturell
etwas Olivenöl
100 g Rundkornreis
ca. 200 ml Gemüsebrühe
2 Zweige Thymian
¼ Bund Petersilie
1 Msp. Piment, gemahlen
etwas Pfeffer
etwas Zitronensaft

Zubereitung

Auberginen waschen und die Stängelansätze herausschneiden. Auberginen einritzen, auf einen Rost legen und etwa 30 Minuten im vorgeheizten Backofen bei 180 °C (Umluft) garen. Die Auberginen sollen schön weich und die Haut etwas angebrannt sein, damit sie sich gut schälen lassen.

In der Zwischenzeit Pinienkerne in einer Pfanne ohne Fett rösten, aus der Pfanne nehmen und beiseitelegen.

Weinblätter etwa 10 Minuten in kochendem Salzwasser blanchieren, in kaltem Wasser abschrecken, abtropfen lassen und auf einer Arbeitsfläche ausbreiten.

Zwiebel abziehen und in kleine Würfel schneiden. Knoblauch abziehen und durch eine Knoblauchpresse drücken. Tofu in kleine Würfel schneiden.

Olivenöl in einem Topf erhitzen. Zwiebelwürfel und 2 gepresste Knoblauchzehen darin anbraten. Tofuwürfel zugeben und mit anbraten. Reis und geröstete Pinienkerne untermischen und mit Gemüsebrühe auffüllen. Etwa 20 Minuten köcheln lassen, bis der Reis weich ist. Thymian und Petersilie vorsichtig waschen und klein schneiden. Piment, klein geschnittenen Thymian und Petersilie untermischen und mit Salz und Pfeffer abschmecken.

Die Reismasse etwas abkühlen lassen. Jeweils etwas Reismasse auf die Weinblätter geben und die Weinblätter zu einem Päckchen zusammenrollen.

Auberginen schälen, das Fruchtfleisch mit dem restlichen gepresstem Knoblauch in einen Mixer geben und fein pürieren. Etwas Olivenöl und etwas Zitronensaft untermixen und mit Salz und Pfeffer abschmecken. Weinblätter mit dem Auberginendip anrichten.

Überbackene Auberginenscheiben mit Quinoa-Pilz-Füllung

(für 4 bis 6 Personen)

Zutaten

2–3 Auberginen
ca. 2 EL Olivenöl

Für die Füllung
2 Tassen Quinoa
5 Tassen Wasser
½ rote Paprikaschote
500 g Champignons
1 große Zwiebel
etwas Petersilie/andere Kräuter nach Wahl
5 Basilikumblättchen
etwas Kokosfett
etwas Salz
etwas Pfeffer
2 EL Sojasoße (Shoyu)
1 EL Olivenöl
1 gestr. TL italienische Gewürzmischung, wenn vorhanden

Zubereitung

Für die Füllung Quinoa gründlich waschen, mit dem Wasser in einem Topf zum Kochen bringen, 10 bis 15 Minuten leicht köcheln lassen (bis das Wasser verkocht ist), von der Kochstelle nehmen und mit einem Untersetzer zum Ausquellen in eine Decke wickeln (Quinoa am besten schon einige Stunden vor der Zubereitung der Mahlzeit garen, damit genug Zeit zum Ausquellen bleibt).

Paprikaschote waschen, halbieren, entstielen, entkernen und in kleine Stücke schneiden. Champignons putzen, vorsichtig abspülen, nach Belieben halbieren und in dünne Scheiben schneiden. Zwiebel abziehen und in kleine Würfel schneiden. Petersilie und Basilikumblättchen vorsichtig waschen. Petersilienblättchen von den Stängeln zupfen und klein hacken. Stängel klein schneiden und beiseitelegen. Basilikumblättchen ebenfalls klein hacken.

Etwas Kokosfett In einer Pfanne zerlassen. Zuerst Champignonscheiben darin kurz und gut anbraten, dann Zwiebelwürfel und Petersilienstängel dazugeben und unter Rühren weiterbraten. Alles mit Salz und Pfeffer kräftig würzen. Paprikastücke mit 1 Esslöffel gehackter Petersilie hinzufügen und 3 bis 4 Minuten anbraten.

Für den veganen Streichkäse
2 EL Margarine/Palmfett/Olivenöl
2 EL Mehl (Type 1050)
½ TL Salz
150–200 ml Wasser
1 TL Senf
2 EL Hefeflocken
2 EL Sojasoße
2 EL Sojasahne

Etwas Kokosfett in einer anderen Pfanne zerlassen. 3 bis 4 Esslöffel gegarten Quinoa darin kurz und kräftig anbraten, mit Sojasoße ablöschen, gut vermischen und unter Rühren etwa 5 Minuten weiterbraten.

Alle angebratenen Zutaten mit restlichem Quinoa, Olivenöl, Gewürzen und restlichen klein geschnittenen Kräutern so lange mit einem Holzlöffel oder der Hand gut vermengen, etwas durchziehen lassen und bei Bedarf nachwürzen.

Auberginen waschen und die Stängelansätze herausschneiden. Auberginen quer in 1 bis 1½ Zentimeter dicke Scheiben schneiden, in eine Schüssel geben, mit reichlich Olivenöl beträufeln und mehrmals wenden.

Auberginenscheiben dicht nebeneinander auf ein mit reichlich Olivenöl gefettetes Backblech legen. Je nach Größe der Auberginenscheiben etwa 1 Esslöffel der Füllung mit angefeuchteten Händen zu einer Kugel formen, breit drücken und auf die Auberginenscheiben setzen.

Für den veganen Streichkäse Fett in einem Topf zerlassen, Mehl und Salz hinzufügen und unter Rühren darin anbräunen. Nach und nach mit dem Wasser ablöschen, glatt rühren und aufkochen lassen. Senf einrühren. Temperatur herunterschalten und Hefeflocken, Sojasoße und Sojasahne hinzufügen, nicht noch einmal aufkochen! Alles cremig pürieren und je nach Konsistenz und Geschmack noch etwas Wasser oder Würze dazugeben.

Die gefüllten Auberginenscheiben mit dem Käse bestreichen und 20 bis 30 Minuten im vorgeheizten Backofen bei 180 °C (Ober- und Unterhitze; 170 °C Umluft) überbacken, bis der Käse bräunt.

Tipps: Wenn es schneller gehen soll, statt der frischen Petersilie 1 Esslöffel Tiefkühl-Petersilie und statt der Basilikumblättchen 1 Esslöffel gerebeltes Basilikum zur Füllung geben. Zu den überbackenen Auberginen passen Bratkartoffeln, Backkartoffeln in allen Varianten, Pommes, Reis oder Quinoa. Sollte etwas Streichkäse übrig bleiben, daraus ein Sahnesößchen zaubern. Dafür den Käse mit etwas Sojasahne, Wasser und Gewürzen vermischen und dazu reichen. *Achtung*: Sojasahne nicht kochen!

Gefüllte Nudelnester (für 4 Personen)

Zutaten

Für die Nudelnester

500 g Spaghetti/Linguine (dünne Bandnudeln)
etwas Salz
ca. 6 EL Olivenöl
500 g TK-Spinat
125 g Räuchertofu
1 gestr. TL Piment, gemahlen
etwas Pfeffer
300 g Pilze (frisch/ aus dem Glas)
1 große Zwiebel
1 EL Kokosfett

Für die Tomatensoße

½–1 Knoblauchzehe, nach Belieben
200 g Tomatenpassata
50 g Tomatenmark
2 EL Olivenöl
1 TL Salz
1 TL italienische Gewürzmischung
1 TL Agavendicksaft
etwas Cayennepfeffer/ Chilipulver nach Belieben

Zubereitung

Für die Tomatensoße nach Belieben Knoblauch abziehen, fein schneiden und mit dem Messer zerdrücken. Knoblauch mit den restlichen Zutaten für die Soße in eine Schüssel geben, pürieren und beiseitestellen.

Für die Nudelnester Nudeln in reichlich Wasser mit 1 Teelöffel Salz und 1 Esslöffel Olivenöl nach Packungsanleitung al dente kochen, dabei öfters umrühren. Nudeln abgießen, mit kaltem Wasser abschrecken und gut abtropfen lassen. 2 Esslöffel Olivenöl in den Topf geben und Nudeln darin behutsam schwenken.

In der Zwischenzeit in einen anderen Topf etwa 1 Zentimeter hoch Wasser füllen, zum Kochen bringen, Spinat 2 bis 3 Minuten darin köcheln und mit Deckel ohne weitere Hitze auftauen lassen. Den aufgetauten Spinat durchrühren und abgießen, dabei nach Belieben das Spinatwasser auffangen und für den Streichkäse verwenden.

Tofu in etwa ½ Zentimeter große Würfel schneiden. Tofuwürfel in einer Schüssel mit Piment, 1 gehäuften Teelöffel Salz, 1 gestrichenen Teelöffel Pfeffer und etwas Olivenöl (das ergibt eine konzentrierte Würze) gut vermischen und marinieren.

Frische Pilze putzen und vorsichtig

Für den veganen Streichkäse zum Überbacken
2 EL Margarine
2 EL Mehl (Type 1050)
½ TL Salz
150–200 ml Wasser/ Gemüsewasser
1 TL Senf
2 EL Hefeflocken
2 EL Sojasoße
2 EL Sojasahne

abspülen. Pilze aus dem Glas in einem Sieb abtropfen lassen, dabei die Pilzflüssigkeit auffangen. Pilzstiele in Scheiben schneiden, die Pilzköpfe je nach Größe vierteln oder achteln und in etwa 1 Zentimeter große Stücke schneiden. Zwiebel abziehen und fein würfeln.

2 Esslöffel Olivenöl in einer Pfanne erhitzen, Pilzstücke darin anbraten, nach 3 bis 5 Minuten die Hälfte der Zwiebelwürfel, ½ Teelöffel Salz und etwas Pfeffer dazugeben und unter Rühren weiterbraten, bis sich die Ecken leicht bräunen. Pilzstücke aus der Pfanne nehmen und beiseitestellen.

Die Pfanne säubern, 1 Esslöffel Kokosfett darin zerlassen und den marinierten Räuchertofu unter Rühren darin braten, bis er bräunt. Restliche Zwiebelwürfel dazugeben und weiterbraten, bis auch die Zwiebeln leicht gebräunt sind. Tofumasse unter den Spinat mischen.

Einige Spaghetti mit einer Gabel aus dem Topf nehmen (sie müssen locker sein), zu einem Nest aufdrehen und behutsam auf ein mit Olivenöl gefettetes Backblech setzen. Die Gabel herausziehen und dabei leicht locker rütteln, um in der Mitte eine kleine Mulde zu erhalten. 1 Esslöffel Spinatmasse in die Mulde geben, 1 bis 2 Teelöffel Tomatensoße darauf- und die Pilze hineingeben.

Für den veganen Streichkäse zum Überbacken Margarine in einem Topf zerlassen. Mehl und Salz hinzufügen und unter Rühren anbräunen lassen. Nach und nach Wasser dazugeben, dabei immer wieder glatt rühren und aufkochen lassen. Senf einrühren und die Hitze reduzieren. Hefeflocken, Sojasoße und Sojasahne hinzufügen, *Achtung*: Nicht noch mal aufkochen lassen! Alles cremig pürieren und je nach Konsistenz und Geschmack noch etwas Wasser oder Würze dazugeben.

Die gefüllten Nudelnester mit je 1 Esslöffel veganem Streichkäse bestreichen und 15 bis 20 Minuten im vorgeheizten Backofen bei 200 °C (Ober- und Unterhitze) backen, bis der Käse bräunt.

Tipps: Den veganen Streichkäse erst nach dem Füllen der Nudelnester zubereiten, Steht er zu lange, dickt der Käse nach, was das Bestreichen der Nester erschwert. Sollte etwas zu viel Flüssigkeit an den Käse geraten sein, ihn einfach kurz stehen lassen, dann dickt er nach. Verwenden Sie wenn möglich vorwiegend frische Pilze.

Hülsenfrüchte

- Linsen, Erbsen und Bohnen immer mit kaltem Wasser ansetzen und zum Kochen bringen. Beim Kochen den Schaum abschöpfen und Salz erst hinzufügen, wenn das Gericht gar ist.
- Bohnen und Erbsen waschen und über Nacht einweichen. Es wird empfohlen, das Einweichwasser zum Garen zu verwenden.
- Hülsenfrüchte garen schneller und sind besser verdaulich, wenn auf 1 Liter Kochwasser 1 Teelöffel Natron zugesetzt wird.

Erbsen, Bohnen & Linsen

Dal von roten Linsen (für 4 Personen)

Zutaten

400 g rote Linsen
800 ml Wasser
1 gelbe Paprikaschote
1 Zwiebel
etwas Kokosfett
etwas Salz
etwas Pfeffer
1 TL Garam Masala

Zubereitung

Linsen gut waschen, mit dem Wasser in einem Topf zum Kochen bringen und bei geringer Hitze 20 bis 30 Minuten köcheln lassen, bis das Wasser verkocht ist. Paprikaschote waschen, halbieren, entstielen, entkernen und in feine Stücke schneiden. Zwiebel abziehen und fein hacken.

Kokosfett in einem Topf zerlassen. Paprikastücke und gehackte Zwiebel darin anbraten, mit Salz und Pfeffer würzen und die fertig gekochten Linsen hinzufügen. Garam Masala untermischen und eventuell nochmals nachwürzen. Dal heiß servieren.

Tipp: Zu diesem Gericht schmecken Reis und geschmortes bzw. rohes Sauerkraut besonders gut.

Braunes Linsengemüse (für 4 Personen)

Zutaten

350 g Linsen
700 ml Wasser
150 g Knollensellerie
3 Möhren
1 große Stange Porree (Lauch)
1 große Zwiebel
½ Knoblauchzehe
etwas Kokosfett
etwas Salz
etwas Pfeffer
2 EL Sojasoße
150 ml Tomatenpassata
1 TL Senf
1 TL Majoran, gerebelt, nach Belieben mehr
frische Kräuter, nach Belieben

Tipp: Sie können auch andere Gemüsesorten, z. B. Brokkoli oder Paprikaschoten, in das Linsengemüse geben.

Zubereitung

Linsen 2-mal gründlich waschen und abgießen. 700 Milliliter Wasser mit den Linsen in einem Topf zum Kochen bringen und diese bei geringer Hitze weich kochen.

In der Zwischenzeit Sellerie und Möhren putzen, wenn nötig schälen und abwaschen. Porree putzen, die Stange längs halbieren und gründlich waschen. Das Gemüse in kleine Stücke schneiden. Zwiebel abziehen und fein würfeln. Knoblauch ebenfalls abziehen, fein schneiden und mit dem Messer zerdrücken.

Kokosfett in einer Pfanne zerlassen. Das Gemüse darin goldbraun anbraten, Zwiebelwürfel und Knoblauchetwas später dazugeben und anbraten. Gemüse mit Salz, Pfeffer und Sojasoße würzen, kurz vor Ende der Bratzeit mit Tomatenpassata ablöschen und bei geringer Hitze noch etwas köcheln lassen.

150 Gramm der gekochten Linsen mit Senf und Gewürzen in einem Mixbecher pürieren. Püree und gebratenes Gemüse zu den Linsen in den Topf geben und gegebenenfalls noch etwas Wasser dazugeben, um die gewünschte Konsistenz zu erreichen. Nach Belieben Kräuter vorsichtig waschen, fein hacken und das Linsengemüse damit bestreuen.

Chili sin carne – mexikanische Bohnen (für 4 Personen)

Zutaten

300 g Kidneybohnen
600 ml Wasser
1 TL Natron
etwas Salz
1 kleine Zucchini
1 gelbe Paprikaschote
2 Tomaten
1 Zwiebel
1 Knoblauchzehe
240 g Mais (aus dem Glas)
etwas Kokosfett
etwas Pfeffer
300 ml Tomatenpassata
½–1 TL Mexicanagewürz
etwas Chilipulver
etwas Olivenöl

Tipp: Mit Vollkornreis und geröstetem Sesam (in einer Pfanne ohne Fett anrösten) serviert, ist dies eine hochwertige Mahlzeit.

Zubereitung

Am Vorabend Kidneybohnen gut waschen, abgießen und mit 600 Millilitern Wasser über Nacht in einem Topf einweichen.

Am nächsten Tag Natron zu den Bohnen geben. Bohnen etwa 1½ Stunden kochen lassen. Dabei immer wieder den Schaum abschöpfen und erst kurz vor Ende der Garzeit mit Salz würzen.

Zucchini waschen und die Enden abschneiden. Paprikaschote waschen, halbieren, entstielen und entkernen. Tomaten waschen, halbieren und die Stängelansätze herausschneiden. Das Gemüse in kleine Stücke schneiden. Zwiebel und Knoblauch abziehen und fein hacken. Mais in einem Sieb abtropfen lassen.

Kokosfett in einer Pfanne zerlassen. Das Gemüse darin anbraten und mit Salz und Pfeffer würzen. Zwiebel und Knoblauch dazugeben und weitere etwa 5 Minuten braten, bis das Gemüse bissfest ist. Nun Mais, Tomatenpassata und die restlichen Gewürze hinzugeben und alles gut verrühren.

Kidneybohnen abgießen. 100 Gramm der gegarten Bohnen pürieren, eventuell mit etwas Wasser verdünnen. Bohnenpüree mit gebratenem Gemüse zu den restlichen Bohnen geben und mischen. Olivenöl dazugeben, nochmals abschmecken, fertig!

Ungarisches Bohnengulasch (für 4 Personen)

Zutaten

250 g Feuerbohnen
¾–1 l Wasser
½ TL Natron
2 Kartoffeln
½ Knollensellerie
1 kleiner Kohlrabi
4 EL Olivenöl, nach Bedarf mehr
125 g Räuchertofu
1 kleine Zwiebel
½ Knoblauchknolle
½ Bund Petersilie
etwas Salz
etwas Pfeffer
etwas Piment, gemahlen
etwas Kokosfett
etwas Paprikapulver edelsüß
etwas Sojasahne

Tipp: Ein Schnellkochtopf verkürzt die Garzeit der Feuerbohnen beträchtlich.

Zubereitung

Am Vorabend Feuerbohnen gut waschen, abgießen und mit reichlich frischem Wasser in einem Topf einweichen. Am nächsten Tag Natron zu den Bohnen geben und in etwa ¾ bis 1 Liter Wasser 1 bis 1½ Stunden bissfest gar kochen.

In der Zwischenzeit Kartoffeln, Sellerie und Kohlrabi putzen, schälen und waschen. Kartoffeln fein reiben, Sellerie und Kohlrabi in kleine Würfel schneiden. 2 Esslöffel Olivenöl in einer Pfanne erhitzen, Sellerie und Kohlrabi darin anbraten und mit Wasser auffüllen. Die fein geriebenen Kartoffeln unterrühren und alles zu den fertigen Bohnen geben.

Tofu in Würfel schneiden. Zwiebel abziehen und in kleine Würfel schneiden. Knoblauch abziehen und durch eine Knoblauchpresse drücken. Petersilie vorsichtig waschen und klein schneiden.

Tofuwürfel in eine Schüssel geben, mit Salz, Pfeffer, Piment und restlichem Olivenöl mischen und kurz marinieren. Etwas Kokosfett in der Pfanne zerlassen. Tofuwürfel darin anbraten, dann Zwiebelwürfel und Knoblauch dazugeben.

Gebratenen Tofu in die Bohnensuppe geben, abschmecken und die klein gehackte Petersilie unterrühren. Dazu Sojasahne reichen.

Deftige Köstlichkeiten

Ragouts & Gulasch

Tofugulasch

(für 4 Personen)

Zutaten

600 g Tofu naturell
etwas Salz
etwas Pfeffer
1 TL Piment, gemahlen
5 EL Olivenöl
300 g Zwiebeln
2 Paprikaschoten
2 Knoblauchzehen
¾ l Wasser, heiß
3 Lorbeerblätter
5 Wacholderbeeren
4 Tomaten
80 g Margarine
2 Msp. Paprikapulver scharf
30 g Mehl
250 ml Sojasahne

Zubereitung

Tofu in Würfel schneiden. Tofuwürfel in eine Schüssel geben, mit Salz, Pfeffer und Piment kräftig würzen und mit etwas Olivenöl gut mischen. Tofuwürfel auf ein gefettetes Backblech geben und etwa 20 Minuten im vorgeheizten Backofen bei 190 °C (unter dem Grill einschieben) unter gelegentlichen Wenden goldbraun backen. (*Achtung*: Anbrenngefahr!)

In der Zwischenzeit Zwiebeln waschen, abziehen und fein hacken. Die Schalen von 2 großen Zwiebeln beiseitelegen. Paprikaschote waschen, halbieren, entstielen, entkernen und würfeln. Knoblauch durch eine Knoblauchpresse drücken.

Sobald die Ecken der Tofuwürfel zu bräunen beginnen, 100 Gramm Zwiebeln, die Hälfte der Paprikaschoten und Knoblauch gleichmäßig über dem Tofu verteilen.

Das heiße Wasser mit Lorbeerblättern,

Zwiebelschalen und Wacholderbeeren in einem Topf etwa 20 Minuten leise köcheln lassen. Abseihen.

Tomaten waschen, halbieren und die Stängelansätze herausschneiden. Tomaten in Würfel schneiden. Margarine in einer Pfanne zerlassen. Restliche Paprikawürfel und restliche Zwiebeln darin goldbraun braten, dabei mit Salz, Pfeffer und Paprikapulver abschmecken. Alles wenden, Mehl darüberstäuben und unter ständigem Rühren weiterbraten, bis alles gut und gleichmäßig gebräunt ist.

Mit Sojasahne ablöschen und zu einer festeren Masse verrühren. Gewürzwasser nach und nach unter ständigem Rühren hinzufügen, bis die Schwitze glatt ist. Tomatenwürfel dazugeben und weitere etwa 10 Minuten kochen lassen.

Tomatensoße cremig pürieren und mit den gebräunten Tofuwürfeln in eine Terrine bzw. einen Topf geben. Alles vorsichtig vermischen, ggf. nachwürzen.

Tipps: Statt frischer Tomaten können Sie auch 2 Esslöffel Tomatenpassata zur Schwitze geben. Die Tofuwürfel lassen sich auch mit brauner Bratensoße (Seite 239) zu Gulasch verarbeiten.

Veganes Ragout fin mit Tofu (für 3 bis 4 Personen)

Zutaten

1 kleine Zwiebel
1 kleines Stück Knollensellerie
1 kleines Stück Möhre
400 g Tofu naturell
etwas Salz
etwas Pfeffer
etwas Piment, gemahlen
3 EL Olivenöl
40 g Margarine
2 EL Mehl
1 TL Gemüsebrühe
ca. 300 ml Wasser, nach Bedarf mehr
3 EL Hefeflocken
2–3 EL Sojasoße
125 ml Sojasahne
½–1 EL Zitronenschale, abgerieben
Veganer Sahnestreichkäse (Seite 340)
3–4 Zitronenscheiben
3 EL Zitronensaft
etwas Worcestersoße

Tipp: Wenn vorhanden, können Sie das Ragout auch prima in Blätterteigpastetchen füllen.

Zubereitung

Zwiebel abziehen und in kleine Würfel schneiden. Sellerie und Möhre putzen, wenn nötig schälen, abwaschen und fein raspeln. Tofu in etwa ½ Zentimeter dicke, 1 Zentimeter breite und 2 Zentimeter lange Streifen schneiden. Tofustreifen in eine Schüssel geben, mit Salz, Pfeffer, Piment und Olivenöl mischen.

Etwas Margarine in einer Pfanne zerlassen. Tofustreifen darin goldbraun braten, wenden. Zwischendurch Zwiebelwürfel und je 1 Esslöffel Sellerie- und Möhrenraspel unterrühren und glasig dünsten. Mehl darüberstäuben, Gemüsebrühe dazugeben und mit dem Wasser ablöschen. Das Bratgut unter Kochen ausquellen lassen, bis die Soße eine dickflüssige Konsistenz erhalten hat.

Den Topf von der Kochstelle nehmen, Hefeflocken, Sojasoße, Sojasahne und Zitronenschale hinzufügen, nochmals gut verrühren und mild abschmecken.

Ragout in 3 bis 4 gefettete feuerfeste Förmchen füllen, mit Veganem Sahnestreichkäse bestreichen und 10 bis 15 Minuten im vorgeheizten Backofen bei 175 °C (Ober- und Unterhitze) goldbraun backen. Jedes Förmchen mit 1 Zitronenscheibe garnieren, Zitronensaft und Worcestersoße dazu reichen.

Veganes Ragout fin mit Pastinaken (für 4 Personen)

Zutaten

1 kleine Zwiebel
60 g Knollensellerie
1 kleine Möhre
600 g Pastinaken
etwas Olivenöl
etwas Salz
etwas Pfeffer
etwas Piment, gemahlen
60 g Margarine
2 EL Mehl
2 TL Gemüsebrühe
300 ml Wasser, nach Bedarf etwas mehr
3 EL Hefeflocken
2 EL Sojasoße
125 ml Sojasahne
etwas Zitronenschale, abgerieben
Veganer Sahnestreichkäse (Seite 340)
4 Zitronenscheiben
etwas Zitronensaft
etwas Worcestersoße

Zubereitung

Zwiebel abziehen und in kleine Würfel schneiden. Sellerie und Möhre putzen, wenn nötig schälen, abwaschen und fein raspeln. Pastinaken putzen, wenn nötig schälen, waschen und in etwa ½ Zentimeter dicke, 1 Zentimeter breite und 2 Zentimeter lange Streifen schneiden. Pastinakenstreifen in eine Schüssel geben, Olivenöl darübergießen und mit Salz, Pfeffer und Piment würzen.

Pastinaken in einer Pfanne in der Margarine goldbraun braten, wenden. Zwiebeln und Gemüse unterrühren und glasig dünsten. Mehl darüberstäuben, Gemüsebrühe dazugeben und mit dem Wasser ablöschen. Das Bratgut unter Kochen ausquellen lassen, bis die Soße dickflüssig ist.

Den Topf von der Kochstelle nehmen, Hefeflocken, Sojasoße, Sojasahne und Zitronenschale hinzufügen und abschmecken.

Ragout in 4 gefettete feuerfeste Förmchen füllen, mit Veganem Sahnestreichkäse bestreichen und 10 bis 15 Minuten im vorgeheizten Backofen bei 175 °C (Ober- und Unterhitze) goldbraun backen. Förmchen mit 1 Zitronenscheibe garnieren, Zitronensaft und Worcestersoße dazu reichen.

Tipps: Dazu Toast oder Baguette reichen oder das Ragout in kleine Blätterteigpasteten füllen.

Tofu-Frikassee

(für 4 Personen)

Zutaten

Für das Tofugeschnetzelte
400 g Tofu naturell
etwas Salz
etwas Pfeffer
2 geh. EL Mehl
5 EL Olivenöl
etwas Kokosfett

Für die Soße
1 kleine Zwiebel
280 g Champignonköpfe (aus dem Glas)
350 g Erbsen (aus dem Glas)
30 g Kapern, nach Belieben auch mehr
40 g Margarine
2 geh. EL Mehl
1 TL Senf
200 ml Wasser
2 EL Sojasoße (Shoyu)
3 geh. EL Hefeflocken
125 ml Sojasahne

Zubereitung

Für das Geschnetzelte Tofu in etwa ½ Zentimeter breite und 2 Zentimeter lange Streifen schneiden. Tofustreifen in einer Schüssel mit 1 Teelöffel Salz und Pfeffer gut würzen, Olivenöl und Mehl darüber verteilen und vorsichtig vermischen. Diese in einer Pfanne mit Kokosfett anbraten, bis sich die Ränder leicht bräunen. Die Tofustreifen sollten saftig bleiben.

In der Zwischenzeit *für die Soße* Zwiebel abziehen und fein hacken. Champignonköpfe und Erbsen in einem Sieb abtropfen lassen. Margarine in einer Pfanne zerlassen, Mehl und Zwiebel kurz darin aufwallen lassen, Senf unterrühren und mit dem Wasser ablöschen. Das Ganze aufkochen lassen und glatt rühren.

Champignonköpfe, Kapern, Erbsen und das knusprige Tofugeschnetzelte in die Soße rühren und mit Sojasoße, nach Belieben etwas Salz und Hefeflocken abschmecken.

Sojasahne erst kurz vor dem Servieren unterziehen und gut verrühren (nicht aufkochen lassen, da die Sahne sonst ausflockt).

Auberginengulasch

(für 4 Personen)

Zutaten

1½ kg Auberginen
4–5 EL Olivenöl
etwas Salz
etwas Pfeffer
¼ TL Paprikapulver edelsüß
1 Prise Paprikapulver scharf, nach Belieben mehr

Für die Soße

3 Tomaten
2 Zwiebeln
½ Bund Petersilie
etwas Kokosfett
½ TL italienische Gewürzmischung
½ TL Kräuter der Provence
1 geh. EL Mehl (Type 1050)
1 EL Senf
350 ml Tomatenpassata
250 ml Wasser, nach Bedarf mehr
1 EL Sojasoße
1 EL Hefeflocken
4 EL Sojasahne
1 EL Ketchup
etwas Salz
etwas Pfeffer

Zubereitung

Auberginen waschen und die Stängelansätze herausschneiden. Fruchtfleisch an den Stängelansätzen klein schneiden und beiseitelegen. Auberginen in 1½ bis 2 Zentimeter große Würfel schneiden und mit Olivenöl, Salz, Pfeffer und Paprikapulver in einer Schüssel vermischen. Auberginenwürfel auf einem mit Olivenöl gefetteten tiefen Backblech verteilen und im vorgeheizten Backofen bei 200 °C (Blech 5 bis 10 Zentimeter unter dem Grill hineinschieben) backen, bis die Kanten sich zu färben beginnen, dabei öfters wenden (*Achtung*: Anbrenngefahr! Also besser dabeibleiben!)

In der Zwischenzeit *für die Soße* Tomaten waschen, halbieren und die Stängelansätze herausschneiden. Tomatenhälften in kleine Würfel schneiden. Zwiebeln abziehen und fein hacken. Petersilie vorsichtig waschen, Blättchen von den Stängeln zupfen und Blättchen und Stängel getrennt klein hacken.

Kokosfett in einem Topf zerlassen. Beiseitegelegtes Auberginenfruchtfleisch von den Stängelansätzen darin anbraten, mit Salz und Pfeffer würzen. Klein geschnittene Petersilienstängel, Zwiebeln und restliche Gewürze hinzugeben, kurz mitbraten und wenden.

Mehl darüberstäuben, ebenfalls kurz anbraten und wenden. Das Ganze mit Senf und Tomatenpassata ablöschen, langsam mit Wasser auffüllen und unter leichtem Köcheln glatt rühren.

Sojasoße, Hefeflocken, Sojasahne und Ketchup hinzugeben und alles cremig pürieren. Gewürfelte Tomaten hinzufügen und die Soße auf der Kochstelle warm halten, nicht mehr kochen lassen.

Gebackene Auberginenwürfel und gehackte Petersilienblättchen unterrühren, abschmecken und nachwürzen.

Tipps: Statt der frischen Tomaten können Sie auch etwa 350 Gramm gewürfelte Tomaten (aus dem Glas) zum Auberginengulasch geben. Das Gulasch schmeckt lecker in Kombination mit Reis, Kartoffelpüree oder gebackenen Kartoffelecken.

Szegediner Gulasch, vegan (für 4 bis 6 Personen)

Zutaten

4 Zwiebeln
1–2 Knoblauchzehen
1 Paprikaschote
600 g Tofu naturell
etwas Salz
etwas Pfeffer
etwas Piment, gemahlen
3 EL Olivenöl
750 g Sauerkraut
1 kg Weißkohl
2 Tomaten
5 Wacholderbeeren
3 Lorbeerblätter
etwas Margarine
etwas Paprikapulver scharf
30 g Mehl
250 ml Sojasahne
¾ l Wasser, heiß

Zubereitung

Zwiebeln abziehen und in kleine Würfel schneiden. Knoblauch abziehen und durch eine Knoblauchpresse drücken. Paprikaschote waschen, halbieren, entstielen, entkernen und in kleine Stücke schneiden. Tofu in kleine Würfel schneiden.

Den Weißkohl vierteln. Den Strunk und die dicken Blattrippen herausschneiden, klein schneiden und beiseitelegen. Kohlviertel waschen und in dünne Streifen schneiden. Tomaten waschen, halbieren und die Stängelansätze herausschneiden. Tomatenhälften in Würfel schneiden.

Anschließend Weißkohlstreifen mit etwas Wasser, zerdrückten Wacholderbeeren und Lorbeerblättern in einem Topf zum Kochen bringen, umrühren und ziehen lassen.

Tofuwürfel in eine Schüssel geben, mit Salz, Pfeffer, Piment und Olivenöl mischen und auf einem gefetteten Backblech verteilen. Tofuwürfel etwa 20 Minuten im vorgeheizten Backofen bei 190 °C (Blech 5 bis 10 Zentimeter unter den Grill hineinschieben) unter gelegentlichem Wenden goldbraun backen, bis die Ecken zu bräunen beginnen (*Achtung:* Anbrenngefahr! Also besser dabeibleiben!)

Dann 100 Gramm Zwiebeln, die Hälfte der Paprikaschoten und Knoblauch gleichmäßig über dem Tofu verteilen und noch einmal etwa 10 Minuten backen.

Sauerkraut ausdrücken, dabei die Flüssigkeit auffangen. Kraut grob schneiden.

Für die Schwitze Margarine in einem zweiten Topf zerlassen. Klein geschnittenen Weißkohlstrunk und dicke Blattrippen mit den restlichen Paprikaschoten und Zwiebeln darin goldbraun braten, dabei mit Salz, Pfeffer, Piment und Paprikapulver abschmecken. Alles wenden, Mehl darüberstäuben und unter ständigem Rühren weiterbraten, bis alles gebräunt ist. Mit Sojasahne ablöschen und rühren, bis eine festere Masse entsteht. Nach und nach aufgefangene Sauerkrautflüssigkeit und das heiße Wasser unterrühren, bis die Schwitze glatt ist. Nun die gewürfelten Tomaten dazugeben.

Sauerkraut über die Tofuwürfel geben, vorsichtig unterheben und etwa 15 Minuten im Backofen (Ober- und Unterhitze) auf der mittleren Schiene weiterbacken.

Lorbeerblätter aus dem Weißkohl entfernen. Weißkohl abgießen, dabei das Kochwasser auffangen. Die Schwitze mit dem Weißkohlwasser zu einer feinen cremigen Soße pürieren.

Tofu-Sauerkraut-Mischung und Soße zum Weißkohl geben. Ggf. nachwürzen.

Asiatische Spezialität – Gulasch ganz anderer Art mit Vorsuppe und Hauptgang mit Reis (für 4 bis 6 Personen)

Zutaten

Für die Vorsuppe

(erst nach Fertigstellung des Hauptgangs zubereiten)
½ Bund Petersilie
1 Längskeil Weißkohl, gegart
1 Kelle würziges Tofu-Zwiebel-Gemüse
Weißkohlwasser

Für den Hauptgang

500 g Vollkorn-Rundkornreis
ca. 2 kg Weiß-/Spitzkohl
etwas Salz
600 g Zwiebeln
400 g Tofu naturell
etwas Pfeffer
80 g Margarine
1 Tasse Sojasoße
1 TL Paprikapulver edelsüß
½ TL Paprikapulver scharf
5–6 EL Zitronensaft
500 ml Wasser

Zubereitung

Für den Hauptgang Reis mit einer Tasse abmessen, gründlich waschen, in einem feinen Sieb abspülen und abtropfen lassen. Reis in einen Topf geben. In derselben Tasse die 2½-fache Menge Wasser abmessen, dazugeben und nach Packungsanleitung kochen lassen, bis kein Wasser mehr zu sehen ist. Auf der Warmhaltestufe gar ziehen lassen.

Zwiebeln abziehen und in Streifen schneiden. Tofu in etwa 2 Millimeter dünne, 2 Zentimeter breite und 3 Zentimeter lange Stücke schneiden. Tofustücke in eine Schüssel geben und sehr kräftig mit Salz und Pfeffer würzen.

In der Zwischenzeit vom Weißkohl die welken äußeren Blätter entfernen. Kohl so in 8 gleich große Längskeile schneiden, dass die Achtel dabei zusammenhalten. Kohlkeile im Ganzen (mit dem Strunk nach unten) in einem Topf mit wenig Wasser und 1 Prise Salz etwa 25 bis 40 Minuten (je nach Saftigkeit) garen. Anschließend Weißkohlkeile abgießen, dabei das Kochwasser auffangen.

Margarine in einer Pfanne zerlassen. Tofustücke darin braten, bis ihre Oberfläche hellbraun und knusprig ist. Zwiebeln dazugeben und weiterbraten, bis sich goldbraune Stellen zeigen. Sojasoße, Paprikapulver und Zitronensaft unterrühren und mit reichlich Wasser ablöschen. Alles kurz aufkochen und weiterköcheln lassen, bis sich ein paar Zwiebelteile schon etwas auflösen. Nach Bedarf noch einmal harmonisch scharf-salzig abschmecken. Reis, Kohl und Tofu-Zwiebel-Gemüse warm stellen.

Für die Vorsuppe Petersilie vorsichtig waschen und klein hacken. 1 gegarten Krautlängskeil klein schneiden und mit dem Weißkohlwasser und 1 Kelle Tofu-Zwiebel-Gemüse in einem Topf zu einer klaren Suppe kochen. Petersilie untermischen und noch einmal deftig-scharf abschmecken.

Tipps: Erst mit dieser Vorsuppe ist das Gericht vollkommen. Eine fruchtigere Note bekommt dieses Gericht, wenn Sie zusätzlich 400 Milliliter Tomatenpassata oder 1 gewürfelte Tomate, ½ Paprikaschote und ¼ Salatgurke hinzugeben.

Budapester Krautgulasch (für 4 bis 6 Personen)

Zutaten

700 g Weißkohl
300 g Tomaten
200 g grüne Paprikaschoten
150 g Zwiebeln
2 EL Kokosfett
etwas Salz
etwas Pfeffer
4 TL Paprikapulver edelsüß
etwas Paprikapulver scharf
2 TL Gemüsebrühe
ca. 500 ml Wasser, nach Belieben mehr
etwas Thymian
etwas Petersilie

Zubereitung

Vom Weißkohl die welken äußeren Blätter entfernen. Kohl vierteln und den Strunk herausschneiden. Kohlviertel waschen. Tomaten waschen, halbieren und die Stängelansätze herausschneiden. Kohl und Tomaten in etwa 3 Zentimeter große Stücke schneiden. Paprikaschoten waschen, halbieren, entstielen und entkernen. Zwiebeln abziehen. Paprikaschoten und Zwiebeln in feine Streifen schneiden. Thymian und Petersilie vorsichtig waschen und klein schneiden.

Kokosfett in einem Topf zerlassen. Weißkohlstücke, Paprika- und Zwiebelstreifen darin etwa 5 Minuten kross anbraten, 1 Esslöffel Wasser dazugeben, mit Salz, Pfeffer und Paprikapulver würzen. Gemüsebrühe und Tomatenstücke hinzugeben und etwa 1 Minute unter Wenden durchziehen lassen. Mit dem Wasser auffüllen und 20 bis 25 Minuten köcheln lassen. Nach Belieben noch Wasser nachgießen, je nach gewünschter Konsistenz. ½ Esslöffel Thymian und Petersilie untermischen und das Krautgulasch nach Belieben nachwürzen.

Geschmortes Sauerkraut

(für 4 Personen)

Zutaten

2 Möhren
500 g Sauerkraut
2 EL Kokosfett
500 ml Wasser, heiß
2 Wacholderbeeren
3 Pimentkörner
1 Lorbeerblatt
etwas Salz
etwas Pfeffer

Zubereitung

Möhren putzen, wenn nötig schälen, abwaschen und grob raspeln. Sauerkraut in einem Sieb abtropfen lassen, nach Belieben fein schneiden.

Kokosfett in einer Pfanne zerlassen. Die Hälfte der Möhrenraspel mit 200 Gramm Sauerkraut darin etwa 5 Minuten kross anbraten, mit 250 Millilitern heißem Wasser ablöschen und etwa 10 Minuten köcheln lassen.

Zerdrückte Wacholderbeeren, Pimentkörner, Lorbeerblatt, Salz, Pfeffer und die restlichen geraspelten Möhren hinzufügen und weitere 10 bis 15 Minuten köcheln lassen, dabei immer wieder etwas Wasser hinzugießen, sodass immer etwa 1 Zentimeter Flüssigkeit den Boden bedeckt.

Restliches Sauerkraut gut untermischen. Geschmortes Sauerkraut bei Bedarf abschmecken und nochmals erhitzen.

Kohlrouladen

(für 4 Personen)

Zutaten

2–2,5 kg Weißkohl
etwas Mehl (Type 1050)
etwas Kokosfett
250 ml Sojasahne
Küchengarn, nach Belieben

Für die würzige Getreidemasse der Füllung

150 g Dinkel, geschrotet
350 ml Wasser
1 große Zwiebel
1–2 Knoblauchzehen
etwas Salz
etwas Pfeffer
1 EL Senfkörner
½–1 TL Kümmel, gemahlen
ca. ½ TL Piment, gemahlen
etwas Paprikapulver scharf
1 EL Senf
3 EL Sojasoße
100 g Haferflocken
3 EL Olivenöl
etwas Kokosfett

Zubereitung

Zum Vorbereiten *für die Getreidemasse* Dinkel in einen Topf geben, mit dem Wasser auffüllen und bei geringer Hitze unter Rühren 5 bis 10 Minuten zu einem dicken Brei kochen, nach Bedarf noch etwas Wasser dazugießen. Den Topf von der Kochstelle nehmen, die Masse in eine Schüssel geben und abkühlen lassen.

In der Zwischenzeit vom Weißkohl die welken, äußeren Blätter entfernen. Kohl in sprudelnd kochendem Wasser etwa 6 Minuten kochen lassen, herausnehmen und bissfeste Kohlblätter ablösen. Den Kohl wieder ins Wasser geben, bis sich nach weiteren etwa 6 Minuten die nächsten Blätter lösen lassen. Den Vorgang so oft wiederholen, bis genügend Blätter zum Einwickeln abgelöst sind.

Von den abgelösten Kohlblättern den dicken Teil der Blattrippe mit einem Messer verdünnen, damit das Einwickeln leichter gelingt. Restlichen Kohl und abgeschnittene Blattrippen sehr klein schneiden.

Für die Getreidemasse der Füllung Zwiebel abziehen und in kleine Würfel schneiden. Knoblauch abziehen und durch eine Knoblauchpresse drücken. Etwas Kokosfett in einem Topf zerlassen. Etwa 200 Gramm klein geschnittenen Kohl und Zwiebeln darin kross anbraten, von der

Für die Soße
etwas Kokosfett
die restliche Getreidemasse
etwas Wasser, zum Ablöschen
etwas Pfeffer, Salz, Kümmel, Piment und Paprikapulver
ein wenig Senf
125 ml Sojasahne

Kochstelle nehmen und mit Salz, Pfeffer, Senfkörnern, Kümmel, Piment, Knoblauch und etwas Paprikapulver sehr kräftig würzen. Senf und Sojasoße dazugeben und alles gut vermischen.

Die Zwiebel-Kohl-Masse mit Haferflocken und Olivenöl zum Getreidebrei geben, gut mit der Hand vermengen und etwa 20 Minuten ziehen lassen. Nach Bedarf noch Wasser hinzufügen und nochmals gut nachwürzen (die Gewürzkraft zieht in das Getreide ein). Die Masse muss fest und gut formbar sein.

Je Roulade 2 bis 3 Esslöffel Getreidemasse als Röllchen quer über die untere Blattrippe eines kleinen Kohlblatts geben, die Seiten einschlagen und die Masse straff einwickeln. Ein zweites, großes Kohlblatt genauso darüberwickeln. Nach Belieben die Rouladen mit Küchengarn umwickeln. Zum Schluss wird noch Getreidemasse übrig bleiben, die für die Soße verwendet wird.

Rouladen mit Salz würzen und in Mehl wälzen. Etwas Kokosfett in einer Pfanne zerlassen und die Rouladen darin gut anbraten.

Rouladen in ein mit Wasser bedecktes tiefes Backblech setzen und etwa 30 Minuten im vorgeheizten Backofen bei 175 °C (Ober- und Unterhitze) schmoren lassen. Rouladen anfangs mit etwas kaltem Wasser begießen, dann so wenden, dass sie von allen Seiten gleichmäßig nachbräunen. Dabei immer wieder mit Bratflüssigkeit oder Wasser übergießen.

In der Zwischenzeit *für die Rouladensoße* etwas Kokosfett in einem Topf zerlassen und die restliche Getreidemasse darin anbraten. Mit Wasser ablöschen und nach Belieben mit Pfeffer, Salz, Kümmel, Piment, Paprikapulver und ein wenig Senf nachwürzen. Das Ganze pürieren und mit kochendem Wasser auffüllen, bis die gewünschte Konsistenz erreicht ist. Die Soße von der Kochstelle nehmen und mit Sojasahne verfeinern.

Tipps: Als Kohl eignet sich auch bestens Spitzkohl oder Wirsing. *Achtung*: Der Kohl verbrennt sehr schnell und schmeckt dann bitter. Um die Füllmasse interessanter zu gestalten, sehr fein geschnittene, kross gebratene Kohlstücke mit gemahlenem Kümmel würzen und darunter mischen. Die Soße können Sie statt mit Senf auch mit etwas Tomatenpassata oder Tomatenmark würzen.

Schmorkohl

(für 4 Personen)

Zutaten

900 g Weißkohl
etwas Salz
500 ml Wasser
1 Zwiebel
etwas Kokosfett
etwas Pfeffer
1 Msp. Paprikapulver scharf
2 EL Mehl
1 TL Kümmel, gemahlen
ca. 2 EL Sojasahne

Zubereitung

Vom Weißkohl die welken äußeren Blätter entfernen. Kohl vierteln. Den Strunk herausschneiden, klein schneiden und beiseitelegen. Kohlviertel waschen und etwa 2 Zentimeter große Stücke schneiden.

Weißkohlstücke mit 1 Teelöffel Salz und dem Wasser in einem Topf zum Kochen bringen und 10 bis 15 Minuten köcheln lassen (dabei zwischendurch einmal wenden), bis sie bissfest sind. (Das Wasser sollte immer mindestens bis zur Hälfte des Gemüses stehen.) Kohl abgießen, dabei das Kochwasser auffangen.

In der Zwischenzeit Zwiebel abziehen und fein hacken. Kokosfett in einem Topf zerlassen. Strunkstücke mit Salz und Pfeffer darin kross anbraten. Nach etwa 5 Minuten gehackte Zwiebel und Paprikapulver, etwas später Mehl und Kümmel dazugeben und kurz weiterbraten.

Masse mit dem Weißkohlwasser ablöschen und unter Rühren Wasser zufügen, bis das Mehl ausgequollen ist. Anschließend pürieren und mit den Weißkohlstücken vermischen. Sojasahne dazugeben und nach Belieben nochmals nachwürzen.

Gebratenes

- Seitan ist preiswert, fettarm und sehr bekömmlich. Er lässt sich sehr einfach zubereiten und stillt das Verlangen nach Eiweiß mit regelrechten Geschmacksexplosionen, die der Vollkost ähneln. Sehr lecker schmecken Schnitzel, Rührei, Braten oder Gulasch, aber auch zum Räuchern eignet sich Seitan bestens.
- Für eine Panade kann man statt Semmelbröseln auch ungesüßte, zerbröselte Cornflakes verwenden.

Alles aus Seitan

Seitan, selbst gemacht – Grundrezept

(für etwa 660 Gramm Grundmasse)

Zutaten

500 g Weizenmehl (Type 550)
500 g Dinkelmehl (Type 650)
700 ml Wasser, kalt

Zubereitung

3 Liter Wasser in einem großen Topf zum Kochen bereitstellen. Mehl und kaltes Wasser in einer Schüssel zu einem zähen, glatten Teig verarbeiten (im Mixer auf mindestens 2 oder mehr Portionen aufteilen).

Den Teig in eine große Schüssel (5 Liter Inhalt) geben, vollständig mit lauwarmem Wasser bedecken und 10 Minuten ruhen lassen. Dann die Stärke auswaschen, dafür den Teig unter Wasser durchkneten, bis das Wasser milchweiß ist. Wasser vorsichtig abgießen und alle kleinen Flocken in der Schüssel auffangen. Diesen Vorgang etwa 3-mal mit lauwarmem Wasser wiederholen, bis ein etwas zäher Proteinballen übrig bleibt.

Den Ballen zu einer Rolle formen und nach Belieben zu Schnitzeln, Braten oder die Flocken als Rührei verarbeiten.

Seitanschnitzel (für 16 kleine Schnitzel)

Zutaten

3 l Wasser
selbst gemachter Seitan (Seite 223)

Zum Panieren

ca. 200 g Mehl
70 ml Olivenöl
ca. 200 g Semmelbrösel/ ungesüßte Cornflakes, zerbröselt
etwas Salz, nach Bedarf
etwas Pfeffer, nach Bedarf
ca. 200 g Kokosfett

Zubereitung

Das Wasser in einem Topf zum Kochen bringen. Seitanballen zu einer Rolle formen und je nach Größe der gewünschten Schnitzel in Scheiben schneiden. Die Seitanscheiben intensiv breit drücken, sodass dünne Fladen entstehen (die Masse zieht sich immer wieder zusammen), sofort ins kochende Wasser geben und je nach Dicke 10 bis 15 Minuten gar kochen. Die gekochten Schnitzel herausnehmen und auf einem Rost etwas auskühlen und abtropfen lassen.

Zum Panieren Mehl, Olivenöl und Semmelbrösel getrennt in jeweils einen Teller geben. Seitanscheiben gut mit Salz und Pfeffer würzen, zunächst im Mehl, dann in Olivenöl und zum Schluss in Semmelbröseln wenden. Panade etwas andrücken.

Kokosfett in einer Pfanne zerlassen und panierte Seitanschnitzel darin knusprig braun braten, dabei die abgefallene dunkle Panade immer wieder aus dem Fett entfernen.

Tipp: Auf die gleiche Weise lassen sich Tofuschnitzel zubereiten. Für 4 kleine Schnitzel 600 Gramm Tofu naturell in etwa 1½ Zentimeter dicke Scheiben in gewünschter Schnitzelgröße schneiden, wie die Seitanschnitzel panieren und in Kokosfett ausbacken.

Seitanrührei

(für 4 Personen)

Zutaten

½ Portion selbst gemachter Seitan (Seite 223)
1 große Zwiebel
100 g Margarine, nach Bedarf mehr
etwas Salz
etwas Pfeffer
ca. 500 ml Wasser
etwas Currypulver
125 ml Sojasahne

Zubereitung

Seitanballen zu einer Rolle formen und in grobe Stücke schneiden. Zwiebel abziehen und in grobe Würfel schneiden. Margarine in einer Pfanne zerlassen und Zwiebelwürfel darin glasig braten. Seitanstücke dazugeben und weiterbraten. Mit Salz und Pfeffer würzen und unter Rühren goldbraun braten.

Das Wasser hinzufügen und unter Rühren weiterköcheln, bis sich die Seitanstücke auflösen. Currypulver dazugeben, nachwürzen und Seitanrührei mit Sojasahne verfeinern.

Bratlinge & Klöpse

Fettärmer sind Klöpschen und Bratlinge, wenn sie auf einem Blech mit Backpapier in der Backröhre bei 180 °C gebacken werden. So zubereitet, unterscheiden sie sich im Geschmack doch etwas von den in Fett gebratenen. Allerdings empfiehlt es sich, die Bratlinge vor dem Backen mit etwas Olivenöl zu bestreichen.

Quinoa-Kräuterbratlinge

(für 4 Personen)

Zutaten

150 g Quinoa
350 ml Wasser
1 Zwiebel
1 Knoblauchzehe, nach Belieben
2 Zwiebelschlotten
½ Bund Petersilie
1 Bund Schnittlauch
etwas Oregano
etwas Salz
3 EL Olivenöl
etwas Pfeffer
ca. 6 EL Kokosfett
2 EL Sojasoße

Zubereitung

Quinoa gründlich waschen, mit dem Wasser in einem Topf zum Kochen bringen, 10 bis 15 Minuten köcheln lassen, von der Kochstelle nehmen und gute 30 Minuten im Topf ausquellen lassen.

In der Zwischenzeit Zwiebel abziehen und fein hacken. Nach Belieben Knoblauch abziehen, würfeln und mit einer breiten Messerklinge gut zerdrücken. Zwiebelschlotten und Kräuter vorsichtig waschen und fein schneiden. Etwas Petersilie beiseitelegen. Restliche Kräuter mit etwas Salz und 1 Esslöffel Olivenöl mischen und durchziehen lassen.

Etwa 1 Esslöffel Kokosfett in einer Pfanne zerlassen. Zwiebel und Knoblauch darin anbraten, mit Salz und Pfeffer würzen. Zwiebelschlotten und beiseitegelegte Petersilie hinzufügen und kurz im Bratgut wenden.

Quinoa in eine Schüssel geben, durchgezogene Kräuter und Bratgut hinzufügen und mit der Hand gut durchkneten, bis eine gebundene Masse entsteht. Quinoamasse mit angefeuchteten Händen zu etwa 1 Zentimeter dicken, 3 Zentimeter breiten und 5 Zentimeter langen Bratlingen formen.

Restliches Kokosfett in der Pfanne zerlassen und die Bratlinge darin von beiden Seiten goldbraun braten. Alternativ die Bratlinge auf ein mit Backpapier belegtes Backblech legen und etwa 20 Minuten im vorgeheizten Backofen bei 175°C (Ober- und Unterhitze) goldbraun backen.

Hefeplinsen

(für 4 Personen)

Zutaten

100 g Vollkornmehl
100 ml Wasser, nach Bedarf mehr
80 ml Sojasahne
1 Pck. Trockenhefe
½ Paprikaschote
250 g gebratene Tofuwürfelchen (Seite 83)
1 EL Tomatenmark
etwas Kokosfett

Zubereitung

Mehl, Wasser, Sojasahne und Hefe in einer Schüssel zu einem Teig verarbeiten und etwa 1 Stunde an einem warmen Ort gehen lassen. Paprikaschote waschen, entstielen und entkernen und klein würfeln.

Tofuwürfelchen nach Rezept zubereiten. Gebratene Tofuwürfelchen mit Paprikawürfeln und Tomatenmark mischen und unter den Teig rühren.

Kokosfett in einer Pfanne zerlassen, den Teig kellenweise hineingeben und die Hefeplinsen von beiden Seiten darin goldbraun braten.

Quinoabratsticks

(für 18 kleine Rollen)

Zutaten

100 g Quinoa
300 ml Wasser
50 g Reis
6 TL Johannisbrotkernmehl
700 ml Wasser
1 TL Senf
50 g Kokosfett

Für das Pito (geröstetes Quinoa)

200 g Quinoa

Für die Zwiebelmasse

180 g Zwiebeln
1 Knoblauchzehe
1 TL Salz
etwas Pfeffer
1 Msp. Paprikapulver scharf
5 TL Kümmel, gemahlen
1 TL Senf
1 TL Currypulver
2 EL Sojasoße
etwas Kokosfett

Tipp: 50 Gramm klein gehackte Kräuter (Petersilie, Schnittlauch, Dill oder Kresse) unter die Masse geben.

Zubereitung

Quinoa gründlich waschen, mit dem Wasser in einen Topf geben und nach Packungsanleitung kochen lassen.

In der Zwischenzeit *für das Pito* Quinoa in einer Pfanne ohne Fett unter ständigem Rühren leicht anrösten, bis es zu duften beginnt und sich bräunlich einfärbt (*Achtung*: Quinoa verbrennt schnell!). Den gerösteten Quinoasamen fein mahlen.

Für die Zwiebelmasse Zwiebeln abziehen und fein hacken. Knoblauch abziehen und fein schneiden. Kokosfett in einer Pfanne zerlassen. Gehackte Zwiebeln darin leicht anbraten, Knoblauch, Salz, Pfeffer, Paprikapulver, Kümmel, Senf und Currypulver dazugeben und mit der Sojasoße ablöschen.

Reis fein mahlen. Pito, gemahlenen Reis und Johannisbrotkernmehl trocken in einer Schüssel gründlich vermischen.

Das Wasser mit Senf zum gekochten Quinoa geben und pürieren. Zügig das Mehlgemisch unterrühren und die Zwiebelmasse mit den Händen unterkneten, nachwürzen. Aus der Quinoamasse mit angefeuchteten Händen kleine Röllchen formen.

Kokosfett in der Pfanne zerlassen und die Röllchen darin von allen Seiten knusprig braten.

Goldtaler

(für 4 Personen)

Zutaten

500 g Hirse
1 Zwiebel
2 Zwiebelschlotten
½ Bund Petersilie
ca. 6 EL Kokosfett
etwas Salz
etwas Pfeffer
2 EL Sojasoße
½ TL Kurkuma, gemahlen

Zubereitung

Hirse gründlich waschen und in einem Topf nach Packungsanleitung kochen.

In der Zwischenzeit Zwiebel abziehen und in kleine Würfel schneiden. Zwiebelschlotten putzen, waschen und fein schneiden. Petersilie vorsichtig waschen und klein schneiden.

Zwei Drittel der gekochten Hirse mit etwas Wasser pürieren. Gekochte Hirse zur restlichen Hirse in eine Schüssel geben. 1 Esslöffel Kokosfett in einer Pfanne zerlassen, fein gehackte Zwiebel darin anbraten und mit Salz und Pfeffer würzen, von der Kochstelle nehmen und Zwiebelschlotten, Petersilie, Sojasoße und Kurkuma hinzufügen.

Gebratene Zwiebeln zur Hirsemasse geben, gut vermengen und abkühlen lassen. Die Hirsemasse nochmals mit der Hand durchkneten und nach Belieben nachwürzen. Aus der Masse mit angefeuchteten Händen etwa 5 Zentimeter große und 1 Zentimeter dicke Bratlinge formen.

Restliches Kokosfett in der Pfanne zerlassen, die Bratlinge darin von beiden Seiten goldbraun braten und heiß servieren.

Gemüseburger

(für 14 Burger)

Zutaten

270 g Möhren
150 g Pastinaken/ Kartoffeln
160 g Brokkoli
100 g Porree (Lauch)
1 Zwiebel
6–8 EL Kokosfett
2 TL Salz
1 TL Pfeffer
¼ Bund Schnittlauch
¼ Bund Petersilie
10 EL Mehl

Zubereitung

Möhren und Pastinaken putzen, wenn nötig schälen, abwaschen und in feine Würfel schneiden. Brokkoli putzen und in kleine Röschen teilen. Brokkolistrunk in Stücke schneiden. Röschen und Strunkstücke abspülen. Porree putzen, die Stange längs halbieren und gründlich waschen. Porree dann in Ringe schneiden. Zwiebel abziehen und in kleine Würfel schneiden.

Möhren-, Pastinakenwürfel und Brokkoli mit etwas Wasser etwa 10 Minuten in einem Topf andünsten, bis das Gemüse bissfest ist.

In der Zwischenzeit 2 Esslöffel Kokosfett in einer Pfanne zerlassen. Porreestücke mit der gehackten Zwiebel kurz darin anbraten und mit Salz und Pfeffer gut würzen. Angebratenes Gemüse mit in den Topf zum gedünsteten Gemüse geben und grob pürieren.

Schnittlauch und Petersilie vorsichtig waschen und klein schneiden. Geschnittene Kräuter und Mehl zur Gemüsemasse geben und gut vermengen. Aus der Gemüsemasse mit angefeuchteten Händen etwa 5 Zentimeter große und 1 Zentimeter dicke Bratlinge formen.

Restliches Kokosfett in der Pfanne zerlassen, die Bratlinge darin von beiden Seiten goldbraun braten und heiß servieren.

Tipps: Anstelle des Mehls können Sie auch 4 kalte, geschälte, grob geriebene Pellkartoffeln unter die Masse kneten. Oder probieren Sie die Gemüseburger einmal mit 300 Gramm Zucchini, 160 Gramm Möhren, 60 Gramm Paprikaschoten, ½ Zwiebel, 6 Esslöffel Sojasahne, 4 Esslöffel Mehl, 3 Esslöffel Wasser, 2 Esslöffel Hefeflocken und Salz, Pfeffer und edelsüßem Paprikapulver. Dafür die Zucchini und Möhren grob reiben, mit dem geschnittenen Gemüse und den restlichen Zutaten vermischen und die Bratlinge im Kokosfett von beiden Seiten goldbraun braten. Oder bereiten Sie die Bratlinge nur aus Zucchini zu und würzen Sie sie mit Zitronensaft, -schale und etwas Kreuzkümmel.

Quinoa-Amaranth-Bratlinge (für 4 Personen)

Zutaten

100 g Quinoa
100 g Amaranth
500 ml Wasser
1 Zwiebel
150 g Pilze
½ Bund Petersilie
1 EL Margarine
etwas Salz
etwas Pfeffer
etwas Kokosfett

Zubereitung

Quinoa und Amaranth waschen. Quinoa mit 300 Millilitern Wasser und Amaranth mit 200 Millilitern Wasser in einem Topf getrennt voneinander nach Packungsanleitung kochen lassen.

In der Zwischenzeit Zwiebel abziehen und fein hacken. Pilze putzen, vorsichtig abspülen und klein schneiden. Petersilie vorsichtig waschen, Blättchen und Stängel getrennt klein hacken.

Zwei Drittel des gekochten Quinoa pürieren, den Rest mit Amaranth in eine Schüssel geben.

Margarine in einer Pfanne zerlassen. Gehackte Zwiebeln mit den Pilzen darin anbraten, mit Salz und Pfeffer würzen. Gehackte Petersilienstängel und einen Teil der gehackten Petersilienblättchen dazugeben und nochmals kurz mitbraten.

Pilzmasse mit der restlichen Petersilie zur Quinoa-Amaranth-Masse geben und untermischen. Masse abkühlen lassen und nochmals mit der Hand durchkneten, nach Belieben nachwürzen. Aus der Masse am besten mit öligen Händen etwa 5 Zentimeter große und 1 Zentimeter dicke Bratlinge formen.

Kokosfett in der Pfanne zerlassen, die Bratlinge darin von beiden Seiten goldbraun braten und heiß servieren.

Gehackteskuchen, vegan – schnelle Klöpschenvariante

(für 8 Personen)

Zutaten

350 g Dinkel, gemahlen/ geschrotet
ca. 1½ l Wasser
2 Zwiebeln
100 g Margarine
ca. 120 g Haferflocken
1 EL Senf, mittelscharf
1½ TL Salz
½ TL Pfeffer
3–4 EL Olivenöl

Zubereitung

Dinkel mit dem Wasser in einem Topf verrühren, unter Rühren zum Kochen bringen und bei geringer Hitze unter Rühren ausquellen lassen.

Zwiebeln abziehen und in kleine Würfel schneiden. Zwiebelwürfel mit Margarine, Haferflocken, Senf, Salz und Pfeffer zum ausgequollenen Getreide geben und gut vermischen.

Getreidemasse auf ein gut gefettetes Backblech geben, glatt streichen und gleichmäßig mit Olivenöl beträufeln. Getreidemasse 30 bis 35 Minuten im vorgeheizten Backofen bei 200 °C (Ober- und Unterhitze) backen, bis der Kuchen knusprig goldbraun ist. Zum Servieren in quadratische Stücke schneiden.

Tipp: Statt mit Dinkel können Sie den Gehackteskuchen auch mit gemahlenem oder geschrotetem Grünkern zubereiten.

Würzige Getreidemasse – Grundrezept (für 4 Personen)

Zutaten

150 g Getreide (z. B. Dinkel, Grünkern, Weizen, Kamut), geschrotet
350 ml Wasser
1 große Zwiebel
½–1 Knoblauchzehe
ca. 1 TL Salz
ca. ½ TL Pfeffer
1 EL Senf/Senfkörner
3 EL Sojasoße
100 g Kleinblatt-haferflocken

Zubereitung

Geschrotetes Getreide in einen Topf geben, mit dem Wasser auffüllen und wenn möglich etwa 2 Stunden vorquellen lassen. Getreide dann bei geringer Hitze unter Rühren etwa 30 Minuten kochen, dabei etwa 100 Milliliter Wasser dazugießen. (Getreide verdreifacht etwa seine Masse beim Quellen und Kochen). Getreide unter Rühren weiterkochen, bis das Getreide vollständig ausgequollen ist und eine dickbreiige Masse entsteht. Den Topf von der Kochstelle nehmen, die Masse in eine Schüssel geben und abkühlen lassen.

In der Zwischenzeit Zwiebel abziehen, fein hacken und nach Belieben in einer Pfanne mit etwas Fett anbraten. Knoblauch abziehen, fein schneiden und mit dem Messer zerdrücken.

Getreidemasse mit Salz, Pfeffer, Senf, Sojasoße, Knoblauch und der nach Belieben schon angebratenen Zwiebel würzen. Haferflocken dazugeben, alles gut mit der Hand vermengen und quellen lassen. Nach etwa 20 Minuten noch einmal nach Geschmack würzen und weiterverarbeiten.

Getreideklöpschen

(für 4 Personen)

Zutaten

würzige Getreidemasse, Grundrezept (Seite 234)
½ TL Kümmel, gemahlen
etwas Kokosfett

Zubereitung

Würzige Getreidemasse mit Kümmel würzen und daraus mit angefeuchteten Händen kleine Klöpschen formen.

Kokosfett in einer Pfanne zerlassen und die Getreideklöpschen darin von beiden Seiten goldbraun braten.

Gekruscheltes

(für 4 Personen)

Zutaten

etwas Kokosfett
Masse für Getreideklöpschen (vorheriges Rezept)
oder für Goldtaler (Seite 229)
oder für Quinoa-Amaranth-Bratlinge (Seite 232)

Zubereitung

Kokosfett in einer Pfanne zerlassen. Eine größere Menge der ausgewählten Getreidemasse (anstelle von geformten Bratlingen) darin breit drücken und anbraten. Die Masse unter Wenden bräunen und dabei in kleinere Stücke reißen.

Kartoffelklöpschen

(für 8 Personen)

Zutaten

1 kg Kartoffeln
2 rote Paprikaschoten
1 Zwiebel
½ Knoblauchzehe
½ Tomate
200 g Salatgurke
1–2 Bund Schnittlauch
etwas Petersilie
etwas Dill
3 Kresseblättchen
etwas Kokosfett
125 ml Sojasahne
etwas Salz
etwas Pfeffer

Tipp: Anstelle der Kartoffeln können Reis, Hirse, Quinoa, Amaranth, Buchweizen oder verschiedene Gemüsesorten verwendet werden.

Zubereitung

Kartoffeln gründlich abbürsten, putzen und garen. Kartoffeln pellen und abkühlen lassen. Anschließend grob reiben.

Paprikaschoten waschen, halbieren, entstielen, entkernen und in kleine Würfel schneiden. Zwiebel abziehen und in kleine Würfel schneiden. Knoblauch ebenfalls abziehen, fein schneiden und mit dem Messer zerdrücken. Tomate waschen und den Stängelansatz herausschneiden. Tomate klein schneiden. Gurke waschen und das Ende abschneiden. Gurke in kleine Würfel schneiden. Kräuter vorsichtig waschen und klein schneiden.

Etwas Kokosfett in einer Pfanne zerlassen. Paprika- und Zwiebelwürfel darin kurz anbraten. Tomaten- und Gurkenstücke, Kresse, die Schnittlauchröllchen und jeweils 3 Esslöffel Petersilie und Dill mit der Sojasahne dazugeben.

Gemüsemasse in einer Schüssel mit den Kartoffelraspel vermischen und mit Salz, Pfeffer und Knoblauch abschmecken. Kartoffelmasse mit angefeuchteten oder öligen Händen zu Klöpschen formen.

Wieder etwas Kokosfett in einer Pfanne zerlassen und die Kartoffelklöpschen darin von beiden Seiten goldbraun braten.

Getreidebraten

(für 4 Personen)

Zutaten

würzige Getreidemasse, Grundrezept (Seite 234)
½ TL Kümmel, gemahlen
etwas Olivenöl

Zubereitung

Die würzige Getreidemasse mit Kümmel würzen. Die Masse 3 bis 4 Zentimeter hoch in eine gefettete Sandkuchenform oder in gefettete kleinere Sandkuchenförmchen füllen und mit Olivenöl bestreichen.

Getreidebraten etwa 45 Minuten im vorgeheizten Backofen bei 180 °C (Umluft) backen.

Vegane Tofu-„Fischstäbchen"

(für 4 Personen)

Zutaten

30 g Algen (z. B. Wakame)
500 ml Wasser
1 Prise Salz
400 g Tofu naturell
4 EL Mehl
½ TL Kurkuma, gemahlen
3 EL Hefeflocken
etwas Margarine
200 g Semmelbrösel

Zubereitung

Am Vortag die Algen mit dem Wasser und Salz in einer Schüssel grob pürieren. Tofu in Stäbchen schneiden, ins Algenwasser legen und über Nacht ziehen lassen.

Am nächsten Tag Tofustäbchen aus dem Algenwasser nehmen. Algen fein pürieren und Mehl, Kurkuma und Hefeflocken unterrühren, sodass ein Brei entsteht.

Margarine in einer Pfanne zerlassen. Tofustäbchen in den Algenbrei tauchen, mit Semmelbröseln bestreuen und im heißen Fett goldgelb braten.

Die fertigen Tofu-„Fischstäbchen" in eine feuerfeste Form geben und warm stellen.

Soßen – deftig & leicht

- Soßen sind sehr vielfältig im Geschmack. Sie reichen von sahnig-mild bis kräftig-würzig und unterstreichen Speisen durch ihren speziellen Charakter. Soßen binden Gemüse und sind das A und O deftiger Gerichte.
- Soßen werden meist mit Mehlschwitzen oder geriebenen Kartoffeln (auch gut bei Mehl-Unverträglichkeit) zubereitet. Damit Mehlschwitzen schön glatt werden, die Flüssigkeit erst nach und nach dazugeben. (Ist es einmal doch nicht so gelungen, einfach cremig pürieren.)
- Für deftige Soßen eignet sich ganz nach Belieben Vollkornmehl.
- Soßen lassen sich aber auch binden, indem Sie einfach einen Teil des gegarten Gemüses pürieren, etwas Sojasahne unterrühren und eventuell separat zum Gemüse geben.
- Wird zum Schluss Sojasahne zu einer Soße gegeben, darf sie nicht mehr aufkochen, da sie sonst ausflockt.
- Klein gehackte, saftige Stängel von frischen Kräutern, nach Belieben auch Zwiebeln und die restlichen Stücke/Strunke des verarbeiteten Gemüses geben Soßen die passende aromatische Würze, besonders wenn sie mit angebraten werden.
- Einen kräftigen „Fleischsoßen"-Charakter erhalten Sie, wenn Sie etwas Piment (eventuell auch Knoblauch) zum Bratgut geben.
- Ein Hauch von scharfem Paprikapulver in Soßen sorgt für angenehme Schärfe, wohltuende Wärme und Frische zugleich.
- Da Geschmäcker verschieden und Produkte unterschiedlich intensiv sind, Soßen immer nach eigenem Ermessen würzen.
- Die braune, gesunde Zwiebelschale ist eine gute, herzhafte Würze für eine braune Bratensoße (Seite 239), deshalb immer etwas davon aufbewahren und trocken lagern.

Braune Bratensoße (auch ohne Braten lecker)

(für 4 Personen)

Zutaten

4 Zwiebeln und unversehrte Zwiebelschalen
½ Peperoni, scharf
5 Wacholderbeeren
3 Lorbeerblätter
500 ml Wasser, nach Bedarf mehr
3 Kartoffeln
150 g Knollensellerie
1–2 Möhren
½–1 Knoblauchzehe
2 Scheiben Brot/Brotrinde
2 EL Kokosfett
etwas Salz
etwas Pfeffer
1 TL Piment, gemahlen
1 EL Senf
4 EL Instant-Getreidekaffee
1 Prise Nelken, gemahlen, oder Paprikapulver edelsüß, nach Belieben
etwas Sojasoße
etwas Tomatenmark
6 EL Sojasahne

Zubereitung

Zwiebeln waschen, abziehen und in grobe Stücke schneiden, dabei die gesunden Zwiebelschalen beiseitelegen. Peperoni waschen und etwa ½ Zentimeter davon abschneiden.

Die Zwiebelschalen mit zerdrückten Wacholderbeeren, Lorbeerblättern und dem Peperonistück in 500 Milliliter Wasser kurz aufkochen und etwa 30 Minuten ziehen lassen. Anschließend Gewürzwasser durch ein Sieb abseihen.

Kartoffeln, Sellerie und Möhren schälen, abwaschen und in Scheiben schneiden. Knoblauch abziehen, fein schneiden und mit dem Messer zerdrücken. Brot kurz toasten und in kleine Stücke schneiden.

Kokosfett in einem Topf zerlassen. Gemüsescheiben darin anbraten. Grobe Zwiebelstücke dazugeben, mit Salz, Pfeffer, Piment, Knoblauch und Senf kräftig würzen und noch einmal etwa 3 Minuten unter Rühren braten. Brotstücke dazugeben und mit dem abgeseihten Gewürzwasser ablöschen. Getreidekaffee, nach Belieben Nelken- und Paprikapulver, Sojasoße und Tomatenmark dazugeben und kurz durchkochen lassen.

Die Soße fein pürieren und mit heißem Wasser auffüllen. Sojasahne dazugeben und abschmecken.

Helle Soße – Grundrezept (für 4 Personen)

Zutaten

30 g Margarine
30 g Weizenmehl (Type 1050)
etwas Salz
500 ml Gemüsewasser/Wasser

Zubereitung

Margarine in einem Topf zerlassen. Mehl und Salz dazugeben und kurz unter Rühren goldgelb aufschäumen lassen. Nach und nach mit Gemüsewasser ablöschen, dabei immer wieder glatt rühren und kurz aufkochen lassen.

Tipps: Mit dieser Basissoße lassen sich unendlich viele Variationen herstellen. Für eine **Kapernsoße** 1 Esslöffel fein gehackte Kapern und 2 Esslöffel Sojasahne dazugeben. Sie passt sehr gut zu Bratlingen oder Gehackteskuchen. Für eine **Kräutersoße** können Sie auch 1 Bund fein gehackte frische Kräuter, 2 Esslöffel Sojasahne, etwas Zitronensaft und 1 Prise Rohrohrzucker mit verarbeiten.

Sauce hollandaise, aus Mehlschwitze – Grundrezept

(für 4 Personen)

Zutaten

30 g Margarine
30 g Weizenmehl (Type 1050)
etwas Salz
etwas Pfeffer
500 ml Gemüsewasser/Wasser
4 EL Sojasahne
1–2 TL Zitronensaft, nach Belieben
1 Prise Rohrohrzucker, nach Belieben

Zubereitung

Margarine in einem Topf zerlassen. Mehl mit Salz und Pfeffer dazugeben und kurz unter Rühren goldgelb aufschäumen lassen. Nach und nach mit Gemüsewasser ablöschen, dabei immer wieder glatt rühren und kurz aufkochen lassen, bis die Soße eine sämige Konsistenz erhält. Sojasahne und nach Belieben etwas Zitronensaft und Zucker dazugeben, um einen lieblichen Geschmack zu erhalten und die Soße nach Belieben pürieren.

Tipp: Sie können die Soße statt mit Salz und Pfeffer auch mit ½ Teelöffel Gemüsebrühe würzen.

Pfeffersoße

(für 4 Personen)

Zutaten

30 g Margarine
30 g Weizenmehl (Type 1050)
etwas Salz
etwas schwarzer Pfeffer, frisch gemahlen
500 ml Sojamilch/ Gemüsewasser
4 EL Sojasahne
1 EL Hefeflocken, nach Belieben
1 EL Olivenöl
1 TL grüner Pfeffer, eingelegt

Zubereitung

Margarine in einem Topf zerlassen. Mehl mit Salz und reichlich frisch gemahlenem Pfeffer dazugeben und kurz unter Rühren goldgelb anbräunen lassen. Nach und nach mit Sojamilch ablöschen, dabei immer wieder glatt rühren und kurz aufkochen lassen, bis die Soße eine sämige Konsistenz erhält. Restliche Zutaten dazugeben und die Soße kurz pürieren.

Tipp: Um eine **Kümmelsoße** zu erhalten, einfach den grünen Pfeffer durch 2 Esslöffel Kümmelsamen und 2 Esslöffel gemahlenen Kümmel ersetzen.

Petersiliensoße

(für 4 Personen)

Zutaten

30 g Margarine
1–2 Bund Petersilie
etwas Salz
etwas Pfeffer
30 g Weizenmehl (Type 1050)
500 ml Gemüsewasser/Wasser
125 ml Sojasahne

Zubereitung

Petersilie vorsichtig waschen, Blättchen von den Stängeln zupfen und Blättchen und Stängel getrennt klein hacken. Margarine in einem Topf zerlassen. Salz, Pfeffer, gehackte Petersilienstängel und die Hälfte der gehackten Petersilienblättchen in den Topf geben und anbraten, bis es duftet. Mehl darüberstäuben und kurz mitbraten lassen.

Nach und nach mit Gemüsewasser ablöschen, dabei immer wieder glatt rühren und kurz aufkochen lassen, damit das Mehl ausquillt und die Soße die gewünschte sämige Konsistenz erhält. Sojasahne dazugeben, kurz pürieren und restliche Petersilienblättchen unterrühren.

Tipp: Diese Soße passt hervorragend zu Wickelklößen und Kartoffeln.

Meerrettichsoße

(für 4 Personen)

Zutaten

30 g Margarine
30 g Weizenmehl (Type 1050)
1 leicht geh. TL Salz
500 ml Wasser, nach Bedarf mehr
1 Apfel, fein gerieben
etwas Meerrettich, frisch
4 EL Sojasahne
1 Prise Rohrohrzucker, nach Bedarf
1–2 EL Zitronensaft

Zubereitung

Margarine in einem Topf zerlassen. Mehl und Salz dazugeben und kurz unter Rühren goldgelb aufschäumen lassen. Nach und nach mit Wasser ablöschen, dabei immer wieder glatt rühren und kurz aufkochen lassen, bis die Soße eine sämige Konsistenz erhält.

Meerrettich schälen und fein reiben. Sojasahne, Zucker, Zitronensaft und 1 Teelöffel bis 1 Esslöffel geriebenen Meerrettich (je nach gewünschter Schärfe) und den Apfel dazugeben und je nach Belieben lieblich-harmonisch oder scharf abschmecken.

Senfsoße

(für 4 Personen)

Zutaten

30 g Margarine
30 g Weizenmehl (Type 1050)
etwas Salz
etwas Pfeffer
1 Prise Rohrohrzucker, nach Bedarf mehr
2–3 EL Senf
500 ml Wasser/Gemüsebrühe

Zubereitung

Margarine in einem Topf zerlassen. Mehl mit Salz und Pfeffer dazugeben und kurz unter Rühren goldgelb anbräunen lassen. Nach und nach mit Wasser ablöschen, dabei immer wieder glatt rühren und kurz aufkochen lassen, bis die Soße eine sämige Konsistenz erhält. Rohrohrzucker und Senf hinzufügen. Die Soße kurz pürieren und abschmecken.

Zitronensoße

(für 4 Personen)

Zutaten

30 g Margarine
30 g Weizenmehl (Type 1050)
wenig Salz
wenig Pfeffer
3 EL Zitronensaft, nach Belieben mehr
½ bis1 Esslöffel Zitronenschale, fein abgerieben
1 TL Agavendicksaft, nach Bedarf mehr
600 ml Wasser

Zubereitung

Margarine in einem Topf zerlassen. Mehl mit Salz und Pfeffer dazugeben und kurz unter Rühren goldgelb anbräunen lassen. Nach und nach mit Wasser ablöschen, dabei immer wieder glatt rühren und kurz aufkochen lassen, bis die Soße eine sämige Konsistenz erhält. Zitronensaft, Zitronenschale und Agavendicksaft hinzufügen. Die Soße kurz pürieren und abschmecken.

Käsesoße

(für 4 Personen)

Zutaten

3 EL Margarine
3 EL Mehl
300 ml Wasser
1 TL Senf
1 TL Salz
etwas Pfeffer
3 EL Hefeflocken
1 EL Sojasoße

Zubereitung

Margarine in einem Topf zerlassen. Mehl dazugeben und kurz unter Rühren goldgelb aufschaumen lassen. Nach und nach mit Wasser ablöschen, dabei immer wieder glatt rühren und kurz aufkochen lassen. Senf, Salz, Pfeffer, Hefeflocken und Sojasoße dazugeben, gut verrühren und die Soße heiß servieren.

Pilzcremesoße

(für 4 Personen)

Zutaten

200 g Champignons
½ Bund Petersilie
1 Zwiebel
50 g Margarine
etwas Salz
etwas Pfeffer
1 EL Mehl
1½ Tassen Wasser
250 ml Sojasahne

Zubereitung

Champignons putzen, vorsichtig abspülen und klein schneiden. Petersilie vorsichtig waschen, Blättchen von den Stängeln zupfen und Blättchen und Stängel getrennt klein hacken. Zwiebel abziehen und in Würfel schneiden.

Margarine in einem Topf zerlassen. Pilze darin anbraten, bis das Pilzwasser verdunstet ist. Klein gehackte Petersilienstängel und Zwiebel dazugeben und mit reichlich Salz und Pfeffer würzen.

Mehl darüberstäuben, die Hälfte der Petersilienblättchen untermischen und kurz weiterbraten. Nach und nach mit Wasser ablöschen und unter Rühren weiterköcheln lassen, bis eine sämige Masse entsteht. Die Masse kurz pürieren. Sojasahne und restliche Petersilienblättchen gut unterrühren und die Soße heiß servieren.

Einfache Tomatensoße (für 4 Personen)

Zutaten

4–6 große Tomaten
1 Zwiebel
1 Knoblauchzehe
½ Bund Petersilie
1 EL Margarine
1 EL Mehl
1 TL Basilikum, gerebelt/ 5 frische Basilikumblättchen
1 Lorbeerblatt
etwas Salz
etwas Pfeffer
etwas Paprikapulver scharf, nach Bedarf
500 ml Wasser
etwas Zitronensaft
1 Prise Rohrohrzucker

Zubereitung

Tomaten waschen, halbieren und die Stängelansätze herausschneiden. Tomatenhälften in Würfel schneiden. Zwiebel abziehen und fein hacken. Knoblauch abziehen und fein schneiden. Petersilie vorsichtig waschen und fein schneiden.

Margarine in einem Topf zerlassen. Zwei Drittel der Zwiebeln und Knoblauch darin andünsten. Mehl darüberstäuben und etwas anbräunen lassen. Die Hälfte der Tomaten und Lorbeerblatt dazugeben, mit Salz, Pfeffer und Paprikapulver würzen und kurz weiterdünsten lassen. Nach und nach mit Wasser aufgießen, dabei glatt rühren und etwa 10 Minuten köcheln lassen.

Die restlichen Tomatenwürfel mit den restlichen Zwiebeln unterrühren. Die Soße von der Kochstelle nehmen, das Lorbeerblatt entfernen, pürieren, mit Zitronensaft und Rohrohrzucker lieblich abschmecken. Nun die frischen Kräuter hinzufügen und gut unterrühren.

Tipps: Anstelle der Tomaten 660 Milliliter Tomatenpassata oder 150 Gramm Tomatenmark für die Soße verwenden. Oregano und Thymian sind ideale Tomatengewürze. Wer das liebt, kann je ½ Teelöffel gerebelten Oregano und Thymian mit in die Soße geben.

Currysoße

(für 4 Personen)

Zutaten

1–2 Tomaten
1 Zwiebel
1 Knoblauchzehe, nach Belieben
1 EL Margarine
etwas Salz
etwas Pfeffer
1 Msp. Paprikapulver scharf, nach Belieben
2 Msp. Cumin (Kreuzkümmel), gemahlen
1–2 TL Currypulver
1 EL Mehl
250 ml Wasser, nach Bedarf etwas mehr
1–2 TL Zitronensaft
4 EL Sojasahne

Zubereitung

Tomaten waschen, halbieren und die Stängelansätze herausschneiden. Tomatenhälften in kleine Würfel schneiden. Zwiebel abziehen und ebenfalls in kleine Würfel schneiden. Knoblauch abziehen und fein schneiden.

Margarine in einem Topf zerlassen. Zwiebelwürfel darin andünsten. Tomatenwürfel dazugeben, weiterdünsten lassen und mit Salz, Pfeffer, Paprikapulver, Cumin und Currypulver würzen. Mehl darüberstäuben, Knoblauch dazugeben und nach und nach mit Wasser ablöschen, dabei immer wieder glatt rühren.

Die Soße mit Zitronensaft und Sojasahne pürieren, nach Bedarf noch etwas heißes Wasser dazugeben und lieblich abschmecken.

Tipp: Statt Tomaten die gleiche Menge gewürfelte Äpfel in die Soße geben.

Sauce hollandaise – aus Kartoffeln (für 4 Personen)

Zutaten

3 große Kartoffeln, gegart und gepellt
50 g Margarine
etwas Salz
etwas Pfeffer
1 TL Senf
600 ml Wasser, kochend
1 TL Zitronensaft
4 EL Sojasahne

Zubereitung

40 Gramm Margarine in einem Topf zerlassen. Kartoffeln klein schneiden und darin leicht anbraten, dabei mit Salz, Pfeffer und Senf würzen. Mit kochendem Wasser und Zitronensaft cremig pürieren und mit der restlichen Margarine und Sojasahne verfeinern.

Dill-Hollandaise (Kräutersoße) – aus Kartoffeln

(für 4 Personen)

Zutaten

3 große Kartoffeln, gegart und gepellt
½–1 Bund Dill
etwas Petersilie, nach Belieben
50 g Margarine
etwas Salz
etwas Pfeffer
1 TL Senf
600 ml Wasser, kochend
1 TL Zitronensaft
4 EL Sojasahne

Zubereitung

Dill und nach Belieben Petersilie vorsichtig waschen, Blättchen bzw. Spitzen von den Stängeln zupfen und Blättchen bzw. Spitzen und Stängel getrennt klein hacken.

40 Gramm Margarine in einem Topf zerlassen. Kartoffeln klein schneiden und mit den Kräuterstängeln und der Hälfte der Kräuter darin leicht anbraten, dabei mit Salz, Pfeffer und Senf würzen. Mit kochendem Wasser und Zitronensaft cremig pürieren.

Die restlichen frischen Kräuter, restliche Margarine und Sahne dazugeben, verrühren und abschmecken.

Pikante Gemüsesoße

(für 4 Personen)

Zutaten

2 Kartoffeln
1 Möhre
1 Paprikaschote
½ kleine Zucchini
1 kleine Zwiebel
½–1 Knoblauchzehe, nach Belieben
½ Bund Petersilie
30 g Margarine
etwas Salz
etwas Pfeffer
etwas Paprikapulver scharf, nach Belieben
30 g Mehl
500 ml Wasser, heiß

Zubereitung

Kartoffeln und Möhre wenn nötig schälen und waschen. Paprikaschote waschen, halbieren, entstielen und entkernen. Zucchini waschen und die Enden abschneiden. Gemüse in feine Würfel schneiden.

Zwiebel abziehen und in kleine Würfel schneiden. Nach Belieben Knoblauch abziehen, fein schneiden und mit dem Messer zerdrücken. Petersilie vorsichtig waschen, Blättchen von den Stängeln zupfen und Blättchen und Stängel getrennt klein hacken.

Margarine in einem Topf zerlassen. Kartoffel-, Möhren- und Paprikawürfel darin anbraten, dabei mit Salz, Pfeffer und nach Belieben Paprikapulver gut würzen. Etwas später Zwiebel- und Zucchiniwürfel sowie die gehackten Petersilienstängel kurz mitbraten. Mehl darüberstäuben und nochmals kurz anbraten. Nach und nach mit dem heißen Wasser ablöschen, etwas köcheln lassen und fein pürieren. Die Soße nach Belieben noch einmal abschmecken.

Tipps: Diese Soße lässt sich mit allen Gemüsearten zubereiten. Klein gehackte, saftige Stängel von frischen Kräutern geben Soßen eine aromatische Würze.

Indische Reissoße

(für 4 Personen)

Zutaten

1 Tasse Reis
1 Zwiebel
½ gelbe Paprikaschote
1 EL Margarine
etwas Salz
etwas Pfeffer
1 EL Sojasoße
250 ml Wasser, heiß
2 TL Gemüsebrühe
½ TL Garam Masala
¼ TL Currypulver

Zubereitung

Reis gründlich waschen, in einem feinen Sieb abspülen und abtropfen lassen. Reis mit 2½ Tassen Wasser in einen Topf geben und nach Packungsanleitung kochen lassen, bis kein Wasser mehr zu sehen ist. Auf der Warmhaltestufe gar ziehen lassen.

In der Zwischenzeit Zwiebel abziehen und fein hacken. Paprikaschote waschen, halbieren, entstielen, entkernen und fein schneiden.

Margarine in einem Topf zerlassen. Zwiebel und Paprikastücke mit Salz und Pfeffer darin andünsten, bis die Zwiebel goldbraun ist. Von der Kochstelle nehmen, Sojasoße darübergeben und kurz verrühren. Den gegarten Reis, das heiße Wasser, Gemüsebrühe, Garam Masala und Currypulver dazugeben und die Soße cremig pürieren. Nach Bedarf noch etwas heißes Wasser dazugeben, um die gewünschte Konsistenz zu erhalten.

„Vegane Beamtenstippe" (für 4 Personen)

Zutaten

1 große Zwiebel
2 EL Margarine
300 g würzige Getreidemasse (Seite 234)
etwas Salz
etwas Pfeffer
2 EL Mehl
250 ml Sojasahne
etwas Paprikapulver scharf
1 TL Senf
½–¾ l Wasser, je nach gewünschter Konsistenz

Zubereitung

Zwiebel abziehen und fein würfeln. Margarine in einer Pfanne zerlassen. Getreidemasse darin kräftig anbraten, dabei mit Salz und Pfeffer würzen. Getreidemasse während des Bratens immer wieder zerteilen, bis die Kanten gut gebräunt sind. Gehackte Zwiebel dazugeben und unter Rühren weiterbraten, bis die Zwiebeln glasig sind.

Mehl darüberstäuben, unterrühren und kurz mitbraten. Das Ganze mit Sojasahne ablöschen, gründlich verrühren und nach und nach mit Wasser auffüllen, bis die gewünschte Konsistenz erreicht ist.

Die Soße mit Paprikapulver und Senf würzen, gut vermischen und nach Bedarf noch einmal abschmecken.

Soße für Aufläufe

(für 4 Personen)

Zutaten

500 ml Sojamilch
3 EL Hefeflocken
1 EL Dinkelmehl
2 EL Sojasahne
1 TL Gemüsebrühe
1 Prise Chilipulver
½ TL Kräutersalz
etwas Salz
etwas Pfeffer
evtl. 1 TL Senf

Zubereitung

Sojamilch mit den restlichen Zutaten in einer Schüssel gut verquirlen und etwa 20 Minuten vor Ende der Backzeit über den Auflauf gießen.

Tipp: Wer eine Auflaufsoße aus Kartoffeln mag, kann eine große Kartoffel statt des Mehls verwenden.

Beilagen

- Kartoffeln werden am schonendsten mit der Schale im Dampfgarer zubereitet, da dabei die meisten Inhaltsstoffe erhalten bleiben. Statt wie früher Salzkartoffeln immer Pellkartoffeln reichen.
- Gut erhaltene Kartoffeln können das ganze Jahr über gut abgebürstet und geputzt mit der Schale verwendet werden.
- Grüne Stellen und Keime bei Kartoffeln immer gründlich und weiträumig entfernen, da diese Stellen starkes Gift enthalten.
- Reis und Buchweizen mit Wasser im Verhältnis 1: 2 garen, Hirse im Verhältnis 1: 2½ und Amaranth und Quinoa im Verhältnis 1: 3. In der Regel brauchen Amaranth, Hirse und Quinoa nur 20 bis 30 Minuten zum Garen.
- Sobald Reis und Nudeln zu kochen beginnen, entsteht eine starke Schaumbildung, die leicht zum Überkochen führen kann. Um das zu verhindern, 1 bis 2 Esslöffel Öl ins Kochwasser geben und den Deckel leicht gekippt lassen.
- Reis zu kochen erscheint manchen schwer, ist allerdings ganz leicht. Dafür die erforderliche Reismenge mit einer Tasse abmessen. Wasser im entsprechenden Verhältnis mit derselben Tasse abmessen und mit 1 Esslöffel Olivenöl in einen Topf geben. Reis in warmem Wasser zweimal gründlich waschen, mit klarem, kaltem Wasser in einem Sieb abspülen, in den Topf geben und zügig zum Kochen bringen. Den Reis bei mittlerer Hitze köcheln lassen, bis kein Wasser mehr zu sehen ist und vom Dampf die Löcher im Reis zu sehen sind. Dann benötigt der Reis nur noch eine konstante Wärme, um etwa 20 Minuten vollständig auszuquellen. Solange noch Wasser vorhanden ist, können Sie rühren. Ist der Reis noch zu hart, noch ein wenig Wasser hinzufügen und noch etwas dünsten

lassen. (Hirse, Quinoa, Buchweizen mit ihrem speziellen Wasserverhältnis auf die gleiche Weise zubereiten.)

- Wie Sie Nudeln kochen, das variiert je nach Sorte und Fabrikat. Die Nudeln (nach Packungsanleitung) in kochendes, leicht gesalzenes Wasser geben, 1 bis 2 Esslöffel Olivenöl dazugeben (verhindert das Überkochen) und kurz aufkochen lassen. Anfangs öfters umrühren (verhindert das Zusammenkleben) und dann bei geringerer Hitze gar köcheln lassen. Oft sind die Garzeiten für Nudeln sehr kurz angegeben. Deshalb empfiehlt es sich, die Nudeln vor dem Abgießen unbedingt zu probieren. (Nudeln müssen ausgequollen sein, damit sie leichter verdaulich sind, werden sie aber zu lang gekocht, zerfallen sie und kleben zusammen.) Um den Garprozess zu unterbrechen, die Nudeln in einem Sieb mit etwas kaltem Wasser unter vorsichtigem Schwenken kalt abschrecken, abtropfen lassen, in den Topf zurückgegeben und nochmals mit 2 Esslöffeln Öl und etwas Salz schwenken. Nach Bedarf weiter verarbeiten/noch einmal erwärmen oder warm stellen.

Kartoffeln & Co., gebraten und gebacken

Bratkartoffeln

(für 4 Personen)

Zutaten

1 kg Kartoffeln oder Reste vom Vortag
1 große Zwiebel
etwas Kokosfett
etwas Salz
etwas Pfeffer

Tipp: Eine besondere Note bekommen Bratkartoffeln, wenn Sie sie zum Schluss mit Paprikapulver edelsüß oder Rosmarin bestreuen.

Zubereitung

Kartoffeln gründlich abbürsten, putzen und garen. Kartoffeln pellen und abkühlen lassen. Große Kartoffeln halbieren und in etwa 4 Millimeter dicke Scheiben schneiden. Zwiebel abziehen und in feine Würfel schneiden.

Kokosfett in einer Pfanne zerlassen. Kartoffelscheiben darin braten, bis sie beginnen zu bräunen. Mit etwas Salz und Pfeffer bestreuen, Zwiebelwürfel dazugeben und weiterbraten, bis die Kartoffeln knusprig braune Kanten bekommen.

Petersilienkartoffeln

(für 4 Personen)

Zutaten

1 kg Kartoffeln
½–1 Bund Petersilie
2 EL Margarine
½ TL Salz

Zubereitung

Kartoffeln kochen und pellen. Heiße Kartoffeln in 2 Esslöffeln zerlassener Margarine mit ½ bis 1 Bund sehr fein geschnittener Petersilie und dem Salz schwenken.

Ganze Backkartoffeln

(für 4 Personen)

Zutaten

12–15 gleich große, mittelgroße Kartoffeln

Zubereitung

Kartoffeln gründlich abbürsten, putzen und tropfnass auf ein Backblech legen. Kartoffeln 40 bis 50 Minuten im vorgeheizten Backofen bei 200 °C (Ober- und Unterhitze) backen. Mit einem spitzen Messer einstechen, um zu testen, ob die Kartoffeln gar sind.

Gebackene Kartoffelecken

(für 4 Personen)

Zutaten

1 kg mittelgroße Kartoffeln
etwas Salz
etwas Pfeffer
4 EL Olivenöl
etwas Paprikapulver edelsüß

Zubereitung

Kartoffeln gründlich abbürsten, putzen und längs in Viertel schneiden. Kartoffelviertel mit Salz, Pfeffer und etwas Olivenöl in eine Schüssel geben und gut mischen. Kartoffeln auf einem Backblech verteilen und etwa 20 bis 30 Minuten im vorgeheizten Backofen bei 200 °C (Ober- und Unterhitze; 180 °C Umluft) knusprig goldbraun backen, dabei 2- bis 3-mal wenden. Zum Schluss mit Paprikapulver bestreuen und noch einmal wenden.

Gewürzte Backkartoffelhälften (für 4 Personen)

Zutaten

12–15 gleich große Kartoffeln
etwas Olivenöl
etwas Salz
etwas Pfeffer/Rosmarin/Kümmel/Majoran, nach Belieben

Zubereitung

Kartoffeln gründlich abbürsten, putzen und längs halbieren. Ein Backblech mit Olivenöl fetten, hauchzart salzen und nach Belieben leicht mit Pfeffer, Rosmarin, Kümmel oder Majoran bestreuen.

Die längs halbierten Kartoffeln mit der Schnittseite nach unten dicht nebeneinander auf das Backblech setzen und von oben dünn mit Olivenöl bepinseln. Kartoffeln je nach Größe 30 bis 45 Minuten im vorgeheizten Backofen bei 200 °C (Ober- und Unterhitze) backen.

Pommes frites

(für 4 Personen)

Zutaten

12–15 Kartoffeln
etwas Salz
etwas Olivenöl
etwas Pfeffer

Zubereitung

Kartoffeln gründlich abbürsten, wenn nötig Augen und unschöne Stellen herausschneiden und in Stifte schneiden. Kartoffelstifte mit Olivenöl, Salz und wenig Pfeffer in einer großen Schüssel gut vermischen.

Kartoffeln auf einem gefetteten oder mit Backpapier belegten Backblech verteilen und 10 bis 20 Minuten im vorgeheizten Backofen bei 200 °C (Ober- und Unterhitze) rösten, dabei mehrmals wenden. Die Pommes sind gut, wenn die Kanten sich färben und sie innen noch saftig sind. Heiß servieren.

Tipp: Dazu passen selbst gemachte Mayonnaise (Seite 51), Ketchup und ein frischer Salat!

Schiebekartoffeln

(für 4 Personen)

Zutaten

12–15 Kartoffeln
etwas Olivenöl
etwas Salz
etwas Pfeffer/Rosmarin/ Kümmel/Majoran, nach Belieben

Zubereitung

Kartoffeln gründlich abbürsten, putzen, wenn nötig schälen und in 3 bis 4 Millimeter dicke Scheiben schneiden. Kartoffelscheiben mit Olivenöl, Salz und nach Belieben Pfeffer, Rosmarin, Kümmel oder Majoran in einer Schüssel vorsichtig mischen.

Kartoffelscheiben dachziegelartig auf ein gefettetes Backblech legen und 20 bis 30 Minuten im vorgeheizten Backofen bei 200 °C (Ober- und Unterhitze) backen.

Süßkartoffeln

(für 4 Personen)

Zutaten

1 kg Süßkartoffeln

Zubereitung

Süßkartoffeln gründlich abbürsten und dämpfen. Süßkartoffeln benötigen etwas weniger Kochzeit als Kartoffeln.

Polenta – Grundrezept

(für 4 Personen)

Zutaten

¾ l Wasser
2 EL Salz
250 g Maisgrieß (Polenta)
etwas Pfeffer

Zubereitung

Das Wasser in einem Topf zum Kochen bringen, Salz hinzufügen und Maisgrieß unter ständigem Rühren ins Wasser einrieseln lassen. Kurz aufkochen lassen, mit Pfeffer würzen und so lange rühren, bis die Masse dick wird. Polenta von der Kochstelle nehmen und servieren.

Tipp: Für die Polenta können Sie anstelle von Wasser auch Gemüsebrühe verwenden.

Reis/Hirse/Quinoa/Amaranth/Buchweizen (für 4 Personen)

Zutaten

500 g Vollkorn-Rundkornreis, Buchweizen, Hirse, Quinoa oder Amaranth
etwas heißes Wasser

Zubereitung

Körner mit einer Tasse abmessen, gründlich waschen, in einem feinen Sieb abspülen und abtropfen lassen. Körner in einen Topf geben.

In derselben Tasse für Reis oder Buchweizen die 2-fache, für Hirse die 2½-fache, für Quinoa oder Amaranth die 3-fache Menge Wasser abmessen, dazugeben und nach Packungsanleitung kochen lassen, bis kein Wasser mehr zu sehen ist. Auf der Warmhaltestufe gar ziehen lassen. Je nach gewünschter oder benötigter Bissfestigkeit noch etwas heißes Wasser hinzufügen. Wenn es geht, ein Umrühren vermeiden, da sonst die Körnigkeit verloren geht.

Tomaten-Basilikum-Polenta

(für 4 Personen)

Zutaten

100 g Tomaten
etwas Basilikum
etwas Salz
etwas Pfeffer
etwas Olivenöl

Für die Polentamasse
siehe Grundrezept Polenta (Seite 261)

Zubereitung

Tomaten waschen, halbieren und die Stängelansätze herausschneiden. Tomatenhälften in kleine Würfel schneiden. Basilikum vorsichtig waschen und fein hacken. Olivenöl in einer Pfanne erhitzen. Tomatenwürfel mit etwas gehacktem Basilikum, Salz und Pfeffer kurz darin anbraten.

Für die Polentamasse Polenta nach Grundrezept zubereiten. Tomatenwürfel mit restlichem Basilikum unter die warme Polentamasse mischen und eventuell nochmals abschmecken.

Tipp: Eine andere Variante ist **Paprikapolenta**, dafür einfach 100 Gramm rote Paprikaschote, 1 Zwiebel (beides in kleine Stücke geschnitten) und 1 Messerspitze scharfes Paprikapulver oder Chilipulver unter die fertige, noch warme Polentamasse mischen.

Kartoffelpüree/-brei – Grundrezept (für 4 bis 6 Personen)

Zutaten

1½ kg Kartoffeln
250 ml Sojasahne
2 Msp. Muskatnuss, gerieben
etwas Salz
etwas Wasser, heiß, nach Bedarf

Zubereitung

Kartoffeln gründlich abbürsten, putzen, garen, pellen und im Topf zerstampfen, dabei Sojasahne, Muskat und Salz dazugeben. Nach Bedarf noch so viel heißes Wasser dazugießen, bis die gewünschte Konsistenz erreicht ist. Den Kartoffelbrei mild abschmecken, da er eine leichte Beilage ist.

Tipps: Der Kartoffelbrei bekommt einen anderen Charakter, wenn Sie ihn nach dem Stampfen mit einem Schneebesen schaumig schlagen. Dann mehr Flüssigkeit (Wasser/Sojasahne/Sojamilch) dazugeben. Um den Kartoffelbrei im Topf warm zu halten, diesen in ein heißes Wasserbad oder auf eine Warmhalteplatte stellen. Sehr lecker schmeckt auch **Kartoffelbrei mit Sauerkraut**. Dafür 250 Gramm Sauerkraut fein schneiden und gut unter den fertig gestampften/pürierten Kartoffelbrei arbeiten. Dieser Kartoffelbrei wird sehr locker und schaumig. **Gebratene Zwiebeln** schmecken auch köstlich zum Kartoffelbrei. Dafür 2 bis 3 große Zwiebeln waschen, schälen und in Streifen schneiden. Anschließend in 150 Gramm Margarine mit Salz und Pfeffer nach Geschmack unter gelegentlichem Wenden glasig bis braun braten.

Kartoffel-Brokkoli-Püree

(für 4 bis 6 Personen)

Zutaten

1 kg Kartoffeln
500 g Brokkoli
2 EL Margarine
etwas Salz
etwas Brokkoliwasser
250 ml Sojasahne

Zubereitung

Kartoffeln gründlich abbürsten, putzen und garen, anschließend pellen und wieder in den Topf geben.

In der Zwischenzeit Brokkoli putzen und in kleine Röschen teilen. Brokkolistrunk in Stücke schneiden. Röschen und Strunkstücke abspülen. Margarine in einem Topf zerlassen. Brokkoliröschen und -stückchen darin schwenken, mit leicht gesalzenem Wasser auffüllen und ebenfalls garen. Brokkoli abgießen, dabei das Kochwasser auffangen.

Kartoffeln mit Salz, etwas Brokkoliwasser und Sojasahne zerstampfen oder pürieren und die Brokkoliröschen unterarbeiten oder unterstampfen.

Tipp: Anstelle des Brokkolis können Sie für ein **Topinamburpüree** 500 Gramm der Knollen statt des Brokkolis verwenden.

Kürbispüree

(für 4 bis 6 Personen)

Zutaten

900 g Hokkaidokürbis
etwas Margarine
600 g Kartoffeln
250 ml Sojasahne
etwas Wasser/Gemüsewasser
etwas Salz
etwas Pfeffer
etwas Paprikapulver scharf, nach Belieben

Zubereitung

Hokkaidokürbis waschen, vierteln, Kerne mit dem inneren faserigen Fleisch mit einem Esslöffel vorsichtig entfernen. Kürbisviertel erst in Spalten und dann in mundgerechte Stücke schneiden. Die Margarine in einem Topf zerlassen. Kürbisstücke darin kurz anbraten und mit so viel heißem Wasser auffüllen, bis der Kürbis bedeckt ist. Den Kürbis bissfest köcheln lassen.

In der Zwischenzeit Kartoffeln gründlich abbürsten, putzen, garen, pellen und wieder in den Topf geben.

Kürbiswürfel mit Sojasahne, etwas Wasser, Salz und Pfeffer zu den Kartoffeln geben und stampfen oder pürieren. Nach Belieben mit Paprikapulver abschmecken.

Tipp: Die leuchtende Farbe des Pürees wird mit ½ Bund klein gehackter Petersilie oder Dill noch unterstrichen.

Kichererbsenpüree (Hummus) (für 4 Personen)

Zutaten

300 g Kichererbsen
375 ml Wasser, warm
3 TL Sesammus
2 Knoblauchzehen
1 kleine Zwiebel
½–1 Bund Koriander, nach Belieben
2 EL Olivenöl
etwas Salz
2 TL Cumin (Kreuzkümmel), gemahlen

Für das Dressing
3 EL Zitronensaft
3 EL Olivenöl
1 TL Sesammus

Zubereitung

Am besten am Vorabend Kichererbsen gründlich waschen und mindestens 12 Stunden in reichlich Wasser einweichen (sie verdoppeln ihr Volumen).

Am nächsten Tag Kichererbsen abgießen und in einem Topf mit heißem Wasser bei mittlerer Hitze weich kochen. Kichererbsen abgießen und mit dem warmen Wasser und Sesammus in der Küchenmaschine oder mit einem Stabmixer zu einem Brei pürieren.

Knoblauch und Zwiebel abziehen und klein schneiden. Nach Belieben Koriander vorsichtig waschen. Blättchen von den Stängeln zupfen und Blättchen und Stängel getrennt klein hacken.

Olivenöl in einer Pfanne erhitzen. Klein geschnittenen Knoblauch, Zwiebel und Korianderstängel mit 1 Teelöffel Salz kurz darin anbraten, bis die Zwiebeln leicht glasig sind. Den Pfanneninhalt, zwei Drittel der klein gehackten Korianderblättchen und Cumin unter den Kichererbsenbrei rühren. Mit Salz abschmecken.

Für das Dressing Zitronensaft, Olivenöl und Sesammus miteinander verrühren.

Kichererbsenpüree anrichten, das Dressing darüberträufeln und mit den restlichen Korianderblättchen bestreuen.

Risottos

Risotto

(für 4 Personen)

Zutaten

1 Zwiebel
etwas Salz
¾ l Wasser
250 g Reis
(z. B. Rundkorn- oder Langkorn-Vollkornreis)
4 EL Olivenöl

Zubereitung

Zwiebel abziehen und in kleine Würfel schneiden. Den Reis gründlich waschen, in einem feinen Sieb abspülen und gut abtropfen lassen. Olivenöl in einem weiten Topf erhitzen. Zwiebel, Salz und Reis kurz darin andünsten, mit dem Wasser ablöschen und etwa 10 Minuten aufkochen lassen, bis kein Wasser mehr zu sehen ist und sich Dampflöcher zu entwickeln beginnen. Anschließend den Reis zugedeckt etwa 30 bis 40 Minuten (je nach Reissorte) ohne Rühren bei geringer Hitze ausquellen lassen.

Pilzrisotto

(für 4 Personen)

Zutaten

250 g Pilze
2 Zwiebeln
etwas Petersilie
etwas Schnittlauch
60 g Margarine
250 g Reis (z. B. Rundkorn- oder Langkorn-Vollkornreis)
etwas Salz
etwas Pfeffer
4 Tomaten oder 2 EL Tomatenmark
Veganer Sahnestreichkäse (Seite 340)
3–4 EL Olivenöl

Tipp: Für ein **Gemüserisotto** 200 Gramm Erbsen, 150 Gramm Möhrenwürfel, 1 Stange klein geschnittenen Porree, 1 gehackte Zwiebel und 1 Bund gehackte Petersilie zum angebratenen Reis geben, kurz mitdünsten, mit Wasser ablöschen und zugedeckt 15 bis 20 Minuten bei geringer Hitze ausquellen lassen.

Zubereitung

Pilze putzen, vorsichtig abspülen und klein schneiden. Zwiebeln abziehen und in kleine Würfel schneiden. Petersilie und Schnittlauch vorsichtig waschen. Petersilienblättchen von den Stängeln zupfen und Blättchen und Stängel getrennt klein hacken. Schnittlauch klein schneiden.

Margarine in einer Pfanne zerlassen. Pilze darin andünsten, Zwiebelwürfel, Salz, Pfeffer und gehackte Petersilienstängel dazugeben und so lange braten, bis es duftet.

In der Zwischenzeit Reis gründlich waschen, in einem feinen Sieb abspülen und abtropfen lassen. Olivenöl in einem weiten Topf erhitzen. Reis kurz darin andünsten.

Pilze mit der Hälfte der klein geschnittenen Kräuter und den klein gewürfelten Tomaten bzw. dem Tomatenmark dazugeben und mit Wasser ablöschen. Das Ganze etwa 10 Minuten aufkochen lassen, bis kein Wasser mehr zu sehen ist und sich Dampflöcher zu entwickeln beginnen. Alles zugedeckt etwa 30 bis 40 Minuten ohne Rühren bei geringer Hitze ausquellen lassen. Nach etwa 20 Minuten Veganen Sahnestreichkäse darübergeben und das Risotto noch einmal ziehen lassen.

Das Pilzrisotto mit den restlichen Kräutern bestreuen und servieren.

Hirsotto (für 4 Personen)

Zutaten

250 g Hirse
1 mittelgroße Zwiebel
1 mittelgroße Möhre
20 g Margarine
1–2 TL Gemüsebrühe
1 Lorbeerblatt
etwas Salz
etwas Pfeffer
500 ml Wasser, kochend

Tipp: Der Hirsotto schmeckt auch mit angebratenen Pilzen sehr lecker.

Zubereitung

Hirse gründlich waschen, in einem Sieb abspülen und gut abtropfen lassen. Zwiebel abziehen und in kleine Würfel schneiden. Möhre putzen, wenn nötig schälen, abwaschen und ebenfalls in kleine Würfel schneiden.

Margarine in einem breiten Topf zerlassen. Zwiebel- und Möhrenwürfel darin andünsten, mit Gemüsebrühe, Lorbeerblatt, Salz und Pfeffer würzen. Die Hirse zum Bratgut geben, kurz mitschmoren und alles mit dem kochenden Wasser übergießen. Mit geschlossenem Deckel etwa 35 Minuten bei geringer Hitze garen.

Risibisi (für 4 Personen)

Zutaten

2 Tassen Reis
etwas Olivenöl
5 Tassen Erbsenwasser, mit Wasser aufgefüllt, heiß
500 g junge Erbsen (aus dem Glas)
etwas Salz und Muskatnuss, gerieben

Zubereitung

Reis gründlich waschen und abtropfen lassen. Olivenöl in einem Topf erhitzen, Reis darin kurz schwenken. Das Erbsenwasser, mit dem kochenden Wasser aufgefüllt, dazugießen und Reis darin auf der Warmhaltestufe gar ziehen lassen.

Erbsen unter den Reis mischen und mit wenig Salz und mit Muskat würzen.

Klöße

Thüringer Klöße I – grüne Klöße (für 4 bis 6 Personen)

Zutaten

ca. 6 Brotscheiben/
3 Brötchen
60 g Margarine etwas
Salz
1½ kg Kartoffeln
500 ml Sojamilch
150 g Grieß
4 l Salzwasser

Tipp: Besonders lecker sind braune Bratensoße (Seite 239), alle Gulascharten (Seite 205 ff.) und/oder Rotkraut (Seite 161) dazu.

Zubereitung

Brot in kleine Würfel schneiden. Margarine in einer Pfanne zerlassen und Brotstücke mit 2 Prisen Salz darin knusprig anbraten.

Kartoffeln schälen, waschen und sofort grob reiben. Kartoffelraspel in einem Baumwolltuch oder Presssack gut auspressen (Zentrifuge oder Presse, wenn möglich). Die trockene Masse in eine Schüssel geben, dabei die Klumpen zerdrücken.

Aus Sojamilch und Grieß einen Brei kochen. Die gepressten Kartoffeln damit übergießen und mit 1 bis 2 Teelöffeln Salz mit dem Kartoffelstampfer gründlich verkneten.

In einem großen Topf das Salzwasser zum Kochen bringen. Eine Schüssel mit kaltem Wasser zum Abkühlen und Anfeuchten der Hände bereitstellen.

Aus der Kartoffelmasse mit angefeuchteten Händen faustgroße Klöße formen, in die Mitte reichlich Brotwürfel drücken und verschließen.

Die Klöße in das heiße Salzwasser geben und etwa 15 Minuten bei geringer Hitze gar ziehen lassen. Gare Klöße mit dem Schaumlöffel herausnehmen und heiß servieren.

Thüringer Klöße II

(für 4 bis 6 Personen)

Zutaten

ca. 6 Brotscheiben/ 3 Brötchen
60 g Margarine
etwas Salz
2½ kg Kartoffeln
4 l Salzwasser

Zubereitung

Brot in kleine Würfel schneiden. Margarine in einer Pfanne zerlassen und Brotstücke mit 2 Prisen Salz darin knusprig anbraten.

Kartoffeln schälen, waschen und zwei Drittel davon sofort grob in eine Schüssel mit Wasser reiben. Kartoffelraspel in einem Baumwolltuch oder Presssack gut auspressen (Zentrifuge oder Presse, wenn möglich). Die trockene Masse in eine Schüssel geben, dabei die Klumpen zerdrücken.

Restliche Kartoffeln in Würfel schneiden, in Salzwasser gar kochen und zu einem flüssigen Brei verarbeiten.

Die gepressten Kartoffelraspel mit dem heißen Kartoffelbrei übergießen, mit 1 bis 2 Teelöffeln Salz würzen und alles gut stampfen oder verkneten, sodass ein nicht zu fester Teig entsteht.

In einem großen Topf das Salzwasser zum Kochen bringen. Eine Schüssel mit kaltem Wasser zum Abkühlen und Anfeuchten der Hände bereitstellen.

Aus der Kartoffelmasse mit angefeuchteten Händen faustgroße Klöße formen, in die Mitte reichlich Brotwürfel drücken und dicht verschließen. Die Klöße in das heiße Salzwasser geben und 15 bis 20 Minuten bei geringer Hitze gar ziehen lassen. Gare Klöße mit dem Schaumlöffel herausnehmen und heiß servieren.

Original schlesische Klöße (für 4 bis 6 Personen)

Zutaten

Für den Teig

siehe Rezept Kartoffelklöße (Seite 274)

Zubereitung

Für den Teig die Kartoffelklöße nach Rezept zubereiten. Den Kloßteig zu etwa 25 Zentimeter langen und 5 Zentimeter dicken Rollen formen und schräg in jeweils etwa 4 Zentimeter breite Scheiben schneiden.

4 Liter Salzwasser in einem Topf zum Kochen bringen. Alle Kloßscheiben gleichzeitig in das siedende Salzwasser geben, etwa 5 Minuten köcheln lassen und dann 5 bis 10 Minuten bei geringer Hitze ziehen lassen. Einen Probekloß herausnehmen und testen, ob er gar ist. Alle garen Klöße mit dem Schaumlöffel herausnehmen und heiß servieren.

Kartoffelklöße aus gekochten Kartoffeln (für 4 Personen)

Zutaten

1½ kg Kartoffeln
50 g Kartoffelstärke
75 g Weizenmehl
etwas Salz
1 Msp. Muskatnuss, gerieben
100 g Weißbrot
60 g Margarine
4 l Salzwasser
1–2 EL Stärkemehl

Zubereitung

Am Vortag Kartoffeln gründlich abbürsten, putzen und garen. Kartoffeln pellen und nach und nach warm durch eine Kartoffelpresse drücken. Oder Kartoffeln abkühlen lassen, am nächsten Tag pellen und auf einer Haushaltsreibe reiben.

Kartoffelmasse, Kartoffelstärke, Weizenmehl, 1 Prise Salz und Muskat in einer Schüssel zu einem noch klebrigen Teig verkneten, je nach Beschaffenheit des Teiges etwas Mehl oder Wasser zugeben.

Brot in kleine Würfel schneiden. Margarine in einer Pfanne zerlassen. Brotwürfel nach Belieben mit 1 bis 2 Prisen Salz darin knusprig goldbraun braten.

In der Zwischenzeit das Salzwasser in einem großen Topf zum Kochen bringen. Eine Schüssel mit kaltem Wasser zum Abkühlen und Anfeuchten der Hände bereitstellen.

Von der Kloßmasse mit angefeuchteten Händen handtellergroße Stücke abnehmen, flach in die Hand legen und reichlich Brotstückchen darauf verteilen. Die Kloßmasse so um die Bröckchen herum verschließen, dass keine Risse bleiben. Den Kloß dabei etwas zusammenpressen, in etwas Stärkemehl wälzen und auf einen mit Stärkemehl bestreuten Teller legen.

Alle Klöße gleichzeitig in das siedende Salzwasser geben, etwa 5 Minuten köcheln lassen und dann 5 bis 10 Minuten bei geringer Hitze ziehen lassen. 1 Probekloß herausnehmen und testen. Alle Klöße mit dem Schaumlöffel herausnehmen und heiß servieren.

Tipps: Statt Weißbrot können Sie auch Brötchen oder Mischbrot für die Klöße nehmen. Von den Brotstücken am besten reichlich zubereiten, da es hier einen ständigen Schwund gibt. Am besten bereiten Sie gleich die doppelte Menge Klöße zu, die Sie am nächsten Tag in etwa 2 Zentimeter dicke Scheiben schneiden und in Margarine goldbraun anbraten.

Wickelklöße mit Petersiliensoße (für 4 Personen)

Zutaten

Für die Wickelklöße

500 g Mehl
2 Prisen Salz
½ Pck. Backpulver
100 ml Sojasahne
2 Tassen Wasser
100 g Margarine
300 g Semmelbrösel

Für die Soße

siehe Rezept Petersiliensoße (Seite 243)

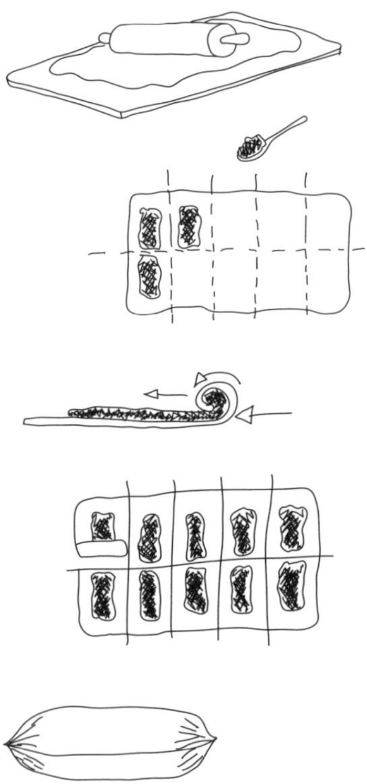

Zubereitung

Für die Wickelklöße Mehl, Salz und Backpulver in einer Schüssel vermischen. Sojasahne mit dem Wasser vermischen, langsam unterrühren und mindestens 10 Minuten kräftig zu einem lockeren, weichen und geschmeidigen Teig kneten.

Den Teig auf einer mit Mehl bestäubten Arbeitsfläche zu einem etwa ½ Zentimeter dicken Quadrat von jeweils 25 bis 30 Zentimetern Seitenlänge ausrollen. Das Quadrat in der Mitte längs halbieren und aus den beiden Hälften jeweils 7 bis 8 Zentimeter breite Rechtecke schneiden.

Margarine in einem Topf zerlassen. Semmelbrösel mit 1 Prise Salz darin goldbraun braten. Jeweils 1 Teelöffel Semmelbrösel auf jede Teigplatte geben (Ränder zum Verschließen frei lassen), anschließend die Teigplatten eng rollen, dann die Ränder fest zusammendrücken. (Die Rollen sollten einen Durchmesser von 2 bis 3 Zentimetern haben.)

In der Zwischenzeit Wasser in einem großen Topf zum Kochen bringen. Die Wickelklöße im kochenden Wasser 15 bis 20 Minuten bei geringer Hitze gar ziehen lassen.

Für die Soße die Petersiliensoße nach Rezept zubereiten.

Gare Wickelklöße mit der Petersiliensoße heiß servieren.

Hefeklöße

(für 4 Personen)

Zutaten

8 g Trockenhefe
ca. 300 ml Hafermilch, lauwarm, nach Bedarf etwas mehr
1 Prise Salz
1 TL Agavendicksaft
500 g Mehl
Wasser, zum Kochen (Topf halbvoll)

Tipps: Die Klöße können gedämpft werden, indem sie in einem sauberen Geschirrtuch über siedendes Wasser gehängt und mit einer Schüssel oder einem Deckel zugedeckt werden. Dämpfen ist auch im Schnellkochtopf möglich. Dazu heiße Heidelbeeren, heiße Kirschen, Birnen- oder Pflaumenkompott oder Vanillesoße mit brauner Margarine reichen.

Zubereitung

Hefe in 1 Tasse lauwarmer Hafermilch auflösen und Salz und Agavendicksaft dazugeben, mit Mehl und restlicher Hafermilch in einer großen Schüssel verkneten und zugedeckt etwa 15 Minuten an einem warmen Ort gehen lassen.

Den Teig ein zweites Mal durchkneten, sodass er wattig, weich und geschmeidig ist, gegebenenfalls noch etwas warme Hafermilch oder Mehl hinzufügen. Nochmals zugedeckt etwa 1 Stunde warm stellen.

Den Teig noch einmal durchkneten. Aus dem Teig tennisballgroße Klöße formen und mit genügend Abstand voneinander auf ein gefettetes Backblech setzen. Die Klöße zugedeckt etwa 15 Minuten an einem warmen Ort (z. B. bei etwa 35 °C im Backofen) gehen lassen, bis die Oberfläche geglättet ist.

In der Zwischenzeit Wasser in einem großen Topf zum Kochen bringen. Die Klöße in das siedende Wasser geben, aufkochen und etwa 10 Minuten leicht köcheln lassen, dabei die Klöße wenden.

Einen Kloß mit einem Schaumlöffel herausnehmen, mit zwei Gabeln aufreißen und prüfen, ob er gar ist. Die restlichen Klöße einzeln mit dem Schaumlöffel herausnehmen und ebenfalls sofort aufreißen, damit sie nicht zusammenfallen.

Beilagen vom Blech

Gebackene bunte Hirse

(für 4 Personen)

Zutaten

2 Tassen Hirse (ca. 300 g)
5 Tassen Wasser
100 g Brokkoli
1 Paprikaschote
100 g Cocktailtomaten
1 kleine Zwiebel
½–1 Bund Petersilie
etwas Margarine
etwas Salz
etwas Pfeffer
1 Prise Paprikapulver scharf
250 ml Sojasahne

Tipp: Statt Petersilie ½ bis 1 Bund Kapuzinerkresse oder Schnittlauch verwenden.

Zubereitung

Hirse gründlich waschen und abtropfen lassen. Hirse mit dem Wasser in einen Topf geben und nach Packungsanleitung kochen lassen, bis kein Wasser mehr zu sehen ist. Dann gar ziehen lassen.

In der Zwischenzeit Brokkoli putzen und in kleine Röschen teilen. Brokkolistrunk in Stücke schneiden. Röschen und Strunkstücke abspülen. Paprikaschote waschen, halbieren, entstielen, entkernen und in kleine Stücke schneiden. Tomaten waschen, halbieren und die Stängelansätze herausschneiden. Zwiebel abziehen und in kleine Würfel schneiden. Petersilie vorsichtig waschen und klein schneiden.

Margarine in einem Topf zerlassen. Gemüse und Zwiebeln darin sanft schwenken, mit Salz, Pfeffer und etwas Paprikapulver würzen und Cocktailtomaten mit Sojasahne unterheben. Gemüsemasse mit zwei Dritteln der klein geschnittenen Petersilie unter die gegarte Hirse mischen.

Hirsemasse in einem gefetteten tiefen Backblech verstreichen und 25 bis 30 Minuten im vorgeheizten Backofen bei 200 °C (Ober- und Unterhitze) goldbraun backen. Mit der restlichen Petersilie bestreuen.

Gebackener Gemüsereis (für 4 Personen)

Zutaten

450 g Reis
900 ml Wasser
500 g Zucchini
200 g Möhren
200 g Champignons
1 Zwiebel
½–1 Bund Petersilie
ca. 5 EL Margarine
1 TL Salz
etwas Pfeffer
200 ml Sojasahne

Tipps: Statt Petersilie ½ bis 1 Bund Kapuzinerkresse oder Schnittlauch unter den Reis mischen. Anstelle von Champignons können Sie auch andere Pilze Ihrer Wahl nehmen.

Zubereitung

Reis gründlich waschen und abtropfen lassen. Reis mit dem Wasser in einen Topf geben und kochen, bis kein Wasser mehr da ist. Gar ziehen lassen.

In der Zwischenzeit Zucchini waschen und die Enden abschneiden. Zucchini in kleine Stücke schneiden. Möhren putzen, wenn nötig schälen, abwaschen und in dünne Scheiben schneiden. Champignons putzen und vorsichtig abspülen. Stiele abdrehen und in Stücke schneiden, Champignonköpfe vierteln. Zwiebel abziehen und in kleine Würfel schneiden. Petersilie vorsichtig waschen und klein schneiden. 3 Esslöffel Margarine in einem Topf zerlassen. Champignons darin anbraten, dann die Zwiebeln und das Gemüse darin schwenken, mit Salz und Pfeffer würzen und Sojasahne dazugeben.

Gebratenes Gemüse mit dem Reis und zwei Dritteln der klein geschnittenen Petersilie vermischen, abschmecken und restliche Margarine in Flöckchen dazugeben.

Gemüsereis in einem gut gefetteten tiefen Backblech verstreichen und 20 bis 30 Minuten im vorgeheizten Backofen bei 200 °C (Ober- und Unterhitze) backen. Eventuell zudecken oder die Backofentemperatur herunterschalten.

Mit restlicher Petersilie bestreuen.

Polenta, gebacken

(für 4 Personen)

Zutaten

siehe Grundrezept Polenta (Seite 261)
etwas Margarine, nach Belieben

Zubereitung

Für die Polentamasse Polenta nach Grundrezept zubereiten, gleichmäßig in einem gefetteten tiefen Backblech verteilen und entweder erkalten lassen oder etwas Margarine in Flöckchen daraufsetzen.

Polentamasse etwa 20 Minuten im vorgeheizten Backofen bei 200 °C (Ober- und Unterhitze) backen.

Tipps: Paprikapolenta, gebacken und **Tomaten-Basilikum-Polenta, gebacken** können auf die gleiche Weise gebacken werden. Übrig gebliebene, erkaltete Polenta (alle drei Arten) kann am nächsten Tag in 2 Zentimeter dicke Scheiben geschnitten und in Margarine in der Pfanne goldbraun angebraten werden.

Pfannengerichte

Gemüsepfannen

Auberginen-Zucchini-Tomaten-Gratin (für 4 Personen)

Zutaten

3 mittlere Zucchini
200 g Pilze (Grillchampignons)
3 Auberginen
8 mittlere Tomaten
1 Bund Petersilie/Schnittlauch
Veganer Sahnestreichkäse (Seite 340)

Für die Soße
250 ml Sojasahne
125 ml Sojamilch
3 EL Mehl
1 TL Currypulver
1 Prise Muskatnuss, gerieben
etwas Salz
etwas Pfeffer

Zubereitung

Zucchini, Tomaten und Auberginen waschen und die Enden ab- bzw. die Stängelansätze herausschneiden. Das Gemüse dann in Scheiben schneiden. Pilze putzen, vorsichtig abspülen und ebenfalls in Scheiben schneiden. Zucchini-, Tomaten-, Auberginen- und Pilzscheiben ziegelartig abwechselnd auf ein gefettetes Pfannenblech schichten.

Für die Soße Sojasahne, Sojamilch und Mehl in einer Schüssel verquirlen und mit den restlichen Zutaten würzen. Die Soße über das geschichtete Gemüse gießen und Veganen Sahnestreichkäse daraufgeben.

Gemüsepfanne im vorgeheizten Backofen 30 bis 40 Minuten bei 180 °C backen und mit der gewaschenen, klein geschnittenen Petersilie/dem Schnittlauch vor dem Servieren bestreuen.

Gemüsepfanne quer durch den Garten

(für 4 Personen – ausreichend ohne Beilage)

Zutaten

300 g Möhren
2 Kohlrabi
4 kleine Zucchini
2 rote Spitzpaprika
ca. 450 g Brokkoli
3 Zwiebeln
etwas Salz
etwas Cumin (Kreuzkümmel), gemahlen
etwas schwarzer Pfeffer
etwas Kokosfett
ca. ½ l Wasser

Zubereitung

Möhren und Kohlrabi putzen, wenn nötig schälen, abwaschen und in etwa ½ Zentimeter dicke Scheiben schneiden. Zucchini waschen und die Enden abschneiden. Zucchini in etwa 1 Zentimeter dicke Scheiben schneiden. Paprikaschoten waschen, halbieren, entstielen, entkernen und in etwa ½ Zentimeter breite Streifen schneiden.

Brokkoli putzen und in kleine Röschen teilen. Brokkolistrunk in Scheiben schneiden. Röschen und Strunkscheiben abspülen. Zwiebeln abziehen und in etwa ½ Zentimeter dicke Ringe schneiden.

Variante I

750 Milliliter Wasser in einem weiten Topf zum Kochen bringen und Möhren darin andünsten. Dann Kohlrabi und Brokkolischeiben dazugeben und etwa 15 Minuten unter gelegentlichem Rühren andünsten. Brokkoliröschen, Zucchinischeiben und Paprikastreifen mit 2 Teelöffeln Salz, ¼ Teelöffel Kreuzkümmel und ½ Teelöffel schwarzem Pfeffer unterheben und weitere etwa 10 Minuten unter Wenden garen, bis es bissfest und das Kochwasser verkocht ist. (*Achtung*: Anbrenngefahr! Also besser dabeibleiben!)

Kokosfett in einer Pfanne zerlassen und das gegarte Gemüse darin braten, mit Salz und Pfeffer nachwürzen. Weiterbraten, bis das Gemüse einige goldbraune Ränder hat. Pfannengemüse sofort heiß servieren!

Variante II

Kokosfett in einer Pfanne zerlassen und das Gemüse mit 2 Teelöffeln Salz, ¼ Teelöffel Kreuzkümmel und ½ Teelöffel Pfeffer darin braten, bis es einige bräunliche Ränder hat. Etwa 500 Milliliter Wasser dazugeben und zugedeckt etwa 10 Minuten dünsten lassen. Nach etwa 10 Minuten den Deckel abnehmen und das Wasser verdunsten lassen, das Gemüse muss bissfest sein.

Nach Bedarf noch einmal Kokosfett hinzufügen und das Gemüse nochmals etwas braten lassen. Sofort heiß servieren!

Kartoffel- & Nudelpfannen

Bunte Nudelpfanne (für 4 Personen)

Zutaten

2 Paprikaschoten
4 Tomaten
250 g Räuchertofu
1 kleine Zwiebel
½–1 Knoblauchzehe
1 Bund Petersilie
3 EL Olivenöl
etwas Salz
etwas Pfeffer
etwas Paprikapulver scharf
250 g gekochte Nudeln, heiß (siehe „Kochen von Nudeln“, Seite 255)
1 Tasse Erbsen (aus dem Glas)
1 Tasse Champignons (aus dem Glas)

Zubereitung

Paprikaschoten waschen, halbieren, entstielen, entkernen und in feine Streifen schneiden. Tomaten waschen, halbieren und die Stängelansätze herausschneiden. Tomatenhälften und Tofu in feine Würfel schneiden. Zwiebel abziehen und klein hacken. Knoblauch abziehen, fein schneiden und mit dem Messer zerdrücken. Petersilie vorsichtig waschen und klein schneiden.

Olivenöl in einer Pfanne erhitzen. Tofuwürfel hineingeben, mit Salz und Pfeffer kräftig würzen und knusprig braun braten. Klein gehackte Zwiebel, Paprikapulver und Knoblauch dazugeben und mitbraten. Gekochte Nudeln, Erbsen und Champignons mit zwei Dritteln der gehackten Petersilie hinzufügen und alles gut erhitzen. Paprikastreifen und Tomatenwürfel darüber verteilen und nochmals leicht mit Salz und Pfeffer würzen.

Die bunte Nudelpfanne mit der restlichen Petersilie bestreuen und servieren.

Bauernfrühstück I

(für 2 Personen)

Zutaten

900 g Kartoffeln
50 g Dinkel, gemahlen/ Dinkelmehl
150 ml Wasser
1 Tasse Gewürzgurkenwasser
1 EL Sojasoße
1 TL Hefeflocken
400 g Sauerkraut
1 kleine Zwiebel
½–1 Knoblauchzehe
250 g Räuchertofu
etwas Salz
etwas Pfeffer
etwas Piment, gemahlen
3 EL Olivenöl
ca. 4 EL Kokosfett
125 ml Sojasahne, nach Belieben mehr

Zubereitung

Kartoffeln abbürsten, putzen, garen, pellen und abkühlen lassen. In ½ Zentimeter dicke Scheiben schneiden.

In der Zwischenzeit Dinkelmehl mit dem Wasser und Gurkenwasser in einer Schüssel anrühren und mit Sojasoße und Hefeflocken abschmecken. Sauerkraut leicht ausdrücken und klein schneiden.

Zwiebel abziehen und in kleine Würfel schneiden. Knoblauch abziehen, fein schneiden und mit dem Messer zerdrücken. Tofu in Würfel schneiden. Tofuwürfel in eine Schüssel geben, mit Salz, Pfeffer, Piment und 3 Esslöffeln Olivenöl mischen und kurz marinieren. 2 Esslöffel Kokosfett in einer Pfanne zerlassen. Tofuwürfel darin braten, bis sie leicht gebräunt sind. Zwiebeln und Knoblauch dazugeben und fertig braten.

Restliches Kokosfett in einer Pfanne zerlassen. Kartoffelscheiben darin goldbraun braten, mit Salz und Pfeffer würzen. Sauerkraut dazugeben und mitbraten, bis es stellenweise bräunt. Tofuwürfel dazugeben. Angerührte Mehlmischung darübergießen und unter Wenden stocken lassen. Mit Sojasahne verfeinern.

Bauernfrühstück II

(für 4 Personen)

Zutaten

1,8 g Kartoffeln
1 Tasse Wasser, nach Bedarf mehr
1½–2 Tassen Gewürzgurkenwasser
1–2 Msp. Natron, nach Bedarf
1 EL Sojasoße
1 TL Hefeflocken
800 g Sauerkraut, Saft ausdrücken und auffangen
1 kleine Zwiebel
½–1 Knoblauchzehe
500 g Räuchertofu
etwas Salz
etwas Pfeffer
etwas Piment, gemahlen
ca. 3 EL Olivenöl
4 EL Kokosfett
125 ml Sojasahne, nach Belieben mehr

Zubereitung

Kartoffeln gründlich abbürsten, putzen, garen, pellen und abkühlen lassen. Anschließend in ½ Zentimeter dünne Scheiben schneiden.

In der Zwischenzeit das Wasser und Sauerkrautwasser mit Gurkenwasser, Sojasoße und Hefeflocken in einer Schüssel anrühren (man kann die Säure der Flüssigkeit mindern, indem man 1 bis 2 Messerspitzen Natron hinzufügt). Sauerkraut klein schneiden.

Zwiebel abziehen und in kleine Würfel schneiden. Knoblauch abziehen, fein schneiden und mit dem Messer zerdrücken. Tofu in 2 x 1 x 1 Zentimeter große Würfel schneiden. Tofuwürfel in eine Schüssel geben, mit Salz, Pfeffer, Piment und 3 Esslöffeln Olivenöl mischen und kurz marinieren. 1 Esslöffel Kokosfett in einer Pfanne zerlassen. Tofuwürfel darin braten, bis sie leicht gebräunt sind. Zwiebeln und Knoblauch dazugeben und fertig braten.

Kartoffelscheiben auf ein mit Olivenöl gefettetes Backblech geben und im vorgeheizten Backofen bei 200 °C (Umluft) unter gelegentlichem Wenden backen, bis sie braune Kanten bekommen.

In der Zwischenzeit restliches Kokosfett in einer großen Pfanne zerlassen. Die Hälfte des Sauerkrautes darin kross anbraten, bis es bräunt. Das gebratene Sauerkraut mit dem noch rohen, den Tofuwürfeln und den gebackenen Kartoffelscheiben mischen und die angerührte Flüssigkeit darübergeben, Das Ganze etwa 5 bis 10 Minuten im Backofen bei 200 °C backen. Das Bauernfrühstück vor dem Servieren mit Sojasahne beträufeln.

Tipp: Dieses Rezept lässt sich prima für einen größeren Personenkreis zubereiten.

Aufläufe

- Aufläufe sind leichte Gerichte, da sie sehr fettarm und in ihrem eigenen Saft im Backofen gegart werden.
- Je nach Saison können Zutaten aus dem Garten verwendet werden und variieren. Für 4 Personen braucht man insgesamt eine Menge von etwa 1,6 Kilogramm Gemüse oder Kartoffeln.
- Aufläufe sind schneller gar, wenn sie auf einem tiefen Pfannenblech im Ofen gegart werden. Allerdings erhalten sie dadurch auch einen etwas anderen Charakter.
- Aufläufe lassen sich ganz verschieden zubereiten, je nach Belieben kann ein Auflauf
  1. im eigenen Saft gebacken werden;
  2. zusätzlich mit einer Schicht würzige Getreidemasse für Aufläufe (Seite 289) eingeschichtet und/oder 15 bis 20 Minuten vor Ende der Backzeit mit einer Auflaufsoße (Seite 253) übergossen und ohne Deckel überbacken werden;
  3. etwa 10 Minuten vor Ende der Backzeit mit Sojasahne übergossen und ohne Deckel fertig gebacken werden;
  4. etwa 20 Minuten vor Ende der Backzeit mit Veganem Pizzakäse (Seite 299) bedeckt und ohne Deckel überbacken werden.
- Glasauflaufformen sind sehr empfindlich, was Temperaturunterschiede angeht, daher werden Aufläufe meist „mit der Hitze" gebacken, d. h., der Ofen wird erst mit dem Einschieben der Auflaufform hochgeheizt. Die Auflaufform immer auf eine trockene Stoff-/Holzunterlage stellen, wenn Sie sie aus dem Ofen holen.

Kartoffelaufläufe

Würzige Getreidemasse für Aufläufe – Grundrezept

(für 4 Personen)

Zutaten

150 g Dinkel, gemahlen
350 ml Wasser
1 kleine Zwiebel
½–1 Knoblauchzehe
etwas Kokosfett
etwas Salz
etwas Pfeffer
reichlich Sojasoße
100 g Haferflocken

Zubereitung

Dinkel mit dem Wasser in einen Topf geben und etwa 2 Stunden quellen lassen. Anschließend unter ständigem Rühren 15 bis 20 Minuten köcheln lassen, bis ein dicker Brei entsteht, eventuell etwas Wasser zugeben und noch einmal kurz aufkochen. Die Masse in eine große Schüssel geben und abkühlen lassen.

In der Zwischenzeit Zwiebel abziehen und fein hacken. Knoblauch abziehen, fein schneiden und mit dem Messer zerdrücken. Kokosfett in einer Pfanne zerlassen. Zwiebelwürfel darin anbraten.

Dinkelbrei mit Salz, Pfeffer, Sojasoße und Knoblauch würzen. Die angebratene Zwiebel und Haferflocken dazugeben und alles gut vermengen.

Kohlauflauf

(für 4 Personen)

Zutaten

1 kg Kohl (Weißkraut und Wirsing)
600 g Kartoffeln
etwas Salz
etwas Pfeffer
½ TL Kümmel, gemahlen, nach Bedarf mehr

Für die Soße

1 kleine Kartoffel
1 kleine Zwiebel
etwas Margarine
1 Msp. Kümmel, gemahlen
4 EL Sojasahne
2 EL Sojasoße
250 ml Wasser
Salz
Pfeffer

Zubereitung

Vom Kohl die welken äußeren Blätter entfernen. Kohl jeweils vierteln, den Strunk herausschneiden. Kohlviertel waschen und in lange, schmale Streifen schneiden, dabei die dicken Blattrippen herausschneiden. Strunk und dicke Blattrippen klein schneiden und 70 Gramm für die Soße beiseitelegen. Kartoffeln wenn nötig schälen, waschen und in dünne Scheiben schneiden.

Kohlstreifen in eine genügend große Schüssel geben, mit Salz, Pfeffer und Kümmel würzen, kräftig mit der Hand durchkneten und ziehen lassen.

Einen Teil der Kartoffelscheiben in eine auch am Rand gut gefettete Auflaufform schichten, darauf einen Teil Kohlstreifen und wieder eine dünne Schicht Kartoffeln geben. Diesen Vorgang wiederholen, bis Kartoffeln und Kohl verbraucht sind. Mit einer Schicht Kartoffeln abschließen.

Kohlauflauf zugedeckt etwa 20 Minuten im Backofen bei 200 °C (Umluft) mit der Hitze (erst Heizen, wenn der Auflauf in den Ofen kommt; bei Auflaufformen aus Glas) backen. Dann die Backofentemperatur auf 175 °C herunterschalten und den Auflauf weitere 50 bis 60 Minuten backen, dabei immer wieder kontrollieren.

Tipps: Wer es deftig mag, kann zwischen Kohl und Kartoffeln die Würzige Getreidemasse für Aufläufe (Seite 289) schichten. Besonders lecker schmeckt der Kohlauflauf, wenn Sie ihn mit Veganem Pizzakäse (Seite 299) überbacken.

In der Zwischenzeit *für die Soße* Kartoffeln wenn nötig schälen, waschen und in kleine Stücke schneiden. Zwiebel abziehen und fein hacken.

Margarine in einem kleinen Topf zerlassen. Kartoffelstücke mit beiseitegelegten Kohlstücken, Salz, Pfeffer und etwas Kümmel darin anbraten. Etwas später gehackte Zwiebel dazugeben und alles goldbraun braten. Sojasahne und Sojasoße unterrühren. Das Ganze mit dem Wasser ablöschen, verrühren und cremig pürieren.

Die Soße nach etwa 50 Minuten Backzeit gleichmäßig über den Auflauf gießen und den Auflauf ohne Deckel zu Ende backen, bis die obere Schicht goldbraun ist.

Bunter Gemüseauflauf mit Tofu (für 4 Personen)

Zutaten

600 g Kartoffeln, nach Belieben mehr
320 g Möhren
400 g Zucchini
200 g Paprikaschoten
180 g Porree (Lauch)
½ Bund Petersilie, nach Belieben mehr
etwas Salz
etwas Pfeffer
250 g Räuchertofu
etwas Paprikapulver scharf
2 Msp. Piment, gemahlen
etwas Olivenöl
etwas Kokosfett
125 ml Sojasahne

Zubereitung

Gemüse schälen, waschen und in Scheiben/kleine Stücke/Streifen schneiden. Petersilie waschen und klein hacken.

Kartoffelscheiben in eine Schüssel geben, mit Salz und Pfeffer würzen, ziehen lassen.

Tofu in Würfel schneiden. Tofuwürfel in eine Schüssel geben, mit Salz, Pfeffer, Paprikapulver, Piment und Olivenöl mischen und kurz marinieren.

Etwas Kokosfett in einer Pfanne zerlassen. Tofuwürfel mit den gehackten Petersilienstängeln darin anbraten.

Mit der Hälfte der Kartoffelscheiben eine gefettete Auflaufform auslegen, darauf die Hälfte des vorbereiteten Gemüses, dann zwei Drittel der gehackten Petersilienblättchen und die Hälfte des Tofus schichten und mit Kartoffelscheiben bedecken, noch einmal wiederholen und mit Kartoffelscheiben abschließen.

Den Auflauf zugedeckt etwa 20 Minuten im vorgeheizten Backofen bei 200 °C (Umluft) backen. Backofentemperatur auf 175 °C stellen und den Auflauf weitere 50 bis 60 Minuten backen, immer wieder kontrollieren. Nach etwa 50 Minuten Backzeit Sojasahne über den Auflauf gießen und den Auflauf ohne Deckel zu Ende backen.

Mit Petersilie bestreut servieren.

Nudelaufläufe

Lasagne

(für 4 Personen)

Zutaten

12 Lasagneplatten (ohne Vorgaren; 200 g), Vorgaren siehe nachfolgendes Rezept
Veganer Pizzakäse (Seite 299)
etwas Margarine

Für die Bolognesesoße
80 g Knollensellerie
2 Möhren
1 große Zwiebel
1 Knoblauchzehe
400 g Räuchertofu
etwas Salz und Pfeffer
etwas Piment, gemahlen
etwas Olivenöl
etwas Kokosfett
50 g Margarine
3 EL Mehl
500 ml Tomatenpassata
350 ml Wasser
330 g geschälte Tomaten (aus dem Glas), geschnitten + Tomatenwasser
1 Lorbeerblatt
60 ml Sojasahne

Zubereitung

Für die Bolognesesoße Sellerie und Möhren putzen, wenn nötig schälen, abwaschen und in kleine Würfel schneiden. Zwiebel und Knoblauch abziehen und in kleine Würfel schneiden.

Tofu mit der Hand zerdrücken. Die Krümel in eine Schüssel geben, mit Salz, Pfeffer, Piment und Olivenöl mischen und kurz marinieren. Etwas Kokosfett in einer Pfanne zerlassen. Tofukrümel darin anbraten, die Hälfte der Zwiebelwürfel und den Knoblauch dazugeben und leicht weiterbraten, bis der Tofu goldbraun ist.

Margarine in einem Topf zerlassen. Sellerie- und Möhrenwürfel darin anbraten und mit Salz und Pfeffer würzen. Mehl darüberstäuben und mit Wasser, Tomatenwasser und anschließend Passata (insgesamt 300 Milliliter) ablöschen. Lorbeerblatt, die geschnittenen Tomatenwürfel, Sojasahne und Tofumasse untermischen und gut verrühren.

Für die weiße Soße Margarine in einem Topf zerlassen, löffelweise Mehl hinzufügen und anbräunen. Nach und nach Sojamilch dazugießen und unter ständigem Rühren bei geringer Hitze kochen lassen,

Für die weiße Soße
30 g Margarine
30 g Mehl
1 l Sojamilch
½ TL Salz
etwas Pfeffer

bis die Soße leicht angedickt ist. Soße mit 1 Teelöffel Salz und etwas Pfeffer würzen.

Den Boden einer gefetteten Auflaufform (etwa 30 x 22 Zentimeter) mit weißer Soße bedecken. 3 Nudelplatten nebeneinander darauflegen und mit etwas weißer Soße und Bolognesesoße bedecken. Diesen Vorgang 3-mal wiederholen, dabei die letzte Nudelschicht gut mit den Soßen bedecken.

Die Lasagne etwa 1 Stunde im vorgeheizten Backofen bei 180 °C (Ober- und Unterhitze) backen. 20 Minuten vor Backzeitende reichlich Veganen Pizzakäse darübergeben und ohne Deckel fertig backen lassen.

Nudelauflauf mit Spinat (für 4 bis 6 Personen)

Zutaten

500 g Nudeln
etwas Salz
4 EL Olivenöl
400 g geschälte Tomaten (aus dem Glas)
900 g TK-Spinat
etwas Pfeffer
3 Msp. Muskatnuss, gerieben
250 g Räuchertofu
1 große Zwiebel
2 Knoblauchzehen
etwas Kokosfett
250 ml Sojasahne

Für den Käse

350 ml Flüssigkeit (Tomatensaft + Spinatwasser), nach Bedarf mehr
75 g Margarine
50 g Weizenmehl
1 gestr. TL Senf
2 EL Hefeflocken
3 EL Sojasoße

Zubereitung

Nudeln in leicht gesalzenem Wasser mit etwas Öl nach Packungsanleitung al dente kochen, mit kaltem Wasser abschrecken, gut abtropfen lassen und mit 4 Esslöffeln Olivenöl und 1 Teelöffel Salz vermischen.

In der Zwischenzeit geschälte Tomaten in einem Sieb abtropfen lassen, dabei den Saft auffangen. Tomaten in kleine Stücke schneiden.

In einem zweiten Topf wenig Wasser (etwa 2 Zentimeter Füllhöhe) zum Kochen bringen, Spinat unaufgetaut etwa 2 Minuten darin kochen, von der Kochstelle nehmen und ziehen lassen, bis er vollständig aufgetaut ist. Spinat abgießen, dabei das Kochwasser auffangen und beiseitestellen. Spinat mit etwas Salz, Pfeffer und 3 Messerspitzen Muskat würzen.

Räuchertofu in etwa 2 Zentimeter große und ½ Zentimeter flache Würfel schneiden. Zwiebel und Knoblauch abziehen und in feine Würfel schneiden.

Etwas Kokosfett in einer Pfanne zerlassen. Zwiebel- und Knoblauchwürfel darin etwa 2 Minuten anbraten und mit Salz und Pfeffer würzen. Räuchertofu dazugeben und mitbraten, bis er leicht bräunt. Das Bratgut mehrfach wenden.

Den Boden einer gefetteten Auflaufform oder eines gefetteten tiefen Backblechs mit Nudeln bedecken und die Hälfte des Spinats und des gebratenen Tofus darauf verteilen. Den Vorgang wiederholen und mit einer Nudelschicht abschließen. Sojasahne darübergießen und leicht untermischen. Tomatenstücke gleichmäßig darauf verteilen.

Für den Käse den Saft der Tomaten mit dem Spinatwasser auf 350 Milliliter auffüllen. Margarine in einem Topf zerlassen, Mehl hinzufügen und unter Rühren kurz lichtgelb aufschäumen lassen. Tassenweise mit der Flüssigkeit ablöschen, dabei immer wieder glatt rühren und aufkochen lassen, bis eine zäh fließende Masse entsteht. Senf und zum Schluss Hefeflocken und Sojasoße dazugeben und bei Bedarf cremig pürieren. (Ist der Käse zu fest, noch etwas Spinatwasser unterrühren.)

Den Streichkäse mit einem großen Löffel über die Nudelmasse geben und den Auflauf etwa 20 Minuten im vorgeheizten Backofen bei 200 °C (Ober- und Unterhitze) backen, bis die Oberfläche bräunt und Blasen wirft.

Lasagne verde mit grünem Spargel (für 4 Personen)

Zutaten

etwas Salz
1 EL Olivenöl
11 Lasagneplatten (knapp 200 g)
1 kg grüner Spargel
1 EL Margarine
1½–2 l Wasser (Kochwasser)

Für die grüne Soße

100 g TK-Spinat
125 g Margarine
135 g Dinkelmehl
1 l Spargelwasser
2 TL Salz
3 Msp. Pfeffer
1 TL Senf
3 EL Hefeflocken
2 EL Sojasoße
100 ml Sojasahne
1 Msp. Muskatnuss, gerieben

Für den Käse

50 g Margarine
35 g Weizenmehl
ca. 200 ml Wasser, nach Bedarf mehr
½ TL Senf
1 EL Hefeflocken
3 TL Sojasoße

Zubereitung

Reichlich Wasser in einem Topf zum Kochen bringen, 1 Teelöffel Salz und 1 Esslöffel Olivenöl hinzufügen und Lasagneplatten darin bissfest garen. Lasagneplatten herausnehmen, in einem Sieb unter kaltem Wasser abspülen und abtropfen lassen.

In der Zwischenzeit Spargel abwaschen und nicht zu dünn schälen. 1,2 Liter Wasser mit ½ Teelöffel Salz in einem Topf zum Kochen bringen, Spargel hineingeben und etwa 5 Minuten darin kochen lassen. Spargel herausnehmen und abtropfen lassen. Spargelwasser beiseitestellen. Margarine in Flöckchen über dem warmen Spargel verteilen.

Für die grüne Soße Spinat auftauen lassen. Margarine in einem Topf zerlassen, Mehl hinzufügen und unter Rühren kurz lichtgelb aufschäumen lassen. Tassenweise mit dem Spargelwasser ablöschen, dabei immer wieder glatt rühren und aufkochen lassen. Mit Salz und Pfeffer würzen.

Den Topf von der Kochstelle nehmen, Senf, Hefeflocken, Sojasoße, Sojasahne und Muskat unterrühren. Angetauten Spinat in die heiße Soße geben und 2 bis 3 Minuten unter Rühren völlig auftauen lassen. Die Soße mit einem Stabmixer glatt und cremig pürieren.

Den Boden einer gefetteten Auflaufform mit der Soße bedecken. Lasagneplatten darauflegen, darauf eine Schicht Spargel geben, mit etwas Soße überziehen und wieder mit Lasagneplatten bedecken. 2-mal wiederholen, dabei die letzte Nudelschicht gut mit der restlichen Soße bedecken.

Lasagne etwa 40 Minuten im vorgeheizten Backofen bei 200 °C (Umluft) backen.

In der Zwischenzeit *für den Käse* Margarine in einem Topf zerlassen, Mehl dazugeben und unter Rühren kurz lichtgelb aufschäumen lassen. Tassenweise mit dem (Spargel-)Wasser ablöschen, dabei immer wieder glatt rühren und aufkochen lassen. Senf und zum Schluss Hefeflocken und Sojasoße dazugeben und bei Bedarf cremig pürieren (sollte der Käse nachquellen, ihn wieder mit etwas Wasser verdünnen).

Nach 20 Minuten Backzeit den Käse mit einem Löffel über die Lasagne geben und die Lasagne verde fertig backen, bis die Oberfläche bräunt und Blasen wirft.

Pizzen & pikante Kuchen

Grundrezepte

Veganer Pizzakäse – Grundrezept

(für 4 Personen; 1 Backblech, etwa 35 x 37 Zentimeter)

Zutaten

100 g Margarine
70 g Weizenmehl (Type 1050)
ca. 400 ml Wasser, nach Bedarf mehr
1 TL Senf
2 EL Hefeflocken
3 EL Sojasoße

Zubereitung

Margarine in einem Topf zerlassen, Mehl hinzufügen und unter Rühren kurz aufschäumen lassen, bis es lichtgelb ist. Tassenweise mit dem Wasser ablöschen, dabei immer wieder glatt rühren und aufkochen lassen, bis eine zäh fließende Masse entsteht. Dann Senf und zum Schluss Hefeflocken und Sojasoße dazugeben und bei Bedarf cremig pürieren (wenn der Käse nachdickt, mit Wasser verdünnen).

Pizzahefeteig – Grundrezept (für 4 Personen)

Zutaten

1 Pck. Trockenhefe
300 g Weizenmehl
150 ml Wasser
100 g Margarine
1 gestr. TL Salz

Zubereitung

Trockenhefe mit den restlichen Zutaten in einer Schüssel mischen und zu einem glatten, geschmeidigen Teig verarbeiten. Den Teig zugedeckt 50 bis 60 Minuten an einem warmen Ort gehen lassen, bis sich sein Volumen verdoppelt hat.

Den Teig noch einmal durchkneten, auf einer bemehlten Fläche ausrollen, auf ein gefettetes Backblech legen und in den Teigboden mit einer Gabel in gleichmäßigen Abständen hineinstechen. Den Teig noch einmal etwas gehen lassen, nach Belieben belegen und nach Möglichkeit „mit der Hitze" (den Ofen erst beim Einschieben des Blechs anstellen) backen.

Kartoffelpizzateig – Grundrezept (für 4 Personen)

Zutaten

850 kg Kartoffeln
1 kleine Zwiebel
2 EL Mehl
2 EL Sojasahne
etwas Salz
etwas Pfeffer

Zubereitung

700 Gramm Kartoffeln gründlich abbürsten, putzen, garen, pellen und abkühlen lassen. Restliche Kartoffeln wenn nötig schälen, waschen und auf einer Haushaltsreibe grob reiben. Gekochte Kartoffeln durch eine Kartoffelpresse drücken. Zwiebel abziehen und klein würfeln. Gekochte und rohe Kartoffeln mit Zwiebelwürfeln, Mehl und Sojasahne in einer Schüssel vermengen und mit Salz und Pfeffer abschmecken.

Den Teig 1 bis 2 Zentimeter hoch auf einem gefetteten Backblech verstreichen und 20 bis 30 Minuten im vorgeheizten Backofen bei 200 °C (Ober- und Unterhitze) goldbraun vorbacken, danach den gewünschten Belag daraufgeben und nach Rezept weiterbacken.

Pizza Hawaii

(für 4 Personen)

Zutaten

Für den Boden

siehe Grundrezept Pizzahefeteig (Seite 300)

Für den Belag

500 g Ananasstücke (aus dem Glas)
1 kleine Zwiebel
250 g Räuchertofu
etwas Kokosfett
etwas Olivenöl
etwas Ketchup
etwas Salz
etwas Pfeffer
Veganer Pizzakäse (Seite 299)

Zubereitung

Für den Boden den Pizzateig nach Grundrezept zubereiten.

In der Zwischenzeit *für den Belag* Ananasstücke in einem Sieb abtropfen lassen und klein schneiden. Zwiebel abziehen und in feine Ringe schneiden. Räuchertofu in hauchzarte Scheiben schneiden. Kokosfett in einer Pfanne zerlassen und Tofuscheiben darin goldbraun braten.

Den Teig auf einem gefetteten Backblech ausrollen, mit etwas Olivenöl bestreichen und in den Teigboden mit einer Gabel in gleichmäßigen Abständen hineinstechen. Den Pizzaboden gleichmäßig mit Ketchup bestreichen, die Zwiebelringe darauf verteilen und mit Salz und Pfeffer würzen. Tofuscheiben und kleine Ananasstücke darauflegen.

Veganen Pizzakäse auf der Pizza verteilen. Die Pizza 20 bis 25 Minuten im vorgeheizten Backofen bei 200 °C (Ober- und Unterhitze) goldbraun backen.

Porreepizza

(für 4 Personen)

Zutaten

Für den Boden

siehe Grundrezept Kartoffelpizzateig (Seite 301)

Für den Belag

1 kg Porree (Lauch)
50 g Margarine
etwas Salz
etwas Pfeffer
35 g Mehl
150 ml Sojasahne

Zubereitung

Für den Boden den Teig nach Grundrezept zubereiten, auf einem gefetteten Backblech ausrollen und etwa 10 Minuten im vorgeheizten Backofen bei 200 °C (Ober- und Unterhitze) goldbraun vorbacken.

In der Zwischenzeit *für den Belag* Porree putzen, die Stange längs halbieren und gründlich waschen. Porree in feine Ringe schneiden. Margarine in einer Pfanne zerlassen. Zwei Drittel der Porreestreifen mit Salz und Pfeffer darin andünsten und unter ständigem Wenden leicht bräunen. Mit Mehl bestäuben und nochmals wenden. Sojasahne dazugeben und gut verrühren. Restlichen Porree unterheben und bei geringster Hitze etwa 5 Minuten durchziehen lassen.

Die Porreemasse gleichmäßig auf dem vorgebackenen Boden verteilen und etwa 15 Minuten im heißen Backofen bei 180 °C zu Ende backen, bis der Belag goldbraun ist.

Tipp: Für einen leichten Käsegeschmack 2 Esslöffel Hefeflocken unter die Gemüsemasse mischen.

Mediterrane Pizza

(für 4 Personen)

Zutaten

Für den Boden

siehe Grundrezept Pizzahefeteig (Seite 300)

Für den Belag

1 kleine Zwiebel
5 Tomaten
1 Paprikaschote
½ Salatgurke/kleine Zucchini
200 g Pilze (frisch/aus dem Glas)
4 Gewürzgurken
175 g Räuchertofu
etwas Salz
etwas Pfeffer
etwas Olivenöl
etwas Kokosfett
etwas Ketchup
ca. 1 TL italienische Gewürzmischung
Veganer Pizzakäse (Seite 299)

Zubereitung

Für den Boden den Pizzateig zubereiten.

In der Zwischenzeit *für den Belag* Zwiebel abziehen und in feine Ringe schneiden. Tomaten waschen, halbieren und die Stängelansätze herausschneiden. Tomatenhälften in Scheiben schneiden. Paprikaschote waschen, halbieren, entstielen, entkernen und in Streifen schneiden.

Gurke waschen und das Ende abschneiden. Gurke in dünne Scheiben reiben. Frische Pilze putzen und vorsichtig abspülen. Pilze in kleine Stücke schneiden. Gewürzgurken in dünne Scheiben schneiden.

Räuchertofu in hauchzarte Scheiben schneiden, in eine Schüssel geben, mit Salz, Pfeffer und Olivenöl mischen und kurz marinieren. Etwas Kokosfett in einer Pfanne zerlassen. Tofuscheiben darin goldbraun braten.

Den Teig auf einem gefetteten Backblech ausrollen, mit etwas Olivenöl bestreichen und in den Teigboden mit einer Gabel in gleichmäßigen Abständen hineinstechen.

Den Pizzaboden gleichmäßig mit Olivenöl und danach mit Ketchup bestreichen, mit Gewürzgurken und Zwiebelringen belegen und mit Salz, Pfeffer und italienischen Kräutern vorsichtig würzen. Räuchertofu-, Tomaten- und Gurkenscheiben, Pilzstücke und Paprikastreifen auf die Pizza legen.

Veganen Pizzakäse auf der Pizza verteilen.

Die Pizza 20 bis 25 Minuten im vorgeheizten Backofen bei 200 °C (Ober- und Unterhitze) goldbraun backen.

Varianten für Pizzabeläge

Den Teig wie immer mit Olivenöl und Ketchup bestreichen, mit Zwiebelringen belegen und leicht mit Salz und Pfeffer würzen. Nach dem Belegen veganen Pizzakäse als Abschluss auf der Pizza verteilen.

1. Variante: 800 Gramm Gemüse nach Wahl (z. B. Tomaten, Paprikaschoten, Auberginen, Salatgurken, wenige Gewürzgurken) putzen, waschen, klein schneiden und auf die Pizza legen. Alles mit Salz und italienischen Kräutern, Oregano oder Kräutern der Provence würzen.

2. Variante: Etwa 800 Gramm Spinat putzen, gründlich waschen und gut abtropfen lassen. 250 Gramm Räuchertofu würfeln, in einer Pfanne in etwas Kokosfett anbraten und mit Salz und Pfeffer würzen. Beide Zutaten auf den Pizzaboden legen.

3. Variante: Etwa 800 Gramm Brokkoli putzen, in Röschen teilen. 250 Gramm Räuchertofu würfeln, in einer Pfanne in etwas Kokosfett anbraten und mit Salz und Pfeffer würzen. Beide Zutaten auf den Pizzaboden legen.

Calzone (Pizzataschen)

(für 6 Stück)

Zutaten

Für den Teig

250 g Dinkelmehl (Type 1050)
6 g Trockenhefe
2 TL italienische Gewürzmischung
1 leicht geh. TL Salz
3 EL Oliven-/Sonnenblumenöl
150 ml Hafer-/Sojamilch, lauwarm

Für die Füllung

Veganer Pizzakäse (Seite 299)
6 Cherrytomaten
100 g vegane Salami (Chorizo)
6 Basilikumblättchen
2 EL Olivenöl
1 EL Tomatenmark
2 große Prisen Salz

Zubereitung

Für den Teig Mehl, Hefe, italienische Gewürzmischung und Salz in einer Schüssel vermischen. Öl und lauwarme Hafermilch dazugeben und zu einem geschmeidigen, glatten Teig verkneten. Den Teig zugedeckt etwa 30 Minuten an einem warmen Ort gehen lassen.

In der Zwischenzeit *für die Füllung* den Veganen Pizzakäse in einer Schale kühl stellen. Cherrytomaten waschen, halbieren und eventuell die Stängelansätze herausschneiden. Tomatenhälften und vegane Salami in winzige Stücke schneiden. Basilikumblättchen vorsichtig waschen und fein hacken. Basilikumblättchen mit Olivenöl, Tomatenmark und Salz in einer Schüssel verrühren. Salami- und Tomatenstücke dazugeben und untermischen.

Den Teig noch einmal durchkneten (sollte er zu weich sein und stark kleben, noch etwas Mehl hinzugeben), in 6 gleich große Portionen teilen und zu Kugeln formen. Die Teigkugeln auf einer mit Mehl bestäubten Arbeitsfläche nacheinander zu 6 dünnen Fladen ausrollen und auf Backpapier legen.

Die Füllung gleichmäßig auf je einer Hälfte der Fladen verteilen, dabei jeweils einen etwa 1 Zentimeter breiten Rand frei lassen. Veganen Pizzakäse wenn möglich aus der Schale stürzen, in Scheiben schneiden und auf die Füllung legen. Die andere Hälfte der Fladen daraufklappen und die Ränder mit einer Gabel fest zusammendrücken. Die Pizzataschen auf ein mit Backpapier belegtes Backblech legen, mit etwas Olivenöl bepinseln und 20 bis 25 Minuten im vorgeheizten Backofen bei 200 °C (Ober- und Unterhitze) goldbraun backen.

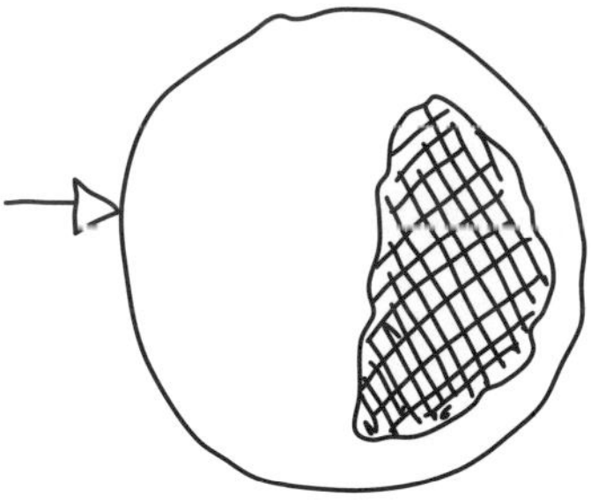

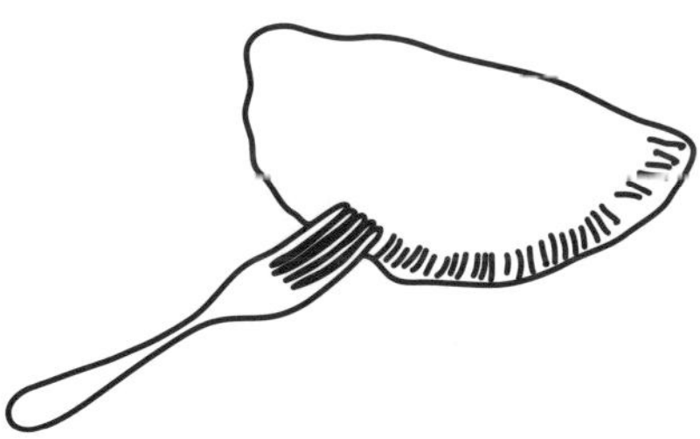

Spinatpizza

(für 4 Personen)

Zutaten

Für den Boden

siehe Grundrezept Kartoffelpizzateig (Seite 301)

Für den Belag

900 g TK-Spinat
1 kleine Zwiebel
etwas Kokosfett
etwas Salz
etwas Pfeffer
etwas Muskatnuss, gerieben
100 ml Sojasahne
2-fache Menge Veganer Pizzakäse (Seite 299)

Zubereitung

Für den Boden den Teig nach Grundrezept zubereiten, auf einem gefetteten Backblech ausrollen und etwa 10 Minuten im vorgeheizten Backofen bei 200 °C (Ober- und Unterhitze) goldbraun vorbacken.

In der Zwischenzeit *für den Belag* Spinat auftauen lassen (er kann noch etwas fest sein). In der Zwischenzeit Zwiebel abziehen und in kleine Würfel schneiden. Kokosfett in einer Pfanne zerlassen. Zwiebelwürfel in die Pfanne geben, mit Salz und Pfeffer würzen und anbraten. Aufgetauten Spinat dazugeben, nach Belieben mit Muskat würzen, kurz erhitzen und mit Sojasahne ablöschen.

Die Spinatmasse gleichmäßig auf dem vorgebackenen Boden verteilen, den Veganen Pizzakäse daraufgeben und noch einmal 10 bis 15 Minuten im vorgeheizten Backofen bei 180 °C backen, bis der Käse goldbraun ist.

Sauerkraut-Räuchertofu-Pizza (für 4 Personen)

Zutaten

Für den Boden

siehe Grundrezept Kartoffelpizzateig (Seite 301)

Für den Belag

2 Kartoffeln
700 g Sauerkraut
1 kleine Zwiebel
½–1 Knoblauchzehe
250 g Räuchertofu
etwas Salz
etwas Pfeffer
etwas Piment, gemahlen
etwas Olivenöl
etwas Kokosfett
150 ml Sauerkrautsaft, nach Bedarf mit etwas Wasser auffüllen
100 ml Sojasahne

Zubereitung

Für den Boden den Teig nach Grundrezept zubereiten, auf einem gefetteten Backblech ausrollen und etwa 10 Minuten im vorgeheizten Backofen bei 200 °C (Ober- und Unterhitze) goldbraun vorbacken.

Für den Belag Kartoffeln abbürsten, putzen, garen, pellen und abkühlen lassen.

Sauerkraut mit der Hand ausdrücken, den Saft auffangen und das Kraut klein schneiden. Zwiebel abziehen und in kleine Würfel schneiden. Knoblauch abziehen, fein schneiden und mit dem Messer zerdrücken.

Tofu in Würfel schneiden. Tofuwürfel in eine Schüssel geben, mit Salz, Pfeffer, Piment, Zwiebelwürfeln, Knoblauch und Olivenöl mischen und kurz marinieren. Etwas Kokosfett in einer Pfanne zerlassen. Tofuwürfel darin goldbraun braten. Die Hälfte des Sauerkrauts hineingeben, mit Salz und Pfeffer würzen und etwa 10 Minuten braten.

Gekochte Kartoffeln mit aufgefangenem Sauerkrautsaft und Sojasahne in einer Schüssel pürieren. (Ist der Saft zu sauer, 1 bis 2 Messerspitzen Natron hinzufügen.) Tofu und Sauerkraut unterheben.

Tofu-Sauerkraut-Masse auf dem vorgebackenen Boden verteilen. Noch einmal 15 bis 20 Minuten im heißen Backofen bei 180 °C backen lassen, bis der Belag bräunt.

Pikante Kuchen

Zwiebelkuchen

(für 4 Personen)

Zutaten

Für den Boden

250 ml Sojamilch, lauwarm
½ Pck. Trockenhefe
3 Prisen Salz
300 g Mehl
50 g Margarine

Für den Belag

4–6 säuerliche Äpfel
1½ kg Zwiebeln
1 Tasse Olivenöl
1 TL Salz
etwas Pfeffer
1½ l Sojamilch
220 g Mehl
250 ml Sojasahne

Zubereitung

Für den Boden lauwarme Sojamilch, Hefe, Salz, 1 bis 2 Esslöffel Mehl und 1 Esslöffel Margarine in einer Schüssel verrühren und etwa 30 Minuten an einem warmen Ort gehen lassen, bis eine schaumige Konsistenz entsteht.

In der Zwischenzeit *für den Belag* Äpfel waschen, vierteln, entkernen und klein würfeln. Zwiebeln abziehen, halbieren und in etwa 3 Millimeter breite Streifen schneiden.

Den Hefeansatz mit dem restlichen Mehl und der restlichen Margarine zu einem wattigen Teig verarbeiten und nochmals gehen lassen, bis sich sein Volumen sichtbar vergrößert hat.

Den Teig auf einem gefetteten Backblech gleichmäßig dünn ausrollen und ringsherum einen etwa 2 Zentimeter hohen Rand hochziehen. In den Teigboden mit einer Gabel in gleichmäßigen Abständen hineinstechen und ihn dann an einem warmen Ort noch einmal etwa 20 Minuten gehen lassen.

In der Zwischenzeit die Zwiebelstreifen in einem Topf in Olivenöl glasig andünsten, mit etwas Salz und Pfeffer abschmecken und die Apfelstückchen unterheben.

1 Liter Sojamilch in einem anderen Topf zum Kochen bringen. Mehl mit der restlichen Sojamilch verrühren, zu der Sojamilch gießen, unter Rühren zu einem dicken Brei kochen und von der Kochstelle nehmen. Restliches Salz und Sojasahne dazugeben und schaumig rühren (der Brei muss dickflüssig sein, bei Bedarf etwas Grieß oder Wasser dazugeben). Den Brei etwas abkühlen lassen.

Den abgekühlten Brei gleichmäßig auf dem Teigboden verteilen und die Zwiebel-Apfel-Masse daraufgeben. Den Zwiebelkuchen 25 bis 30 Minuten im vorgeheizten Backofen bei 180 °C (Ober- und Unterhitze) goldgelb backen.

Gefüllter Kartoffelkuchen mit Kräuterdip

(für 4 bis 6 Personen)

Zutaten

3 kg Kartoffeln
150 g Dinkelmehl (Type 1050)
1 TL Salz
½ TL Muskatnuss, gerieben
125 ml Sojasahne
5 EL Olivenöl
etwas Margarine (um das Blech zu fetten)

Für die Füllung

6–8 Scheiben Brot, altbacken
40 g Margarine
2 Prisen Salz

Für den Kräuterdip

½ Bund Petersilie
400 g Sojajoghurt
125 ml Sojasahne
2 EL Olivenöl
ca. 1 EL Zitronensaft
2–3 Prisen Salz

Tipps: Statt Croûtons können Sie mit 1 fein gehackten Zwiebel und Knoblauch angebratenen Tofu als Füllung verwenden.

Zubereitung

Kartoffeln gründlich abbürsten, putzen und garen. Kartoffeln pellen und abkühlen lassen.

In der Zwischenzeit *für die Füllung* Brot in Würfel schneiden. Margarine in einer Pfanne zerlassen. Brotwürfel darin bei mittlerer Hitze knusprig goldbraun braten, dabei Salz darüberstreuen.

Abgekühlte Kartoffeln fein raspeln und in einer Schüssel mit Mehl, Salz, Muskat, Sojasahne und 3 Esslöffeln Olivenöl zu einem glatten Teig verkneten.

Die Kartoffelmasse halbieren. Eine Hälfte mit angefeuchteten Händen gleichmäßig in einem gefetteten tiefen Backblech verteilen und die Croûtons daraufstreuen. Restliche Kartoffelmasse mit angefeuchteten Händen gleichmäßig darauf verteilen und andrücken. 2 Prisen Salz und 2 Esslöffel Olivenöl darübergeben und alles mit angefeuchteten Händen verteilen.

Den Kartoffelkuchen etwa 20 Minuten im vorgeheizten Backofen bei 200 °C (Ober- und Unterhitze) backen, bis er goldbraun ist.

In der Zwischenzeit *für den Kräuterdip* Petersilie vorsichtig waschen und klein schneiden. Alle Zutaten in einer Schüssel verrühren und mild abschmecken.

Tofukuchen, pikant (als „Speckkuchen" bekannt)

(für 4 Personen)

Zutaten

Für den Boden

500 g fertiger Roggen-Sauerteig/ Brotteig vom Bäcker

Für den Belag

1½ l Sojamilch
220 g Mehl
2 TL Salz, nach Bedarf mehr
2½ TL Kümmel, gemahlen, nach Belieben
50 g Margarine
500 g Räuchertofu
etwas Pfeffer
etwas Piment, gemahlen
1 Tasse Olivenöl
etwas Kokosfett
3–5 EL Kümmelsamen, nach Belieben

Zubereitung

Für den Boden den sehr klebrigen Teig auf einer bemehlten Unterlage ausbreiten und gut mit Mehl bestäuben. Den bemehlten Teig auf einem gefetteten Backblech ausrollen, einen Rand hochziehen und mit einer Gabel alle etwa 5 Zentimeter in den Boden hineinstechen. Den Teig an einem warmen Ort mindestens 30 Minuten gehen lassen.

Für den Belag 1 Liter Sojamilch in einem Topf zum Kochen bringen. Mehl, 1 Teelöffel Salz und 2 Teelöffel gemahlenen Kümmel mit der restlichen Sojamilch verrühren, in die kochende Milch einrühren und kurz kochen lassen, Margarine unterrühren. Den Brei gleichmäßig auf dem Boden verstreichen.

Tofu in kleine Würfel schneiden. Tofuwürfel in eine Schüssel geben, mit Salz, Pfeffer, Piment und Olivenöl mischen und kurz marinieren. Etwas Kokosfett in einer Pfanne zerlassen. Tofuwürfel darin goldbraun braten. Restlichen gemahlenen Kümmel dazugeben. Tofumasse auf dem Kuchen verteilen und nach Belieben mit Kümmelsamen und etwas Salz bestreuen.

Den Tofukuchen 30 bis 40 Minuten im vorgeheizten Backofen bei 180 °C (Ober- und Unterhitze) backen.

Quiche mit Spinat- oder Gierschbelag (für 4 Personen)

Zutaten

Für den Teig
160 g Dinkelmehl
80 g Margarine
3 Prisen Salz
40 ml Wasser

Für den Belag
800 g Spinat/Giersch
1 Zwiebel
1 Knoblauchzehe
125 g Räuchertofu
2 EL Margarine, zimmerwarm
etwas Salz
etwas Pfeffer
4 getrocknete Tomatenhälften
125 ml Sojasahne
3 Tassen Blanchierwasser vom Spinat, nach Bedarf mehr
5 EL Mehl
etwas Muskatnuss, gerieben
Veganer Pizzakäse (Seite 299)

Zubereitung

Für den Teig Mehl mit Margarine, Salz und dem Wasser in einer Schüssel zu einem festen Teig verkneten, in eine gefettete Springform (Ø 26 Zentimeter) drücken und einen Rand hochziehen.

Für den Belag Spinat waschen und abtropfen lassen, kurz blanchieren und abgießen, dabei das Kochwasser auffangen. Spinat im Mixer grob pürieren.

Zwiebel abziehen und fein hacken. Knoblauch abziehen und durch eine Knoblauchpresse drücken. Tofu in flache, etwa 2 Zentimeter große Stücke schneiden. Etwas Margarine in einer Pfanne zerlassen. Tofuwürfel hineingeben, salzen, pfeffern und goldgelb anbraten. Fein gehackte Zwiebel dazugeben und glasig anbraten. Knoblauch untermischen.

Getrocknete Tomaten in feine Würfel schneiden. Sojasahne mit dem abgekühlten Spinatwasser, Mehl, etwas Salz, Pfeffer, Muskat und getrockneten Tomaten in einer Schüssel verrühren und mit dem Tofu unter den Spinat heben.

Die Spinatmasse auf dem Teig verteilen und etwa 30 Minuten im vorgeheizten Backofen bei 200 °C (Ober- und Unterhitze) backen. Nach etwa 20 Minuten Veganen Pizzakäse auf den Belag geben. Backen bis der Käse goldbraun wird.

Polentapizza

(für 4 bis 6 Personen)

Zutaten

Für den Boden

¾ l Wasser
250 g Polenta (Maisgrieß)
1 TL Salz
etwas Margarine (um das Blech zu fetten)

Für den Belag

150 ml Sojasahne
4 EL Mehl
100 ml Wasser
etwas Salz
etwas Pfeffer
1 kg Porree (Lauch)
400 g Pilze
etwas Margarine

Zubereitung

Für den Belag Sojasahne, Mehl und das Wasser mit etwas Salz und Pfeffer in einem Mixbecher zu einer Sahnesoße mixen.

Porree putzen, die Stange längs halbieren und gründlich waschen. Porree in feine Streifen schneiden. Pilze putzen, vorsichtig abspülen und in Scheiben schneiden.

Margarine in einer Pfanne zerlassen. Pilzscheiben und später zwei Drittel der Porreestreifen mit Salz und Pfeffer darin etwa 8 Minuten anbraten. Restliche Porreestreifen und die Sahnesoße dazugeben und leicht unterheben.

Für den Boden das Wasser in einem Topf zum Kochen bringen, Salz hinzufügen und Maisgrieß unter ständigem Rühren einrieseln lassen. Kurz aufkochen lassen und so lange bei geringer Hitze rühren, bis die Masse dick wird. Masse von der Kochstelle nehmen.

Die Polenta auf einem gefetteten Backblech verteilen, die Porree-Sahne-Masse gleichmäßig darauf verteilen und 20 bis 25 Minuten im vorgeheizten Backofen bei 180 °C (Ober- und Unterhitze) backen, bis der Belag goldbraun ist.

Süße Hauptgerichte

Süße Aufläufe

Originalrezepte sind in einer feuerfesten Form, können aber auch auf einem tiefen Pfannenblech gebacken werden, das hat den Vorteil, dass sich die Garzeit verkürzt.

Kürbis-Birnen-Auflauf (für 3 bis 4 Personen)

Zutaten

Für den Boden

Hefeteig und Zubereitung (Seite 300)
1–2 TL Agavendicksaft
1 Prise Salz
statt warmem Wasser warme Hafermilch verwenden
etwas Grieß

Für den Belag

500 g Hokkaidokürbis
250 ml Wasser
100 g Vanillepuddingpulver
2–4 EL Agavendicksaft, nach Belieben

Zubereitung

Für den Boden Hefeteig (Seite 300) zubereiten.

In der Zwischenzeit *für den Belag* Hokkaidokürbis waschen, vierteln, Kerne mit dem inneren faserigen Fleisch mit einem Esslöffel vorsichtig entfernen. Kürbisviertel erst in Spalten und dann in kleine Würfel schneiden. Kürbiswürfel in dem Wasser etwa 10 Minuten kochen und etwas auskühlen lassen. Kürbiswürfel mit dem Kochwasser, Puddingpulver, Agavendicksaft, Salz, Sojasahne und Zimt im Mixer pürieren.

Hefeteig auf den Boden einer gefetteten feuerfesten Form (Ø 24 Zentimeter) geben und zu einem etwa ½ Zentimeter dicken

2 Prisen Salz
125 ml Sojasahne
2 Msp. Zimt
450 g Birnen, reif
etwas Sojasahne

Boden und Rand andrücken. Den Boden mit einer Gabel einstechen und mit etwas Grieß bedecken.

Birnen schälen, vierteln, entkernen und in dünne Scheiben schneiden. Kürbismasse auf den Teig streichen und Birnenscheiben gleichmäßig darauf verteilen.

Das Ganze zugedeckt etwa 40 Minuten im vorgeheizten Backofen bei 175 °C (Ober- und Unterhitze) backen, dann den Deckel entfernen, mit etwas Sojasahne beträufeln und weitere 15 bis 20 Minuten zu Ende backen.

Apfel-Birnen-Auflauf (für 3 bis 4 Personen)

Zutaten

600 g Äpfel
400 g Birnen, reif
etwas Zitronensaft
etwas Agavendicksaft
1 TL Zimt
2 EL Olivenöl
3–6 helle Brötchen
etwas Hafermilch
etwas Margarine

Für Variante I mit Joghurt-Tofu-Masse

150 g Tofu naturell
500 g Sojajoghurt
2 Pck. Vanillepudding-pulver
60 g Margarine
40 g Agavendicksaft
2 Prisen Salz
1 Msp. Zitronenschale
1 EL Zitronensaft

Für Variante II mit Joghurt-Grieß-Masse

500 g Sojajoghurt
125 g Polenta/Weizengrieß
60 ml Olivenöl
40 g Agavendicksaft
2 Prisen Salz
1 Msp. Zitronenschale
1 EL Zitronensaft

Zubereitung

Für Variante I Tofu in einer Schüssel zerbröckeln und mit Sojajoghurt, Puddingpulver, Margarine, Agavendicksaft, Salz, abgeriebene Zitronenschale und Zitronensaft fein pürieren.

Für Variante II alle Zutaten in eine Schüssel geben und gut verrühren.

Äpfel und Birnen waschen, ggf. schälen, vierteln, entkernen und in dünne Scheiben schneiden. Apfel- und Birnenscheiben in einer Schüssel mit etwas Zitronensaft beträufeln, mit etwas Agavendicksaft, Zimt und Olivenöl gut vermengen und unter die jeweilige Joghurtmasse heben.

Brötchen in etwa ½ bis 1 Zentimeter dicke Scheiben schneiden, kurz in etwas Hafermilch tränken und mit der Hälfte davon eine gut gefettete Auflaufform (28 x 18 Zentimeter) auskleiden. Die Apfel-Birnen-Mischung gleichmäßig darauf verteilen, mit restlichen getränkten Brötchenscheiben gut bedecken und etwas Margarine in Flöckchen darauf verteilen.

Apfel-Birnen-Auflauf zugedeckt etwa 60 Minuten im vorgeheizten Backofen bei 175 °C (Ober- und Unterhitze), von allen Seiten goldbraun backen (immer wieder kontrollieren!). Den Deckel etwa 10 Minuten vor dem Ende der Backzeit abnehmen.

Süße Teiggerichte

Palatschinken (Ohne-Eier-Kuchen), süß gefüllt

(für etwa 6 Stück)

Zutaten

Für den Teig

siehe Grundrezept Ohne-Eier-Kuchen (Seite 123)

Für die Füllung

200 g Tofu naturell
250 g Sojajoghurt naturell
1 Pck. Vanillepuddingpulver
3 EL Agavendicksaft
1 EL Hafermilch
1 TL Zitronensaft
2 Prisen Salz
1 Msp. Zitronenschale, abgerieben

Für die Soße

125 ml Sojasahne
1 TL Zitronensaft
1 TL Agavendicksaft
1 Prise Salz

Zubereitung

Den Teig nach Grundrezept zubereiten und backen.

Für die Soße alle Zutaten miteinander in einer Schüssel verrühren.

Für die Füllung alle Zutaten schaumig pürieren. Jeweils 3 Esslöffel Füllung in die Mitte eines Palatschinkens geben und einrollen. Palatschinken in eine gefettete Auflaufform schichten und über jede Schicht etwas Soße geben.

Die Form zugedeckt etwa 30 Minuten im vorgeheizten Backofen bei 180 °C (Ober- und Unterhitze) backen, etwa 5 Minuten vor Ende der Backzeit den Deckel abnehmen und die Palatschinken goldbraun backen.

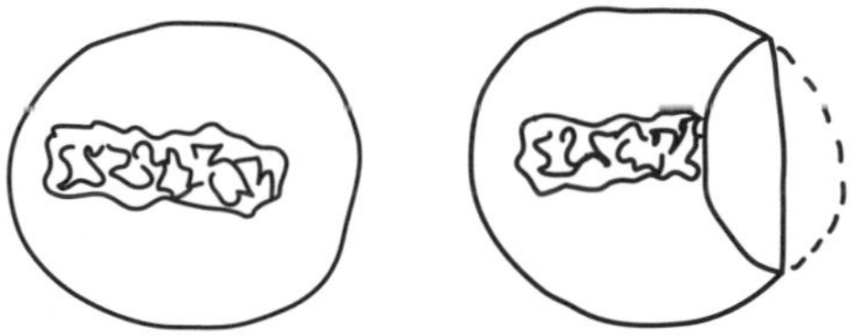

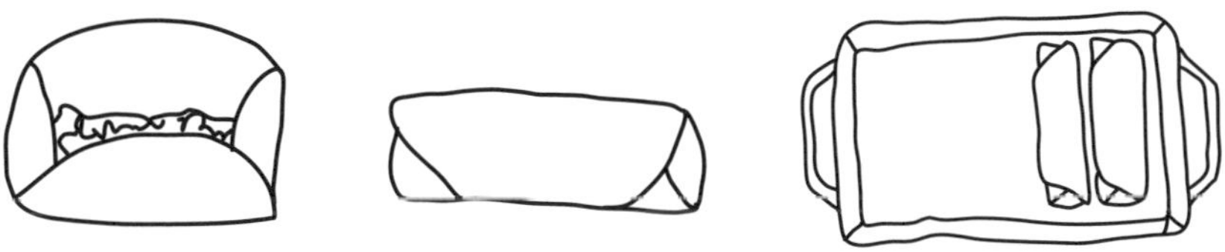

Karamellisierter Kaiserschmarren, vegan (für 2 Portionen)

Zutaten

300 g Dinkelmehl (Type 1050)
1½ Pck. Backpulver
2 Prisen Salz
1 Msp. Vanillepulver
3 EL Sojasahne
3 EL Rapsöl
300 ml Hafer-/Sojamilch
120 g Rosinen
ca. 6 EL Margarine, flach gehäuft
etwas Rohrohr-/Vollrohrzucker, nach Belieben

Zubereitung

Mehl, Backpulver, Salz und Vanillepulver in einer Schüssel mischen. Sojasahne, Öl und Hafermilch hinzufügen und mit dem Handrührgerät zu einem zäh fließenden Teig verarbeiten. Zum Schluss Rosinen unter den Teig mischen.

1 Esslöffel Margarine in einer gusseisernen Pfanne zerlassen. 2 Kellen Teig in die Pfannenmitte geben, sodass der Teig etwas breit fließt und 1 bis 1½ Zentimeter hoch ist. Den Pfannkuchen sofort mit einer dünnen Schicht Rohrohrzucker bedecken und die Pfanne mit einem Deckel schließen (das ist wichtig für das Karamellisieren). Temperatur herunterschalten, damit der Teig von innen durchbackt und von unten nicht verbrennt.

Sobald der Teig nach einigen Minuten von oben etwas gestockt ist und von unten rehbraun aussieht, den Deckel abnehmen, Pfannkuchen mit einem Pfannenwender halbieren und beide Teile wenden. Nach Belieben mit Rohrohrzucker bestreuen und erneut 1 Esslöffel Margarine in der Pfanne zerlassen. Den Deckel wieder auflegen und die Temperatur für etwa 20 Sekunden erhöhen, aber gleich wieder herunterschalten.

Nach 3 bis 5 Minuten den Deckel abnehmen, die Pfannkuchenhälften mit zwei Pfannenwendern in grobe Stücke reißen, noch einmal 1 Esslöffel Margarine hinzufügen und den Kaiserschmarren unter mehrmaligem Wenden fertig backen. Nach jedem Wenden den Deckel wieder auflegen. Der Teig sollte außen etwas kross und innen fluffig-saftig sein. Den fertigen Schmarren warm stellen, bis die restlichen Teigportionen ebenso gebacken sind.

Tipp: Karamellisierten Kaiserschmarren vor dem Servieren mit Puderzucker bestäuben.

Mohnnudeln

(für 4 Personen)

Zutaten

375 g Bandnudeln
etwas Salz
2 EL Olivenöl
100 g Margarine
125 g Mohn, gemahlen
50 g Agavendicksaft/ Rohrohrzucker

Zubereitung

Nudeln in leicht gesalzenem Wasser nach Packungsanleitung al dente kochen, mit kaltem Wasser abschrecken, gut abtropfen lassen, mit Olivenöl beträufeln und warm halten.

Margarine in einem Topf zerlassen. Mohn mit Agavendicksaft darin unter Rühren karamellisieren. Mohnmasse über die warmen Nudeln geben, leicht vermengen und servieren.

Tipp: Anstelle des gemahlenen Mohns sind auch grob gehackte Nüsse lecker.

Grillspezialitäten

Spieße

Grillspieß mit Brot

(für 12 bis 14 Spieße)

Zutaten

4 Scheiben Vollkornbrot, 1½ cm dick
120 g rote Paprikaschote
2 Zwiebeln
250 g Räuchertofu
12–14 Holzspieße

Für die Marinade
4 EL Olivenöl
½ TL Salz
etwas Pfeffer

Zubereitung

Brotscheiben in etwa 1½ Zentimeter große Würfel schneiden. Paprikaschote waschen, halbieren, entstielen und entkernen und in etwa 2 Zentimeter große Stücke schneiden. Zwiebel abziehen und in Spalten schneiden. Tofu in etwa ½ Zentimeter dicke, ebenfalls 2 Zentimeter große Stücke schneiden. Holzspieße in Wasser legen.

Für die Marinade Olivenöl, Salz und Pfeffer in einer Schüssel vermischen.

Brotwürfel, Paprikastücke, Zwiebelspalten und Tofustücke darin wälzen, abwechselnd auf die Spieße stecken und 10 bis 15 Minuten unter regelmäßigem Wenden auf dem heißen Grill rösten.

Bunter Gemüse-Tofu-Grillspieß (für 12 Spieße)

Zutaten

100 g gelbe oder rote Paprikaschote
200 g kleine Zucchini
100 g Aubergine
24 kleine Pilzköpfe (frisch/aus dem Glas)
12 Cocktailtomaten
250 g Räuchertofu

12 Holzspieße

Für die Marinade
je etwas Oregano, Thymian, Rosmarin (frisch/gerebelt)
1 Knoblauchzehe
6 EL Olivenöl
2 Msp. Paprikapulver
1 TL Salz
etwas Pfeffer

Zubereitung

Paprikaschote waschen, halbieren, entstielen und entkernen; in etwa 2 Zentimeter große Stücke scheiden. Zucchini und Aubergine waschen und den Stängel-ansatz abschneiden. Zucchini in etwa 1 Zentimeter dicke Scheiben, Aubergine in Würfel schneiden. Frische Pilze putzen und vorsichtig abspülen. Gemüse in eine Schüssel geben. Tomaten waschen und die Stängelansätze herausschneiden. Tofu in etwa ½ Zentimeter dicke, 2 Zentimeter große Stücke schneiden.

Für die Marinade frische Kräuter vorsichtig waschen. Blättchen bzw. Nadeln klein hacken. Knoblauch durch eine Knoblauchpresse drücken. Je ½ Teelöffel gehackte Kräuter mit Olivenöl, Knoblauch, Paprikapulver, 1 Teelöffel Salz und etwas Pfeffer verrühren. Tofustücke mit 1 Esslöffel Marinade beträufeln. Restliche Marinade unter das Gemüse mischen und alles etwa 20 Minuten ziehen lassen.

Die Holzspieße in Wasser legen.

Je 2 Pilzköpfchen, 1 Cocktailtomate (am besten in der Mitte platzieren), 2 Zucchinischeiben, 3 Paprikastücke, 2 Auberginenstücke und die Tofuscheibchen im Wechsel auf die Holzspieße stecken.
Die Spieße 10 bis 15 Minuten auf dem Grill rösten, dabei häufiger wenden.

Ananas-Tofu-Grillspieß

(für 14 Spieße)

Zutaten

½ Ananas
2 rote Zwiebeln
350 g Tofu naturell
etwas Olivenöl

14 Holzspieße

Für die Marinade
5 EL Olivenöl
4 TL Currypulver
2 TL Tahin (Sesammus)
2 TL Salz
2 Msp. Pfeffer

Zubereitung

Ananas großzügig schälen und in etwa 1 Zentimeter dicke Scheiben schneiden. Ananasscheiben vierteln, den mittleren festen Strunk herausschneiden und jedes Viertel in 2 oder 3 kleine Spalten schneiden. Zwiebeln abziehen und in 8 Spalten schneiden. Tofu in etwa ½ Zentimeter dicke, 2 Zentimeter große Stücke schneiden (nicht dünner, sonst zerfällt er).

Für die Marinade alle Zutaten in einer Schüssel verrühren, bis sie sich gut miteinander verbunden haben. Marinade vorsichtig mit den Tofustücken mischen, bis alle bedeckt sind. Zwiebelspalten zerteilen und mit etwas Olivenöl beträufeln. Tofu und Zwiebelspalten 15 bis 20 Minuten ziehen lassen. In der Zwischenzeit die Holzspieße in Wasser legen.

Ananas, Zwiebelspalten und Tofustücke im Wechsel auf die Holzspieße stecken. Die Spieße 10 bis 15 Minuten auf dem heißen Grill rösten, dabei häufiger wenden.

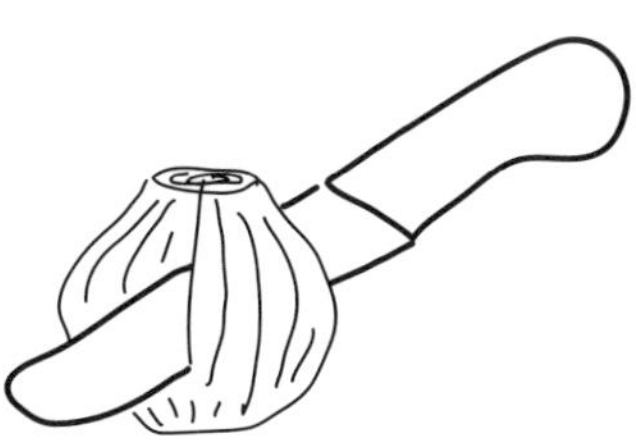

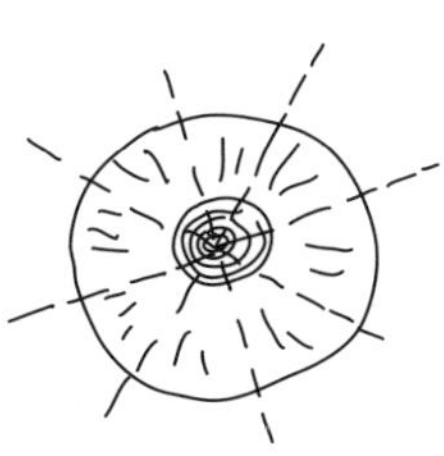

Stockbrot italiano

(für 14 bis 16 Stockbrote)

Zutaten

500 g Dinkelmehl (Type 1050)
1 Pck. Trockenhefe
3 TL italienische Gewürzmischung
1 TL Salz
5 EL Oliven-/Sonnenblumenöl
300 ml Hafer-/Sojamilch, lauwarm
14–16 Stöcke für Grill oder Lagerfeuer aus unbehandeltem Holz (z. B. von der Haselnuss)

Zubereitung

Mehl, Hefe, Gewürzmischung und Salz in einer Schüssel vermischen. Öl und lauwarme Hafermilch dazugeben und zu einem geschmeidigen, glatten Teig verkneten. Den Teig zugedeckt etwa 30 Minuten an einem warmen Ort gehen lassen. Sollte der Teig danach zu weich sein und stark kleben, noch etwas Mehl hineinkneten.

In der Zwischenzeit die Stöcke zur Hälfte von der Rinde befreien. Aus dem gegangenen Teig 14 bis 16 kleine Würstchen formen und dünn und spiralförmig um die Stöcke wickeln.

Stockbrot über der Glut von Grill oder Lagerfeuer drehen und backen, bis es hellbraun und knusprig ist. *Achtung*: Nicht zu dicht über die Glut halten, damit es nicht schwarz wird!

Tipps: In den gegangenen Teig klein gewürfelten Räuchertofu oder klein geschnittene vegane Salami (Chorizo) kneten. Für **Süßes Stockbrot** anstelle der Gewürzmischung 1 Esslöffel Rohrohrzucker (nach Belieben auch mehr), 1 Prise Vanillepulver und nur 1 Prise Salz unter den Teig mischen.

Vegane Schlagsahne, selbst gemacht (für 4 Personen)

Zutaten

250 ml Sojamilch
150 g Margarine (*Alsan Bio*)
15 g Kokosfett
2 Msp. Vanillepulver
1 EL Rohrohrzucker, nach Belieben mehr
1 Prise Salz

Zubereitung

Sojamilch mit Margarine, Kokosfett, Vanillepulver, Rohrohrzucker und Salz in einem Topf erhitzen, bis das Fett vollständig gelöst und geschmolzen ist. Die Masse auf 40 °C abkühlen lassen. Anschließend 3 bis 5 Minuten im Mixer auf höchster Stufe aufschlagen und in ein hohes Gefäß geben. Die Masse zugedeckt etwa 24 Stunden in den Kühlschrank stellen.

Am nächsten Tag die Sahne mit dem Mixer oder mit einem Schneebesen in einer weiten Schüssel aufschlagen. (*Achtung*: Die Sahne wird sehr schnell steif und auch sehr schnell klumpig!)

Tipp: Vegane Schlagsahne lässt sich mit 1 Prise Salz und 1 Tropfen Zitronensaft leichter steif schlagen.

Süße Früchte

Bratbananen
(für 2 Personen)

Zutaten

8 Bananen, reif
1 EL Kokosöl

Zubereitung

Bananen schälen und längs halbieren. Kokosöl in der Pfanne erhitzen und die Bananen darin von beiden Seiten goldbraun braten.

Tipps: Gehackte Mandeln darüber, 1 Kugel veganes Vanilleeis und etwas vegane Schlagsahne dazu – ein Dessert der Extraklasse! Für **Kokosbananen** die Bananen schälen, schräg in etwa 2 Zentimeter dicke Scheiben schneiden und in Kokosraspel wälzen. Weitere Zubereitung siehe Rezept.

Bratapfel, auch gefüllt
(für 4 Personen)

Zutaten

4 Äpfel
etwas Marmelade, nach Belieben

Zubereitung

Äpfel waschen und auf ein mit Backpapier belegtes Backblech setzen. Sollen die Äpfel gefüllt werden, Kerngehäuse ausstechen und mit Marmelade füllen.

Äpfel etwa 40 bis 45 Minuten im vorgeheizten Backofen bei 175 °C goldgelb, weich, duftend backen.

Heiße Birnen mit Tunke

(für 4 Personen)

Zutaten

400 g Birnen
2 EL Zitronensaft
etwas Zimt
etwas Nelken, gemahlen
1 EL Margarine
1–2 EL Mehl
300 ml Wasser
2 EL Agavendicksaft/
Ahornsirup
1 Prise Salz

Zubereitung

Birnen waschen, schälen, vierteln und entkernen. Birnen je nach Süße und Säure mit etwa 1 Esslöffel Zitronensaft, etwas Zimt und Nelken würzen und leicht garen.

Margarine in einem Topf zerlassen und anbräunen. Mehl hineingeben und so lange gut verrühren, bis es goldbraun ist. Birnen-Kochwasser mit Agavendicksaft und Salz hinzugeben und unter Rühren zum Kochen bringen, sodass eine leicht dickflüssige Tunke entsteht.

Nach dem Aufkochen Birnenviertel und restlichen Zitronensaft dazugeben und unterrühren. Heiß servieren.

Tipps: Sie können alternativ natürlich auch Birnen aus dem Glas verwenden. Diese dann in einem Sieb abtropfen lassen, dabei den Saft auffangen und mit Wasser auf 300 Milliliter auffüllen. Zubereitung siehe Rezept oben. Dieses Dessert schmeckt besonders gut zu Hefeklößen. Anstelle von Birnen können Sie für dieses Dessert auch Pflaumen, Äpfel, Heidelbeeren oder Sauerkirschen wählen. Sauerkirschen und Heidelbeeren vor dem Kochen nur mit Agavendicksaft süßen.

Heiße Sauerkirschen in Soße (für 4 Personen)

Zutaten

650 g Sauerkirschen, entsteint (aus dem Glas)
1–2 EL Agavendicksaft
1–2 EL Speisestärke/ Kartoffelmehl
1 Prise Salz

Zubereitung

Sauerkirschen in einem Sieb abtropfen lassen, den Saft dabei auffangen. Sauerkirschen nach Belieben mit etwas Agavendicksaft süßen.

Wenig Kirschsaft mit Speisestärke, restlichem Agavendicksaft und Salz anrühren. Restlichen Kirschsaft eventuell mit etwas Wasser auf 250 Milliliter auffüllen, in einem Topf zum Kochen bringen, den angerührten Saft unterrühren und aufkochen lassen.

Sauerkirschen in die heiße Soße geben und heiß zu Hefeklößen, Ohne-Eierkuchen, Crêpes oder Eis servieren.

Tipps: Auch mit Heidelbeeren, Birnen, Pflaumen und Äpfeln schmeckt diese Soße herrlich. Heidelbeeren wie die Sauerkirschen süßen. Birnen, Pflaumen und Äpfel süßen und je nach Süße oder Säure mit Zimt und wenig Nelken würzen, bevor sie in die heiße Soße kommen. Früchte nach Belieben klein schneiden.

Cremespeisen

Walnussdessert

(für 4 Personen)

Zutaten

4 EL Walnusskerne
2 EL Margarine
4 EL Agavendicksaft
2 Prisen Salz
700 ml Hafermilch
2 Pck. Vanillepudding-pulver
100 ml Orangensaft

Zubereitung

Walnusskerne grob hacken. Margarine in einer Pfanne zerlassen. Gehackte Walnusskerne mit 2 Esslöffeln Agavendicksaft und Salz darin etwa 5 Minuten karamellisieren.

Hafermilch in einem Topf zum Kochen bringen. Puddingpulver mit restlichem Agavendicksaft und Orangensaft verquirlen. Sobald die Hafermilch kocht, den Topf von der Kochstelle nehmen und den angedickten Orangensaft zügig unterrühren. Dabei nochmals kurz aufkochen lassen.

Karamellisierte Walnüsse unter die Puddingmasse heben, in vier Dessertschälchen anrichten und gekühlt servieren.

Cremespeisen

(für 4 Personen)

Zutaten	***Vanille-cremespeise***	***Schoko-cremespeise***	***Mokka-cremespeise***
Sojajoghurt	400 g	400 g	400 g
Hafermilch	340 ml	340 ml	340 ml
Kakao	—	ca. 50 g	30 g
Getreide-/ Bohnenkaffee	—	—	2 TL, geh.
Speisestärke	20 g	20 g	20 g
Vanillepuddingpulver	1 Pck.	1 Pck.	1 Pck.
Vanillepulver	½ TL	1 Msp.	1 Msp.
Agavendicksaft, nach Belieben mehr	60–80 g	80–100 g	80–100 g
Margarine	50 g	50 g	50 g
Sojasahne	150 ml	150 ml	150 ml
Salz	2 Prisen	2 Prisen	2 Prisen
Zartbitterschokolade	—	50 g	—

Zubereitung

Am Vorabend Sojajoghurt in einem Sieb abtropfen lassen, dabei das Abtropfwasser auffangen.

Am nächsten Tag Abtropfwasser des Sojajoghurts mit 6 Esslöffeln Hafermilch, Speisestärke, (Kakao und/oder Kaffee), Puddingpulver und Vanillepulver klümpchenfrei anrühren. Restliche Hafermilch in einem Topf zum Kochen bringen und angerührtes Puddingpulver unter Rühren hineingießen. Kräftig weiterrühren und durchkochen lassen. Pudding von der Kochstelle nehmen und Agavendicksaft, Margarine, Sojasahne (zerbröckelte Zartbitterschokolade für Schokoladenspeise) und Salz unterarbeiten. Abgetropften Sojajoghurt dazugeben und alles schaumig pürieren.

Fruchtquarkspeise, vegan

(für 4 Personen)

Zutaten	***Mango-creme***	***Pina-Colada-creme***	***Heidelbeer-creme***
Früchte	250 g Mango	250 g Ananas	250 g Heidelbeeren
Sojajoghurt naturell, abgehangen	500 g	500 g	500 g
Salz	1 Prise	1 Prise	1 Prise
Agavendicksaft/ Ahornsirup	2 EL	2 EL	2–4 EL
Kokosraspel	—	6 EL	—
Sojasahne	125 ml	125 ml	125 ml
Margarine	20 g	20 g	20 g

Zubereitung

Die Früchte waschen und nach Belieben zerkleinern. Den Sojajoghurt mit Salz, Sojasahne, Margarine und Agavendicksaft schaumig pürieren, die vorbereiteten Früchte dazugeben (und diese nach Belieben noch einmal kurz pürieren). Eventuell nachsüßen und kalt servieren.

Tipps: Zur Dekoration können auch geröstete Mandelsplitter/-blättchen über die Fruchtquarkspeise gestreut werden. Diese Quarkspeise können Sie auch mit Erdbeeren, Schwarzen Johannisbeeren, Himbeeren oder einer Beerenmischung zubereiten. Die Süßung richtet sich dabei immer nach dem Säure- bzw. Zuckergehalt der Früchte.

Zitronencreme

(für 4 Personen)

Zutaten

- 350 ml Hafermilch
- 1 Pck. Vanillepudding-pulver
- 2 Prisen Salz
- 20 g Margarine
- 2 EL Sojasahne
- 500 g Sojajoghurt naturell
- 5 EL Agavendicksaft, nach Bedarf mehr
- 2 TL Zitronenschale, abgerieben
- 6 EL Zitronensaft, frisch gepresst

Zubereitung

50 Milliliter Hafermilch mit Puddingpulver und Salz anrühren. Restliche Hafermilch zum Kochen bringen, angerührtes Puddingpulver einrühren und aufkochen lassen. Nach dem Aufkochen von der Kochstelle nehmen, sofort Margarine unterrühren und lauwarm abkühlen lassen.

Sojasahne, Sojajoghurt, Agavendicksaft, Zitronenschale und -saft gut in den abgekühlten Pudding rühren, in Glasschalen füllen und kühl servieren.

Tipp: Auch mit Orangengeschmack einfach köstlich.

Eis – Grundrezept

(für 1 Person)

Zutaten

2 Bananen
2 EL Sojasahne
1–2 EL Agavendicksaft, nach Belieben

Zubereitung

Bananen schälen und im Tiefkühlfach gefrieren lassen. Gefrorene Bananen in Stücke brechen und antauen lassen. In einen Mixbecher geben, mit Sojasahne pürieren und eventuell nachsüßen.
In einer Schale servieren.

Tipps: Dazu schmecken eine Schoko-, Frucht- oder Vanillesoße und selbst gemachte vegane Schlagsahne (Seite 327).

Für **Vanilleeis** fügen Sie dem Grundrezept 2 Messerspitzen Bourbon-Vanillepulver hinzu. Für **Schokoladeneis** verwenden Sie zusätzlich noch 1½ bis 2 EL Kakao oder Carob, Sie können mit Agavendicksaft etwas nachsüßen. Für **Cappuccino-Eis** 1 Teelöffel Getreidekaffee, ½ Teelöffel Bohnenkaffee und 1 Teelöffel Kakao mit der Sojasahne unterrühren.

Fruchteis

(für 2 bis 3 Personen)

Zutaten

200 g TK-Früchte (z. B. Erdbeeren, Himbeeren, Brombeeren, Johannisbeeren, Waldfrüchte)
125 ml Sojasahne
1–2 EL Agavendicksaft, nach Bedarf mehr

Zubereitung

Gefrorene Beeren in einen Mixbecher geben und 5 bis 10 Minuten stehen lassen. Angetaute Beeren mit Agavendicksaft und Sojasahne pürieren und eventuell nachsüßen. In einer Schale servieren.

Tipp: Dazu schmecken hervorragend eine Schoko- oder Vanillesoße und selbst gemachte vegane Schlagsahne (Seite 327).

Süße Soßen

Schoko-Dattel-Soße

(für 4 Personen)

Zutaten

200 g Datteln, entsteint
etwas Wasser, heiß
5 EL Sojasahne
4 EL Kakao
1 Prise Salz
1 EL Margarine

Zubereitung

Datteln mit so viel heißem Wasser übergießen, dass sie bedeckt sind, und etwa 5 Minuten darin einweichen. Sojasahne, Kakao, Salz und Margarine zu den Datteln geben und cremig pürieren.

Kalte Fruchtsoße

(für 4 Personen)

Zutaten

400 g Früchte nach Wahl
4 EL Wasser
2 EL Agavendicksaft/ Ahornsirup, nach Bedarf

Zubereitung

Früchte mit dem Wasser und Agavendicksaft in einem Mixbecher pürieren. Je nach Konsistenz und Geschmack etwas Wasser und Süße hinzufügen.

Tipps: Verfeinern Sie die Soße mit 3 Esslöffeln Sojasahne. Diese Soße passt gut zu Eis, Vanille- oder Schokospeise.

Vanillesoße

(für 4 Personen)

Zutaten

500 ml Hafermilch
1 Pck. Vanillesoßenpulver oder 30 g (Mais-) Speisestärke + ½ TL Bourbon-Vanillepulver
1 Prise Salz
etwas Agavendicksaft

Zubereitung

1 Tasse Hafermilch mit Vanillesoßenpulver oder Speisestärke + Vanillepulver, Salz und Agavendicksaft anrühren. Restliche Hafermilch in einem Topf zum Kochen bringen. Angerührtes Soßenpulver einrühren und noch einmal aufkochen lassen.

Vanillesoße heiß oder kalt servieren.

Aufstriche, Aufschnitte & Pasteten

Herzhafte Aufstriche & Aufschnitte

Vegane Schnittlauchbutter (für 4 Personen)

Zutaten

1 Bund Schnittlauch
½–1 Knoblauchzehe
1 TL Salz, nach Belieben mehr
250 g Margarine (*Alsan Bio*), zimmerwarm
2 EL Olivenöl
1 TL Zitronensaft, nach Bedarf
2 Msp. Pfeffer

Zubereitung

Schnittlauch vorsichtig waschen und klein schneiden. Knoblauch abziehen, fein schneiden und mit dem Messer zerdrücken. Schnittlauch mit Knoblauch und Salz in einer Schüssel gut vermischen und etwas ziehen lassen. Dann Margarine, Öl, Zitronensaft und Pfeffer dazugeben, mit einer Gabel gründlich verkneten und kühl stellen.

Tipps: Für eine besondere Geschmacksnote 2 bis 3 getrocknete Tomatenhälften hauchfein in Würfel schneiden und unter die Schnittlauchbutter kneten. Diese Butter lässt sich vielfältig variieren: Für **Dillbutter** 1 Bund fein gehackten Dill unterkneten und für **Kräuterbutter** fein gehackte gemischte Kräuter wie Basilikum oder Kapuzinerkresse, Petersilie und Schnittlauch.

Vegane Meerrettichbutter

(für 4 Personen)

Zutaten

250 g Margarine (*Alsan Bio*), zimmerwarm
125 g scharfer Meerrettich (aus dem Glas), nach Belieben mehr oder weniger
1 TL Salz
etwas Zitronensaft

Zubereitung

Alle Zutaten in eine Schüssel geben und gründlich mit einer Gabel vermengen. Meerrettichbutter kühl stellen.

Vegane Tomatenbutter

(für 4 Personen)

Zutaten

3 Stängel Basilikum
½–1 Knoblauchzehe
250 g Margarine (*Alsan Bio*), zimmerwarm
80 g Tomatenmark
etwas Salz
etwas Pfeffer
etwas Chilipulver, nach Belieben
etwas scharfer Ketchup, nach Belieben

Zubereitung

Basilikum vorsichtig waschen. Blättchen von den Stängeln zupfen und klein hacken. Knoblauch abziehen, fein schneiden und mit dem Messer zerdrücken. Basilikum mit Knoblauch, Margarine, Tomatenmark, Salz, Pfeffer und nach Belieben mit Chili und Ketchup in eine Schüssel geben und gründlich mit einer Gabel vermengen. Tomatenbutter kühl stellen.

Veganer Sahnestreichkäse (für 4 Personen)

Zutaten

2 EL Margarine
2 EL Mehl (Type 1050)
80 ml Wasser
1 TL Senf
½ TL Salz
50 ml Sojasahne
1 EL Sojasoße, nach Belieben
2 EL Hefeflocken

Zubereitung

Margarine in einem Topf zerlassen. Mehl hinzufügen und unter Rühren kurz anbräunen. Nach und nach mit dem Wasser ablöschen, dabei immer wieder glatt rühren und aufkochen lassen. Senf, Salz, Sojasahne, nach Belieben Sojasoße und zum Schluss Hefeflocken dazugeben. Alles cremig pürieren und anrichten.

Scharfer Tomaten-Paprika-Käse (für 4 Personen)

Zutaten

½ Knoblauchzehe
2 EL Margarine
2 EL Mehl (Type 1050)
1 EL Paprikawürfel
1 TL Tomatenmark
2 Msp. Paprikapulver scharf
60 ml Wasser
1½ TL Senf
½ TL Salz
20 ml Sojasahne
1½ EL Sojasoße, nach Belieben
2 EL Hefeflocken

Zubereitung

Knoblauch abziehen, fein schneiden und mit dem Messer zerdrücken. Margarine in einem Topf zerlassen. Mehl hinzufügen und unter Rühren kurz anbräunen. Knoblauch, Paprikawürfel, Tomatenmark und Paprikapulver zugeben und nach und nach mit dem Wasser ablöschen, dabei immer wieder glatt rühren und aufkochen lassen. Senf, Salz, Sojasahne, nach Belieben Sojasoße und zum Schluss Hefeflocken dazugeben. Alles cremig pürieren und anrichten.

Kichererbsencreme

(für 4 Personen)

Zutaten

370 g Kichererbsen
(aus dem Glas)
50 g Zwiebel
30 g gelbe Paprikaschote
50 g Kokosfett
2 TL Gemüsebrühe
2 Prisen Pfeffer
2 EL Majoran, gerebelt
100 g Margarine
1 TL Currypulver
1 TL Hefeflocken
1 Prise Chilipulver

Zubereitung

Kichererbsen in einem Sieb abtropfen lassen, Flüssigkeit dabei auffangen. Zwiebel abziehen und in kleine Würfel schneiden. Paprikaschote waschen, halbieren, entstielen, entkernen und ebenfalls fein würfeln.

Kokosfett in einer Pfanne zerlassen. Zwiebel- und Paprikawürfel darin anbraten, bis die Kanten leicht bräunen. Dann Gemüsebrühe, Pfeffer und Majoran dazugeben und nochmals unter Wenden kurz mit anbraten.

Angebratene Zwiebel-Paprika-Mischung mit Kichererbsen, Margarine, Currypulver, Hefeflocken und Chilipulver pürieren. Je nach Konsistenz noch etwas aufgefangene Kichererbsenflüssigkeit hinzufügen. Die Creme in eine Schale füllen und kühl stellen.

Tipp: Wenn Sie gerebelten Majoran über der Pfanne zwischen den Handflächen zerreiben, schmeckt er noch aromatischer.

Kidneybohnen-Aufstrich

(für 4 Personen)

Zutaten

350 g Kidneybohnen (aus dem Glas)
1 kleine Zwiebel
1 Knoblauchzehe
60 g rote Paprikaschote
1 EL Kokosfett
1½ EL Zitronensaft
½ TL Pfeffer
½ TL Chilipulver
75 g Margarine

Zubereitung

Kidneybohnen in einem Sieb abtropfen lassen. Zwiebel abziehen und fein hacken. Knoblauch abziehen und durch eine Knoblauchpresse drücken. Paprikaschote waschen, halbieren, entstielen, entkernen und in feine Würfel schneiden.

Kokosfett in einer Pfanne zerlassen. Zwiebel- und Paprikawürfel darin 3 bis 5 Minuten unter Wenden anbraten, Knoblauch erst kurz vor Ende dieser Garzeit dazugeben.

Angebratene Zwiebel-Paprika-Mischung mit Kidneybohnen, Zitronensaft, Pfeffer, Chilipulver und Margarine cremig pürieren. In eine Schale füllen und kühl stellen.

Zwiebelschmalz

(für 4 Personen)

Zutaten

1 Apfel, säuerlich
4 Zwiebeln
1 Knoblauchzehe
300 g Kokosfett
250 g Margarine
3 EL Olivenöl
2 TL Majoran, gerebelt
1 TL Kräutersalz

Zubereitung

Apfel waschen, vierteln und entkernen. Zwiebeln und Knoblauch abziehen. Apfelviertel, Zwiebel und Knoblauch fein hacken.

Kokosfett in einer Pfanne zerlassen. Apfel, Zwiebel und Knoblauch darin braten, bis die Masse goldgelb ist. Dann Margarine, Olivenöl, Majoran und Kräutersalz hinzufügen und unter ständigem Rühren kurz braten. Die Masse in ein Gefäß füllen, auskühlen und härten lassen.

Tipps: Beim Braten immer dabeibleiben und mit Fingerspitzengefühl arbeiten. Die Masse wird schnell braun, nachdem sie goldgelb wurde. Zudem die Pfanne rechtzeitig von der Kochstelle nehmen, da die Masse noch nachbräunt.

Veganer Frühlingsquark (für 4 Personen)

Zutaten

400 g Sojajoghurt
1 kleine Zwiebel
1 Bund Schnittlauch/Dill
200 g Tofu naturell
100 g Margarine, zimmerwarm
3 EL Sojasahne
3 EL Olivenöl
etwas Salz
etwas Pfeffer
etwas Zitronensaft

Zubereitung

Sojajoghurt in einem Sieb abtropfen lassen. Zwiebel abziehen und in kleine Würfel schneiden. Schnittlauch vorsichtig waschen und klein schneiden.

Sojajoghurt mit Tofu, zimmerwarmer Margarine, Sojasahne und Olivenöl schaumig pürieren. Zwiebelwürfel und fein geschnittenen Schnittlauch mit Salz, Pfeffer und Zitronensaft würzen und unter die Masse heben. Alles abschmecken und kühl stellen.

Tipp: Alternativ können Sie auf den Tofu verzichten und dafür 800 Gramm Sojajoghurt abtropfen lassen und mit Margarine, Sojasahne und Olivenöl schaumig pürieren.

Veganer Frischkäse aus Soja (für 4 Personen)

Zutaten	***Veganer Pfefferkäse aus Soja***	***Veganer Kräuterfrischkäse***
Sojajoghurt	800 g	800 g
Tofu naturell	200 g	200 g
Margarine, zimmerwarm	375 g	375 g
Sojasahne	3 EL	3 EL
Olivenöl	3 EL	3 EL
Knoblauchzehen	1–2	½–1
Salz	etwa 2 TL	1½ TL
schwarzer Pfeffer, nach Bedarf	1½ TL	½ TL
Zitronensaft	3 EL	3 EL
Schnittlauch	—	1 Bund

Zubereitung

Sojajoghurt in einem Sieb über Nacht abtropfen lassen.

Am nächsten Tag Tofu mit Sojajoghurt, zimmerwarmer Margarine, Sojasahne und Olivenöl im Mixer fein pürieren, bis eine cremige Masse entsteht.

Knoblauch abziehen, fein schneiden und mit dem Messer zerdrücken. Knoblauch, Salz, Pfeffer und Zitronensaft (und fein geschnittenen, gesalzenen Schnittlauch – für Kräuterfrischkäse) dazugeben und nach Belieben harmonisch abschmecken. Pfefferkäse kühl stellen.

Tipps: Variieren Sie diesen Kräuterfrischkäse mit 1 Bund klein geschnittener Petersilie oder Dill anstelle von Schnittlauch. Für **Veganen Bärlauchfrischkäse** Bärlauch vorsichtig waschen, nach Belieben klein schneiden und untermischen. Für **Veganen Meerrettichfrischkäse** 125 Gramm Meerrettich (aus dem Glas) unterarbeiten.

Schnittlauch-Sonnenaufstrich (für 4 Personen)

Zutaten

150 g Sonnenblumenkerne
1 Bund Schnittlauch
1 TL Salz
½ Knoblauchzehe
100 g Margarine, zimmerwarm
½ Tasse Wasser
3 EL Olivenöl
2 EL Zitronensaft
2 Msp. Pfeffer

Zubereitung

Sonnenblumenkerne mit Wasser in eine Schale geben und etwa 6 Stunden einweichen. Anschließend in einem Sieb abspülen und abtropfen lassen.

Schnittlauch vorsichtig waschen, klein schneiden und in eine Schüssel geben. Mit Salz vermischen und etwas ziehen lassen.

In der Zwischenzeit Knoblauch abziehen und grob schneiden. Knoblauch mit eingeweichten Sonnenblumenkernen, zimmerwarmer Margarine, dem Wasser, Olivenöl, Zitronensaft und Pfeffer im Mixer schaumig pürieren, nach Bedarf noch etwas Wasser hinzugeben, bis eine Creme entsteht.

Durchgezogenen Schnittlauch mit dem Mixer auf kleiner Stufe (langsame Geschwindigkeit) untermischen, abschmecken und kühl stellen.

Tipp: Probieren Sie doch einmal andere Kräuter oder Gewürzvarianten für den Sonnenaufstrich. So schmecken Kräutermischungen mit Dill, Schnittlauch, Petersilie und Meerrettich oder fein geschnittener Paprikaschote, Tomaten und Chilipulver wunderbar.

Paprika-Sonnenaufstrich

(für 4 Personen)

Zutaten

1–2 rote Paprikaschoten
150 g Sonnenblumenkerne, gemahlen
3 EL Oliven-/Sonnenblumenöl
2 EL Hefeflocken
1½ EL Zitronensaft
etwas Salz
etwas Pfeffer

Zubereitung

Paprikaschote waschen, halbieren, entstielen, entkernen und in kleine Würfel schneiden. Paprikawürfel mit restlichen Zutaten pürieren oder verrühren, nach Bedarf noch etwas Wasser hinzugeben, um die gewünschte Streichfähigkeit zu erhalten. In ein Serviergefäß geben und kühl stellen.

Tipps: Für eine **Paprika-Tomaten-Sonnenaufstrich**-Variante 80 Gramm Tomatenmark, 1 kleine gehackte Zwiebel und 1 Teelöffel Basilikum mit den restlichen Zutaten pürieren. Für eine **Paprika-Tofu-Sonnenaufstrich**-Variante 70 Gramm Tofu naturell und 1 rote Paprikaschote hacken, in einer Pfanne in Fett anbraten und mit den restlichen Zutaten pürieren.

Hirse-Curry-Aufstrich, glutenfrei (für 4 Personen)

Zutaten

1 Möhre
1 kleine Zwiebel
1 Knoblauchzehe
3 EL Olivenöl
etwas Salz
etwas Pfeffer
8 EL gekochte Hirse
4 EL Sojasahne
1 EL Zitronensaft
1 geh. TL Currypulver
etwas Cayennepfeffer/ Chilipulver, nach Belieben

Zubereitung

Möhre putzen, wenn nötig schälen, abwaschen und fein raspeln. Zwiebel und Knoblauch abziehen und fein hacken. 2 Esslöffel Olivenöl in einer Pfanne erhitzen. Möhrenraspel, gehackte Zwiebel und Knoblauch darin unter Wenden kurz anbraten, dabei mit 1 Teelöffel Salz und etwas Pfeffer würzen.

Gebratene Möhren mit gekochter Hirse, Sojasahne, restlichem Olivenöl, Zitronensaft und Currypulver mit einem Stabmixer zu einer glatten Masse pürieren. Mit Salz und Chilipulver oder Cayennepfeffer nachwürzen.

Tipps: Statt Hirse können Sie auch Reis für diesen Aufstrich verwenden. Würzen Sie für eine scharfe Variante mit scharfem Ketchup und scharfen Gewürzen, wie z. B. mit ½ Teelöffel scharfem Paprikapulver, Mexikanagewürz oder Asiatischer Gewürzmischung etc.

Auberginencreme mit Walnuss

(für 4 Personen)

Zutaten

2 Auberginen
etwas Salz
etwas Pfeffer
2 EL Olivenöl
1 Knoblauchzehe
30 g Walnusskerne
etwas Dill
etwas Zitronensaft

Zubereitung

Auberginen waschen und die Stängelansätze herausschneiden. Auberginen in Würfel schneiden und mit Salz, Pfeffer und Olivenöl in einer Schüssel marinieren.

Auberginenwürfel auf einem gefetteten Backblech verteilen und etwa 25 Minuten im vorgeheizten Backofen bei 200 °C (Umluft) backen, bis sie gar sind. Dabei zwischendurch wenden.

In der Zwischenzeit Knoblauch abziehen und durch eine Knoblauchpresse drücken. Walnüsse fein hacken. Dill vorsichtig waschen und fein hacken.

Gebackene Auberginen mit Knoblauch pürieren, mit 2 Esslöffeln Dill, Salz, Pfeffer und Zitronensaft abschmecken und gehackte Walnüsse untermischen. Auberginencreme abkühlen lassen.

Vegane Käserolle

(für 4 Personen)

Zutaten

Für die Käserolle
- **125 g Margarine**
- **100 g Mehl**
- **500 ml Wasser, nach Bedarf mehr**
- **22 g Senf, mittelscharf**
- **ca. ¼ TL Salz**
- **2 Msp. Pfeffer**
- **ca. 4 EL Sojasoße, nach Belieben**
- **3 EL Hefeflocken**

Für die Füllung
- **etwas Petersilie**
- **etwas Salz**
- **Veganer Sahnestreichkäse (Seite 340)**
- **scharfer Tomaten-Paprika-Käse (Seite 340)**
- **½ kleine Zwiebel**
- **2–3 kleine Gewürzgurken**
- **100 g Margarine (*Alsan Bio*), zimmerwarm**
- **1 EL Salatgurkenwürfel**
- **2 EL rote Paprikawürfel**
- **1 TL Senf**
- **1 TL Olivenöl**

Zubereitung

Bevor die Käserolle zubereitet wird, muss die Füllung zimmerwarm bereitstehen.

Für die Füllung Petersilie vorsichtig waschen und fein hacken. 2 Esslöffel davon in eine Schüssel geben, mit Salz vermischen und etwas ziehen lassen. Sahnestreichkäse und Tomaten-Paprika-Käse würfeln. Zwiebel abziehen. Zwiebel und Gewürzgurken in feine Würfel schneiden.

Margarine in eine Schüssel geben. Zwiebel-, Salat-, Gewürzgurken- und Paprikawürfel mit Senf, Olivenöl und Petersilie verrühren, zur Margarine geben und nur grob unterheben. Beide Sorten Käse ebenfalls vorsichtig unterheben, sodass jede Zutat einzeln noch sichtbar ist. Die Füllung zimmerwarm beiseitestellen.

Für die Käserolle Margarine im Topf zerlassen, Mehl hinzufügen und unter Rühren kurz anbräunen. Nach und nach mit dem Wasser ablöschen, dabei immer wieder glatt rühren und aufkochen lassen. Senf, Salz, Pfeffer, nach Belieben Sojasoße und zum Schluss Hefeflocken dazugeben.

Den zäh fließenden, heißen Käse mit einem Teigschaber auf Backpapier zu einem etwa 25 x 40 Zentimeter großen Rechteck verstreichen. Die Füllung daraufgeben, dabei einen etwa 4 Zentimeter breiten Längsrand frei lassen.

Die Rolle von der Längsseite aus mit dem Backpapier behutsam und dennoch zügig und straff zu einer Rolle wickeln (Backpapier immer wieder straff ziehen), vor dem Schließen der Rolle das Backpapier herausziehen und die Rolle straff im Backpapier einwickeln.

Die Käserolle auf eine glatte Unterlage legen und im Kühlschrank durchkühlen lassen. Vor dem Servieren das Backpapier entfernen und die Käserolle in etwa 5 bis 6 Millimeter dicke Scheiben schneiden, sodass die Scheiben stabil sind. Käserolle kalt servieren.

Tipp: Für die Füllung können Sie statt Petersilie auch Schnittlauch und/oder Dill verwenden oder die Kräuter nach Belieben mischen.

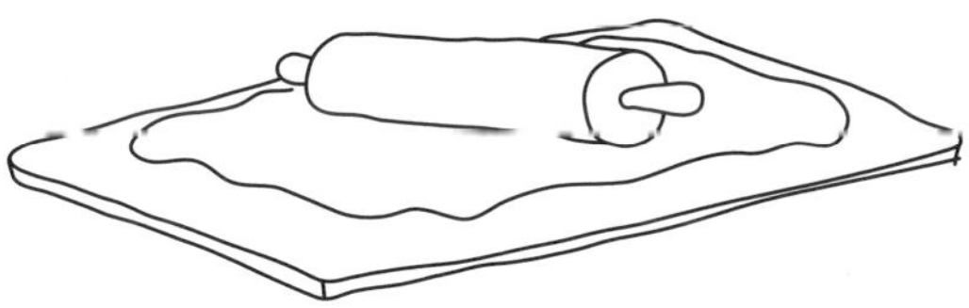

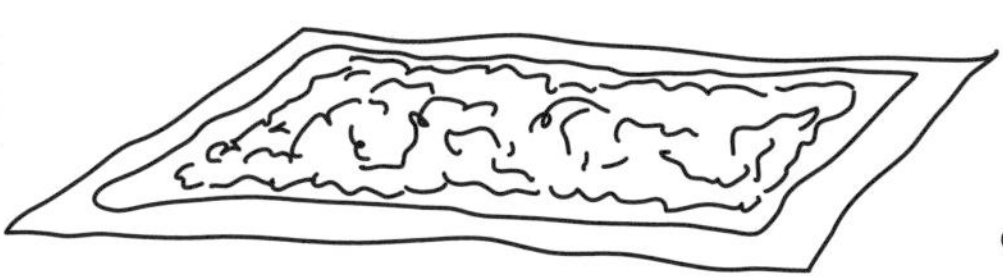

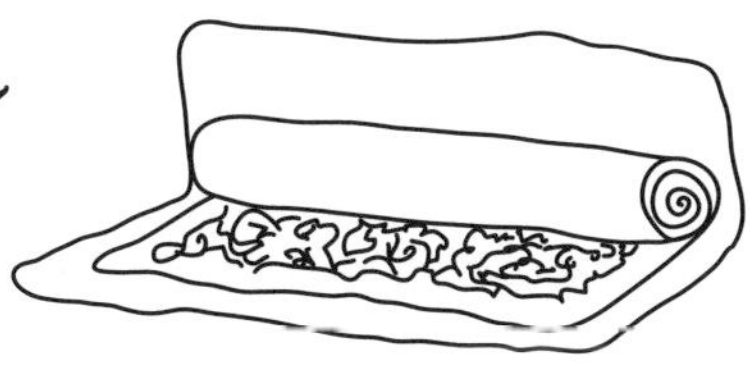

Tatar mit Tomaten und Oliven (für 4 Personen)

Zutaten

4 Strauchtomaten
30 schwarze Oliven, entsteint
16 Walnusshälften
1 Bund Koriander/ Petersilie
2 EL Tomatenmark
1 TL Harissa
etwas Zitronensaft
etwas Salz
etwas Pfeffer

Zubereitung

Tomaten kreuzweise einschneiden und mit kochendem Wasser übergießen. Nach 1 bis 2 Minuten herausnehmen und mit kaltem Wasser abschrecken. Tomaten enthäuten, halbieren, entkernen und die Stängelansätze herausschneiden. Tomatenhälften in kleine Würfel schneiden. Oliven und Walnüsse klein hacken. Koriander vorsichtig waschen und fein schneiden.

Tomatenmark, Harissa und Zitronensaft in einer Schüssel verrühren. Tomatenwürfel, gehackte Oliven und Walnüsse dazugeben, mit Salz und Pfeffer würzen und gut untermischen. Tatar in eine Schale füllen und gekühlt servieren.

Pasteten

Gelbe Pastete

(für 4 Personen)

Zutaten

½ Zwiebel
1 kleine Knoblauchzehe
400 ml Wasser
2 EL Agar Agar
120 g Cashewkerne, gemahlen
2–3 EL Zitronensaft
2–3 EL Hefeflocken
½ TL Salz
½ TL Kurkuma, gemahlen

Zubereitung

Zwiebel und Knoblauch abziehen, fein schneiden und mit dem Messer zerdrücken. Das Wasser mit Agar Agar unter Rühren in einem Topf aufkochen lassen. Gehackte Zwiebel und Knoblauch mit gemahlenen Cashewkernen, Zitronensaft, Hefeflocken, Salz und Kurkuma in die gekochte Masse geben, pürieren und in ein Gefäß füllen. Pastete abkühlen lassen und anschließend stürzen.

Grüne Pastete

(für 4 Personen)

Zutaten

½–1 Bund Kräuter (z. B. Petersilie, Dill, Schnittlauch, Basilikum oder Bärlauch)
½ Zwiebel
1 kleine Knoblauchzehe
400 ml Wasser
2 EL Agar Agar
120 g Cashewkerne, gemahlen
2–3 EL Zitronensaft
2–3 EL Hefeflocken
½ TL Salz
½ TL Kurkuma, gemahlen

Zubereitung

Kräuter vorsichtig waschen und fein schneiden. Zwiebel und Knoblauch abziehen, fein schneiden und mit dem Messer zerdrücken. Das Wasser mit Agar Agar unter Rühren in einem Topf aufkochen lassen.

Fein geschnittene Kräuter, Zwiebel und Knoblauch mit gemahlenen Cashewkernen, Zitronensaft, Hefeflocken, Salz und Kurkuma in die gekochte Masse geben, pürieren und in ein Gefäß füllen. Pastete abkühlen lassen und anschließend stürzen.

Rote Pastete

(für 4 Personen)

Zutaten

1 rote Paprikaschote
1 kleine Tomate
½ Bund Petersilie
2 Stängel Basilikum, nach Belieben
1 kleine Zwiebel
1 kleine Knoblauchzehe
400 ml Wasser
4 TL Agar Agar
120 g Cashewkerne, gemahlen
2–3 EL Zitronensaft
2–3 EL Hefeflocken
2 TL Salz
etwas Pfeffer
etwas Paprikapulver scharf

Zubereitung

Paprikaschote waschen, halbieren, entstielen und entkernen. Tomate waschen, halbieren und den Stängelansatz herausschneiden. Tomaten- und Paprikahälften in feine Würfel schneiden. Petersilie und Basilikum vorsichtig waschen. Vom Basilikum die Blättchen von den Stängeln zupfen. Petersilie und Basilikumblättchen klein hacken. Zwiebel und Knoblauch abziehen, fein schneiden und mit dem Messer zerdrücken.

Das Wasser mit Agar Agar unter Rühren in einem Topf aufkochen lassen. Tomaten- und Paprikawürfel, Zwiebel, Knoblauch und fein geschnittene Kräuter mit gemahlenen Cashewkernen, Zitronensaft, Hefeflocken, Salz, Pfeffer und Paprikapulver in die gekochte Masse geben, pürieren und in ein Gefäß füllen. Pastete abkühlen lassen und anschließend stürzen.

Tipp: Wer mag, brät die Tomaten- und Paprikawürfel mit gehackter Zwiebel und Knoblauch noch in etwas Kokosfett an, bevor er sie in der Agar-Agar-Masse püriert.

Süße Aufstriche

Erdnuss-Dattel-Creme

(für 4 Personen)

Zutaten

200 g Datteln, entsteint
3 EL Erdnussmus/
anderes Mus, nach
Belieben
1 EL Sojasahne
3 EL Kakao
2 Prisen Salz
1 Msp. Vanillepulver

Zubereitung

Datteln halbieren und in einer Schale mit wenig warmem Wasser etwa 2 Stunden einweichen. Datteln abgießen, dabei das Einweichwasser auffangen.

Datteln mit Erdnussmus, Sojasahne, Kakao, Salz und Vanillepulver fein pürieren. Je nach Konsistenz noch etwas Einweichwasser hinzufügen. Erdnuss-Dattel-Creme in eine Schale füllen und kalt servieren.

Haselnusscreme

(für 4 Personen)

Zutaten

80–100 g Haselnüsse
200 g Margarine
4 EL Kakao
3 EL Agavendicksaft
½ TL Vanillepulver
2 Prisen Salz

Tipp: Mit Kokosraspel erhalten Sie eine exotische Variante.

Zubereitung

Haselnüsse in einer Pfanne ohne Fett rösten, bis ihre Schale platzt. Die Nüsse zwischen den Händen reiben, bis die braune Rinde abfällt, und anschließend in einer Schlagmühle mahlen.

Gemahlene Haselnüsse mit Margarine, Kakao, Agavendicksaft, Salz und Vanillepulver in einer Schüssel verrühren. Haselnusscreme in eine Schale geben und servieren.

Schoko-Bananen-Creme

(für 4 Personen)

Zutaten

4 Bananen, reif
160 g Kokosöl
4 EL Kakao
3 EL Sojasahne
2 EL Rohrohrzucker
2 Msp. Zimt
2 Prisen Salz
2 Prisen Cayennepfeffer

Zubereitung

Bananen schälen und längs halbieren. 1 Esslöffel Kokosöl in einer Pfanne erhitzen. Bananenhälften darin von beiden Seiten goldbraun braten. Pfanne von der Kochstelle nehmen und nach etwa 3 Minuten das restliche Kokosöl darin erhitzen (Resthitze reicht aus).

Alle Zutaten in ein Püriergefäß geben und zu einer Creme pürieren. In eine Schale füllen, erkalten lassen und servieren.

Tipps: Statt Rohrohrzucker eignen sich auch Xylit, Agavendicksaft oder Datteln zum Süßen. Dazu Datteln halbieren und in einer Schale mit wenig warmem Wasser einweichen, dann Datteln mit allen Zutaten in ein Püriergefäß geben.

Kokoscreme (für 4 Personen)

Zutaten

125 g Margarine, zimmerwarm
50 g Agavendicksaft
15 g Kakao
1 TL Instant-Getreidekaffee
2 TL Zitronensaft
1 Prise Salz
1 Tasse Kokosraspel
3–4 EL Sojasahne
1 Msp. Vanillepulver
etwas Agavendicksaft/Süße nach Wahl

Zubereitung

Zimmerwarme Margarine in einem Topf auf einer leicht warmen Kochstelle nur ein wenig (nicht ganz) zerlassen (ein Viertel der Margarine muss noch etwas fest sein). Agavendicksaft, Kakao, Getreidekaffee, Zitronensaft und Salz hinzufügen. Mit dem Pürierstab gründlich durchpassieren, bis die Creme hellbraun und schaumig ist.

Kokosraspel mit Sojasahne und Vanillepulver vermischen und unterrühren. Kokoscreme mit Agavendicksaft abschmecken und servieren.

Orangen-Schoko-Creme mit Feigensüße (für 4 Personen)

Zutaten

150 g Feigen, getrocknet
4 EL Rosinen
8–10 EL Orangensaft
1 EL Orangenschale, fein abgerieben
4 EL Vollrohrzucker/Agavendicksaft
80 g Margarine
2 geh. EL Kakao/Carob

Zubereitung

Am Vorabend Feigen klein schneiden und mit Rosinen im Orangensaft einweichen.

Am nächsten Tag die Fruchtmasse mit der Flüssigkeit glatt pürieren und mit Orangenschale, Vollrohrzucker und Margarine mischen. Kakao darübersieben, nochmals alles pürieren, gegebenenfalls nachsüßen und in einem Gefäß kalt stellen.

Kiwi-Kaltmarmelade

(für 4 Personen)

Zutaten

200 g Kiwis
2 EL Agavendicksaft
1 EL Zitronensaft
2 TL Apfelpektin
etwas Vanillepulver, nach Belieben

Zubereitung

Kiwis schälen und grob zerkleinern. Mit Agavendicksaft, Zitronensaft, Apfelpektin und nach Belieben Vanillepulver in einem Mixbecher etwa 1 Minute glatt pürieren und zugedeckt etwa 1 Stunde im Kühlschrank ausquellen lassen.

Tipps: Statt Kiwis können auch beliebige andere Früchte verarbeitet werden. Früchte mit hohem Fruchtsaftgehalt benötigen zum Festwerden allerdings mehr Pektin. Diese Frischmarmelade ist zum schnellen Verzehr geeignet und nur etwa 2 Tage im Kühlschrank haltbar.

Johannisbeer-Kaltmarmelade (für 4 Personen)

Zutaten

200 g Schwarze und/ oder Rote Johannisbeeren
ca. 100 g Rohrohrzucker, nach Bedarf mehr

Zubereitung

Johannisbeeren waschen, abtropfen lassen und die Beeren von den Rispen streifen. Beeren mit Zucker im Mixer etwa 1 Minute glatt pürieren und zugedeckt etwa 1 Stunde im Kühlschrank erstarren lassen.

Tipps: Sie können die Johannisbeeren nach Belieben mischen oder mit Himbeeren kombinieren. Für eine **Himbeer-Kaltmarmelade** 200 Gramm Himbeeren verlesen, eventuell vorsichtig abspülen, trocken tupfen und mit dem Zucker im Mixer glatt pürieren. Auch **Mischmarmeladen** mit Roten, Weißen, Schwarzen Johannisbeeren, Himbeeren und den letzten Erdbeeren sind ein Traum!

Schnelles Pflaumenmus

(für 4 Personen)

Zutaten

300 g Pflaumen, getrocknet
2 EL Agavendicksaft
1 EL Zitronensaft
½ TL Zimt
1 Msp. Nelken, gemahlen
1–2 Tassen Wasser

Zubereitung

Am Vorabend Pflaumen in Stücke schneiden und mit wenig Wasser bedeckt einweichen.

Am nächsten Tag Pflaumen abgießen, dabei das Einweichwasser auffangen. Pflaumen mit Agavendicksaft, Zitronensaft, Zimt und Nelken in einem Mixbecher pürieren, je nach Konsistenz etwas Einweichwasser dazugeben und eventuell nachsüßen.

Tipp: Für eine **Schnelle Aprikosenmarmelade** können 250 Gramm getrocknete Aprikosen, 50 Gramm Datteln (oder nur 300 Gramm Aprikosen) mit 1 Esslöffel Zitronensaft und 1 Prise Salz auf gleiche Weise zu Marmelade verarbeitet werden.

Haltbar Gemachtes

- Zum Haltbarmachen zählen Einlegen, Einkochen, Einfrieren, Trocknen und Salzen.
- Frische Kräuter lassen sich hervorragend trocknen. Sehr gut eignen sich dafür Bohnenkraut, Oregano, Selleriegrün, Liebstöckel und Dill. Dazu die frischen Kräuter vorsichtig waschen. Kräuter luftig auseinanderlegen und an einem warmen Ort zum Trocknen aufhängen oder ausbreiten. Sobald die Kräuter trocken sind, sie in Papiertüten trocken und dunkel aufbewahren.
- Wenn im Sommer ein Überangebot besteht, können frische Kräuter und Suppengemüse durch Salzen haltbar gemacht werden. Dafür 200 Gramm frische Kräuter (z. B. Basilikum, Borretsch, Dill, Kerbel, Liebstöckel, Petersilie, Rosmarin, Schnittlauch, Bohnenkraut, Thymian, Oregano, Zitronenmelisse oder auch eine Mischung daraus) vorsichtig waschen, zwischen Geschirrhandtüchern trocken tupfen, klein schneiden und mit 40 Gramm Salz vermischen. Die Kräutermischung fest in kleine Schraubgläser drücken, gut verschließen und im Kühlschrank aufbewahren. Gesalzene Kräuter sind mehrere Monate haltbar.
- Verwenden Sie diese gesalzenen Kräuter, sollten Sie den hohen Salzanteil berücksichtigen und das Gericht entsprechend vorsichtig und erst nach dem Garen würzen.
- Zum Haltbarmachen müssen Tontöpfe und Gläser sehr sauber sein. Also gründlich abwaschen und spülen.
- Zum Einkochen können die Gurken (Gewürz- oder Senfgurken) auch in Gläser gefüllt und, mit der erkalteten Lake übergossen, 25 Minuten bei 90 °C sterilisiert werden.

Saure Gurken

(für 2 Steintöpfe; insgesamt 5 Liter Inhalt)

Zutaten

5 kg kleine oder mittlere Einlegegurken
6 Knoblauchzehen
4 Zweige Estragon
3 Zweige Basilikum
1 Bund Dill, nach Geschmack

Für die Gurkenlake

5 l Wasser
250 g Salz

Zubereitung

Einlegegurken über Nacht, mit kaltem Wasser bedeckt, stehen lassen. Dann die kleinen Stacheln gründlich abbürsten, den Stiel entfernen und jede Gurke mit einer Stricknadel 3- bis 4-mal durchstechen. Gurken mit den gewaschenen, grob geschnittenen Kräutern (und dem geschälten, halbierten Knoblauch) fest in einen Steinguttopf schichten.

Für die Gurkenlake Wasser und Salz in einem Topf aufkochen und heiß über die Gurken gießen, sodass alle sehr reichlich bedeckt sind. Den Topf mit einem Teller zudecken und diesen mit einem Stein beschwert etwa 1 Woche bis 10 Tage warm stehen lassen. Wenn sich Bläschen zeigen, kalt stellen, nach 3 bis 4 Wochen sind die sauren Gurken fertig.

Gewürzgurken

(für 10 bis 12 Gläser; je 1 Liter Inhalt)

Zutaten

5 kg Einlegegurken
3 große Zwiebeln
1–2 Stängel Dill
3–5 Knoblauchzehen, nach Belieben

Für die Gurkenlake

5 l Wasser
10 EL Rohrohrzucker
5 EL Salz
4–5 Pimentkörner
125 ml Essigessenz
1–2 Lorbeerblätter
1–2 Paprikaschoten/ Chilischoten, scharf, nach Belieben
50 g Senfkörner

Zubereitung

Einlegegurken über Nacht mit kaltem Wasser bedeckt stehen lassen. Dann die kleinen Stacheln gründlich abbürsten, den Stiel entfernen und jede Gurke mit einer Stricknadel 3- bis 4-mal durchstechen. Gurken mit den gewaschenen, grob geschnittenen Kräutern, dem geschälten, halbierten Knoblauch und der Zwiebel fest in einen Steinguttopf schichten.

Für die Gurkenlake Wasser und restliche Zutaten in einem Topf aufkochen, abschmecken und abkühlen lassen. Die erkaltete Lake über die Gurken in dem Steinguttopf gießen. Das Gefäß mit einem Teller abdecken, diesen einem Stein beschweren. Nach fünf Tagen die Lake erneut aufkochen und wieder über die Gurken gießen. (Die Gurken können auch in Gläser gefüllt und, mit der erkalteten Essiglösung übergossen und dann 25 Minuten bei 90 °C sterilisiert werden.)

Senfgurken

(für 1 Tontopf; etwa 3 Liter Inhalt)

Zutaten

1 kg gelbe Gurken, fest und dick
80 g Salz
1 große Zwiebel
1 Stängel Dill (ohne Blüten)
etwas Meerrettich
1–2 EL Senfkörner, nach Belieben

Für die Essiglösung

375 ml Wasser
250 ml Kombucha-/ Apfelessig (10-prozentig)
ca. 40 g Rohrohrzucker
etwas Salz

Zubereitung

Gurken schälen, waschen, längs halbieren und entkernen. Gurkenhälften in Streifen schneiden, mit Salz in einer Schüssel vermischen und etwa 24 Stunden kühl stellen.

Zwiebel abziehen und in Ringe schneiden. Dill vorsichtig waschen und grob schneiden. Meerrettich schälen, waschen und in Würfel schneiden. Die abgetropften Gurkenstücke mit Zwiebel, Dill, Meerrettich und Senfkörnern in einen Tontopf schichten.

Für die Essiglösung Wasser, Apfelessig, Salz und Zucker in einem Topf verrühren, abschmecken, aufkochen und über die Gurken in dem Steinguttopf gießen, sodass alle Gurken gut bedeckt sind. Das Gefäß mit einem Teller abdecken, diesen einem Stein beschweren. Nach 3 Tagen die Lake erneut aufkochen und wieder über die Gurken gießen. (Die Gurken können auch in Gläser gefüllt und, mit der erkalteten Essiglösung übergossen, 25 Minuten bei 90 °C im Backofen sterilisiert werden.)

Mixed Pickles

(für 5 Gläser; je 1 Liter Inhalt)

Zutaten

10 kleine Gurken
etwas Salz
1 Blumenkohl
300 g Möhren
300 g grüne Bohnen, jung
200 g Perlzwiebeln/ kleine Zwiebeln

Für die Essiglösung

1½ l Kombucha-/ Apfelessig (5-prozentig)
100 g Rohrohrzucker
1 TL Pimentkörner
1 EL Senf

Zubereitung

Am Vorabend Gurken schälen, waschen, mit etwas Salz bestreuen und über Nacht ziehen lassen.

Am nächsten Tag vom Blumenkohl die Blätter entfernen und den Strunk abschneiden. Blumenkohl in kleine Röschen teilen und abspülen. Möhren putzen, schälen, abwaschen und in dicke Scheiben schneiden. Bohnen waschen, die Fäden abziehen und halbieren. Perlzwiebeln abziehen.

Blumenkohl und Möhren getrennt voneinander in leicht gesalzenem Wasser etwa 5 Minuten leicht kochen und abtropfen lassen. Bohnen im gleichen Gemüsesud garen. Vorbereitetes Gemüse gemischt in etwa 5 Gläser füllen.

Für die Essiglösung Essig, Zucker und Pimentkörner in einem Topf aufkochen und abkühlen lassen. Senf unterrühren und die Essiglösung über das Gemüse in den Gläsern gießen. Gläser verschließen und etwa 20 Minuten bei etwa 90 °C im Backofen einkochen.

Senf

(für etwa 2 Gläser)

Zutaten

200 g Senfkörner, gelb
150 g Balsamico
150 ml Wasser
10–20 g Meerrettich, klein gewürfelt, nach Belieben mehr
20 g Salz
40 g Zucker
1 TL Rapsöl

Zubereitung

Die Senfkörner waschen, abtropfen lassen und mit einem Pürierstab mit dem Wasser pürieren (oder in einer sauberen Kaffeemühle ohne Wasser fein mahlen, je nach Belieben. Die Senfkörner dann anschließend mit Wasser vermengen!)

Die restlichen Zutaten zu der Senfpaste geben, alles gut miteinander vermengen und kurz ziehen lassen. Hin und wieder umrühren. Den Senf in Gläser füllen, diese verschließen und einige Tage oder Wochen zum Reifen im Kühlschrank ziehen lassen. Je länger der Senf zieht, desto voller wird er im Geschmack.

Pflaumenmus, selbst gemacht

(für etwa 10 Gläser; je 300 Gramm Inhalt)

Zutaten

5 kg Zwetschgen/ Pflaumen, sehr reif
1 Tasse Zitronensaft
1 TL Zimt
½ TL Nelken, gemahlen
1–4 Tassen Rohrohrzucker, nach Belieben

Zubereitung

Zwetschgen waschen, entstielen, halbieren, entsteinen und in kleine Stücke schneiden. Zwetschgenstücke mit Zitronensaft und Rohrohrzucker verrühren, in einem tiefen Pfannenblech verteilen und 3 bis 4 Stunden im vorgeheizten Backofen bei 150 °C (Umluft) mit leicht geöffneter Tür (den Stiel eines Holzkochlöffels dazwischenstecken, damit der Dunst entweichen kann) garen und trocknen lassen, bis die Masse sichtbar eingetrocknet ist und nicht mehr zusammenfließt, wenn man sie mit einem Löffel teilt. Am Ende der Garzeit Zimt und Nelken untermischen und weitere etwa 30 Minuten mit leicht geöffneter Backofentür trocknen lassen. Mit dem Pürierstab nach Belieben pürieren.

Die noch heiße Masse randvoll in die sterilen Gläser füllen und die Gläser verschließen und zum Abkühlen verkehrt herum auf den Deckel stellen.

Suppengemüse in Salz

(für 3 Gläser; je ¾ Liter Inhalt)

Zutaten

600 g Zwiebeln
400 g Petersilienwurzeln
300 g Knollensellerie mit zartem Grün
250 g Möhren
220 g Tomaten
220 g Salz

Zubereitung

Zwiebeln abziehen. Petersilienwurzel, Sellerie und Möhren putzen, wenn nötig schälen und abwaschen. Selleriegrün beiseitelegen. Tomaten waschen, halbieren und die Stängelansätze herausschneiden. Gemüse klein schneiden und in einer Küchenmaschine mit Salz pürieren.

Gemüsepüree randvoll in etwa 3 Gläser füllen, fest andrücken und mit dem Schraubdeckel verschließen. Kühl und dunkel aufbewahren, es hält sich ungefähr 6 Monate.

Anhang

Register der Rezepte

Literaturempfehlungen

T. Colin Campbell, Thomas M. Campbell: *China Study: Die wissenschaftliche Begründung für eine vegane Ernährungsweise.* Verlag Systemische Medizin, 2011

Ruediger Dahlke: *Peace-Food. Wie der Verzicht auf Fleisch und Milch Körper und Seele heilt.* Gräfe & Unzer, 2011

Karin Duve: *Anständig essen. Ein Selbstversuch*. Goldmann Verlag, 2012

Angela Grube: *Vegane Lebensstile. Diskutiert im Rahmen einer qualitativen/quantitativen Studie*. Ibidem, 2009

Gill Langlay: *Vegane Ernährung.* Echo Verlag, 1999

Horst Lischke: *Das Lachen der Heiligen. Humor, Satire, Nonsens.* Eigenverlag, 2013 Ein Buch voller Selbstironie: Hier werden menschliche Marotten, skurrile Verhaltensweisen und Eigendünkel offengelegt. Die meisten der lustigen Geschichten speisen sich aus authentischen Beobachtungen. Gerade das macht sie so lebendig und vertraut.

Horst Lischke: *Familienbande*. Eigenverlag 2014

Ein zu Herzen gehendes Märchen über die Beziehung zwischen Tieren, Menschen und Natur. Voller Poesie. Spannend. Einfühlsam. Ehrlich.

Horst Lischke: *Für! Manifest vom konstruktiven Leben.* Eigenverlag, 2014 Sich für etwas einzusetzen ist die leichteste Art des Erschaffens. Keine Kraftverschwendung durch Konkurrenz oder Vorteilsnahme, sondern gebündelte Energien um eines gemeinsamen Zieles willen, das dem Wohle der gesamten Menschenfamilie gewidmet ist. Die Fortsetzung der Schrift *Vereint euch*! geht noch tiefer und spezifischer auf brennende Fragen unserer Zeit ein und unterbreitet Vorschläge, wie wir Probleme durch höheres Bewusstsein lösen können.

Horst Lischke: *Kristalle. Reflexionen im Licht. Zur inneren Erbauung. Texte – Gedichte – Lieder – Meditationen.* Eigenverlag, 2013 Texte, die in die eigene Tiefe hineinführen. Ein Lesebuch zum Nachsinnen oder Reflektieren – eine Mischung aus Poesie, Liedern, kleinen Geschichten und meditativen Betrachtungen.

Horst Lischke: *Vereint euch! Manifest für eine bessere Zukunft* Eigenverlag, 2013 Diese Schrift will Möglichkeiten aufzeigen, wie wir Erdenbürger auf friedlichem Wege eine bessere Welt erschaffen können. Eine Einladung für Menschen mit der Bereitschaft zum konstruktiven

Engagement – ohne Kampf oder Verurteilung, im Streben nach ganz neuen Denkansätzen und Lösungen zum Wohle aller Lebewesen auf diesem Planeten.

Beate Mihály, Stefanie Krause, Maria Mihály, Erika Müller: *Vegan Kochen – 300 Lieblingsrezepte. Torten, Kuchen, Plätzchen, Pralinen & Konfekt, Brot und Brötchen, Pizzen sowie salziges Kleingebäck mit Herz zubereiten und genießen.* Hans-Nietsch-Verlag, 2014

Marc Pierschel: *Vegan! Vegane Lebensweise für alle*. Compassion Media, 2011

John Robbins: *Letzter Ausweg vegan. Wie die Nahrungsmittelindustrie unsere Zukunft verspielt und eine Ernährungs-Revolution unser Leben retten kann.* Hans-Nietsch-Verlag, 2012

Jonathan Safran Foer: *Tiere essen.* Fischer Taschenbuch, 2013

Simone Salvini: *Vegan, süß und sündig. Die verführerische Welt der Desserts: 70kreative und klassische Rezepte.* Hans-Nietsch-Verlag, 2014

Simone Salvini: *Vegan auf Italienisch. 100 raffinierte Rezepte aus der Gourmet-Küche*. Hans-Nietsch-Verlag, 2013

(Die Bücher von Horst Lischke können Sie unter *www.seminarzentrumneue-erde.de* oder in Ihrem Buchhandel bestellen.)

Über die Autorinnen

Beate Mihály (Jahrgang 1951; zwei erwachsene Töchter; die Autorinnen sind in der Reihenfolge von links nach rechts genannt), **Stefanie Krause** (Jahrgang 1980) und **Maria Mihály** (Jahrgang 1982) leben seit vielen Jahren aus ethischen, spirituellen sowie gesundheitlichen Gründen vegan. Sie gründeten im Jahr 2008 *bio family Gbr.*, wo sie viele Projekte zum Thema „Vegan“ betreuen, Koch- und Backkurse geben, Vorträge halten, Produkte herstellen und vertreiben, für das Seminarzentrum „Neue Erde“ catern, Rezepte entwickeln u. v. m.
www.biofamily.info

bio family GbR · Stefanie Krause, Maria Mihály und Beate Mihály
im Seminarzentrum „Neue Erde“
Mariental 9, 37412 Herzberg/Lonau
Telefon: 0 55 21/85 19 502
www.biofamily.info, www.seminarzentrum-neue-erde.de

Vegan kochen & backen lernen

Basislehrgang in nur zwei Tagen

Aus gesundheitlichen und ethischen Gründen interessieren sich immer mehr Menschen für eine rein pflanzliche Ernährung. Der Trend ist unübersehbar, doch die praktische Anwendung scheint am Anfang schwierig und kompliziert. Deshalb zögern die meisten und bleiben lieber bei ihren alten Gewohnheiten. Das ist schade, denn das vegane Kochen und Backen ist in Wahrheit ganz leicht.

In unserem Basislehrgang erfahren Sie an nur einem Wochenende alles über die Grundlagen des veganen Kochens und Backens und verstehen, welche vielfältigen Möglichkeiten eine solche sehr gesunde und äußerst schmackhafte Pflanzenkost birgt.

Außerdem erhalten Sie jede Menge Informationen zu Einkauf und Verarbeitung von alternativen Lebensmitteln, die helfen, ganz locker und ohne Entbehrung auf tierische Produkte zu verzichten.

Vegan kochen lernen

Kochworkshop am Samstag

Sie lernen, deftige Speisen (Hausmannskost), Soßen, Überbackenes sowie von rohköstliche Salate, Aufstriche u. v. a. m. zuzubereiten.

Vegan Kochen lernen

Backworkshop am Sonntag

Sie lernen, Kuchen, Torten, Naschereien und andere süße Sachen (ohne Weißzucker, Milch und Ei) herzustellen.

Aktuelle Termine finden Sie unter *www.biofamily.info*

bio family

Natürlich Leben

Beate Mihály · Stefanie Krause · Maria Mihály · Erika Müller
Vegan backen
300 Lieblingsrezepte
Torten, Kuchen, Plätzchen, Pralinen & Konfekt, Brot & Brötchen, Pizzen sowie salziges Kleingebäck mit Herz zubereiten und genießen
V
MEHL
HANS-NIETSCH-VERLAG

Marie-Claude Paume
Grün, wild und schmackhaft
Lebendige Nahrung gratis aus der Natur
150 Kräuter, Blüten, Beeren & Wurzeln und ihre Verwendung in der Küche
HANS-NIETSCH-VERLAG

RITA GALCHUS
SPROSSEN
AT HOME
DAS GANZE JAHR ZU HAUSE SPROSSEN, KEIMPFLANZEN, GRÄSER, MINI-BLATTGEMÜSE SOWIE GRÜNKRAUT ERNTEN UND GENIESSEN
MIT SCHRITT-FÜR-SCHRITT-ANLEITUNGEN: WIE SIE SCHNELL UND SICHER SPROSSEN VON BOHNEN, GETREIDE, GEMÜSE, KRESSE U.V.M. ZIEHEN
HANS-NIETSCH-VERLAG